Goldstadt-Reiseführer
Naturpark Pfälzerwald
Wasgau
Westrich
Nordpfälzer Bergland
Deutsche Weinstraße

Eckhard Thiel

Titelbild
Felsformation
am Trifels

Lieber Goldstadt-Leser, der Autor und wir im Verlag sind stets bemüht die aktuellsten Informationen zu vermitteln. Sollten dennoch Angaben überholt sein, bitten wir um Verständnis und sind für Informationen und Berichtigungen dankbar, Regressansprüche jeglicher Art können jedoch keine unter Verwendung dieses Führers abgeleitet werden.

Für die freundliche Mitarbeit und Unterstützung danken wir den Fremdenverkehrsgemeinden und dem Pfälzerwaldverein e.V., die zum Gelingen dieser Ausgabe beigetragen haben.

Layout: Günter Schäfer
Fotos: Eckhard Thiel
Stadtpläne: © Goldstadtverlag, Pforzheim
Übersichtskarte 1:500 000 und die Kartenausschnitte 1:25 000
© Kümmerly+Frey, Bern
Herstellung: Goldstadtdruck GmbH, Pforzheim

Internet: www.goldstadtverlag.de
E-mail: info@goldstadtverlag.de

Goldstadt-Reiseführer Band 314

Naturpark Pfälzerwald

Wasgau

Nordpfälzer Bergland

Westrich

Deutsche Weinstraße

Reise- und Wanderführer
11 Streckenbeschreibungen
24 Wanderwegbeschreibungen
Viele Wandervorschläge
Markierte Wanderwege des Pfälzerwald Vereins
Die Fremdenverkehrsgemeinden

Eckhard Thiel

176 Farbfotos
1 Übersichtskarte
12 Routenkarten
4 Stadtpläne
4 Historische Abbildungen

Goldstadtverlag

Der Inhalt

Zur Einführung

Streckenbeschreibungen

Die Pfalz lässt sich nicht an einem Tag erkunden, denn außer der zauberhaften Weinbergslandschaft warten Entdeckungen ohne Ende auf Sie. So das größte zusammenhängende Waldgebiet Deutschlands, der Pfälzerwald, mit seinen imposanten Felsformationen, den vielen Burgen und Schlössern, deren Herren teilweise überregionale Geschichte geschrieben haben. Um die Ruinen ranken sich oft rührende Sagen.

Der Remigiusberg bei Kusel

Wichtige Fremdenverkehrsgemeinden A biz Z

Unterwegs in der Pfalz

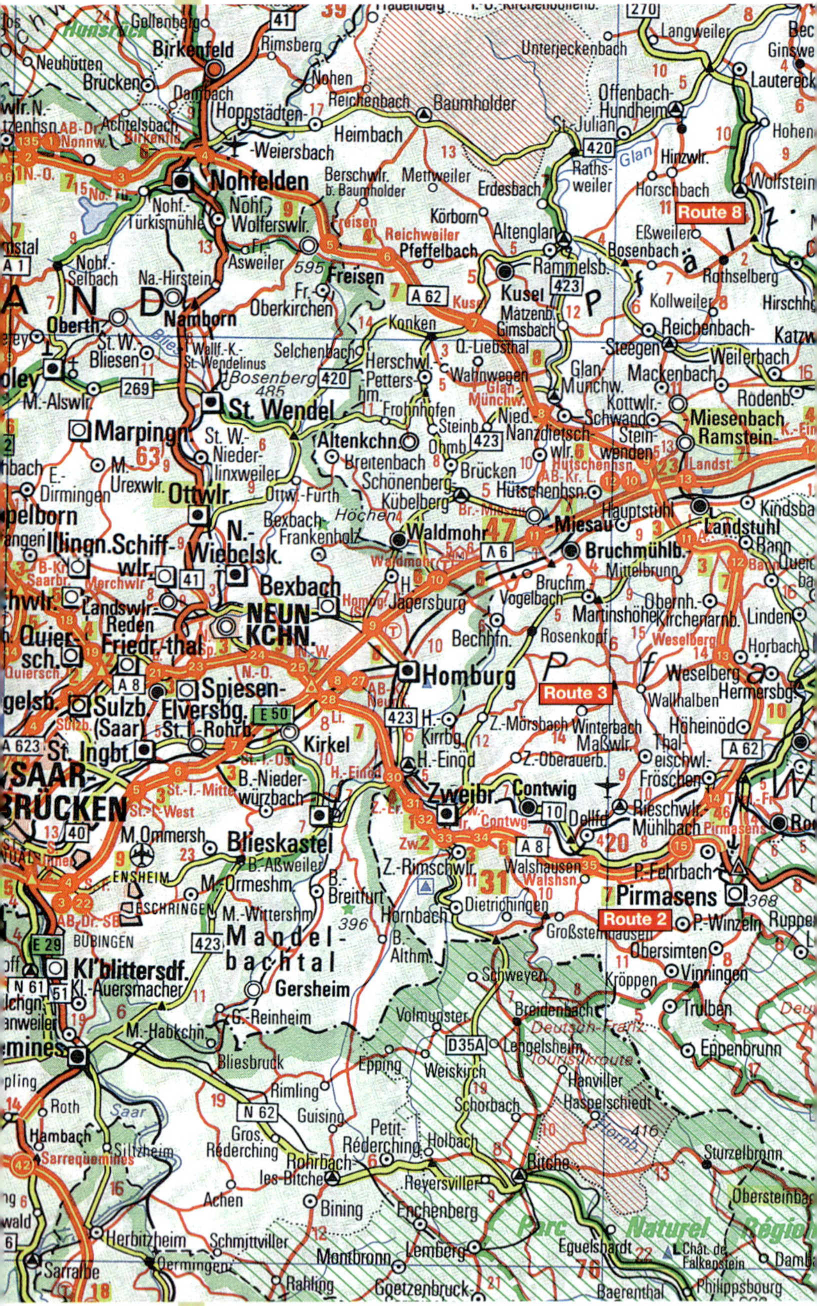
Birkenfeld
Neuhütten
Brücken
Hoppstädten-Weiersbach
Nohfelden
Heimbach
Baumholder
Unterjeckenbach
Offenbach-Hundheim
Lauterecken
Wolfstein
Route 8
Freisen
Oberkirchen
Namborn
Kusel
Altenglan
Rammelsb.
Reichenbach-Steegen
St. Wendel
Marpingen
Ottweiler
Altenkirchen
Schönenberg-Kübelberg
Miesenbach
Ramstein-Miesenbach
Landstuhl
Waldmohr
Miesau
Bruchmühlbach
N.-Wiebelsk.
Bexbach
NEUNKCHN.
Homburg
Route 3
Spiesen-Elversbg.
Sulzbach (Saar)
St. Ingbert
SAARBRÜCKEN
Kirkel
Zweibr.
Contwig
Blieskastel
Mandelbachtal
Gersheim
Pirmasens
Route 2
Kl'blittersdf.
Dietrichingen
Hornbach
Bliesbruck
Rimling
Sarreguemines
Bitche
Lemberg
Montbronn
Eppenbrunn
Trulben
Vinningen
Sturzelbronn
Parc Naturel Régional
Philippsbourg
Baerenthal
Sarralbe
Herbitzheim

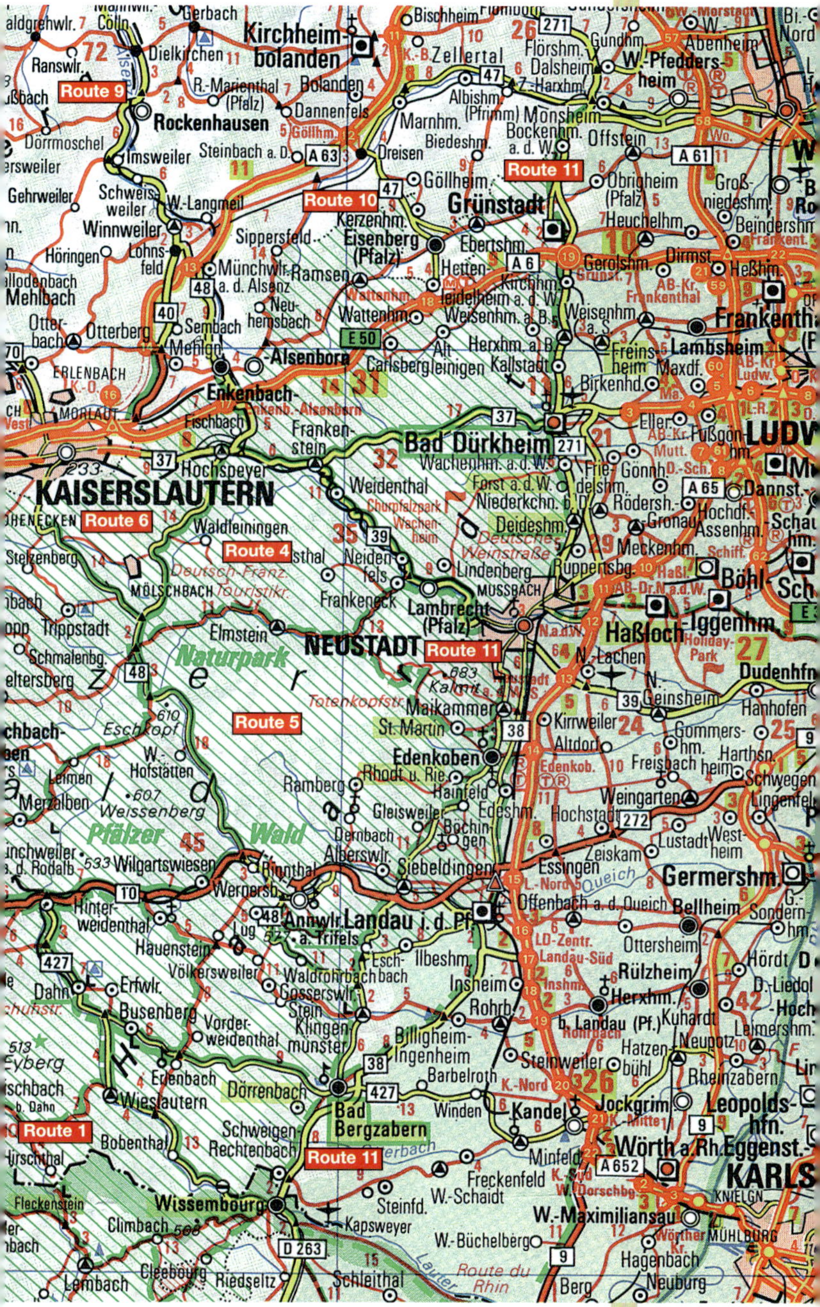
Kirchheim-bolanden
Rockenhausen
Route 9
Route 10
Route 11
Grünstadt
Eisenberg (Pfalz)
Alsenborn
Enkenbach-
Kaiserslautern
Route 6
Route 4
Bad Dürkheim
Deidesheim
Lambrecht (Pfalz)
Neustadt
Haßloch
Frankenthal
Lambsheim
Böhl-
Iggenhm.
Holiday-Park
Naturpark
Pfälzer
Wald
Route 5
Totenkopfstr.
Maikammer
St. Martin
Edenkoben
Rhodt u. Rie.
Deutsche Weinstraße
Landau i. d. Pf.
Annwlr.
Germershm.
Bellheim
Rülzheim
Herxhm.
Kandel
Bad Bergzabern
Wörth a. Rh.
Route 1
Wissembourg
Schleithal
Route du Rhin
Lauter
Hagenbach
Neuburg
Kapsweyer
W.-Büchelberg
Lembach
Dahn
Hauenstein
Wilgartswiesen
Trippstadt
Elmstein
Weidenthal
Hochspeyer
Otterberg
Winnweiler
Queich
Mussbach
Dudenhfn.

Am Altschloßfelsen, dem größten zusammenhängenden Felsmassiv der Pfalz

Die Pfalz – ein Urlaubs- und Wandergebiet mit besonderem Flair

Gehst Du auf Freiersfüßen und bekommst rote Schuhe – kehre um! (pfälzisches Sprichwort)

Dieses Sprichwort mag sicherlich für den Freier gelten, der Wanderer jedoch weiß nun, dass er sich auf den richtigen Pfaden durch eine der herrlichsten Wanderlandschaften Süddeutschlands befindet, denn das Pfälzer Bergland, der Pfälzerwald und das Wasgau sind Buntsandsteingebiete, eine bewaldete Landschaft, die zum Wandern geradezu einlädt.

Im Pfälzerwald, vor allem aber im Wasgau ragen teilweise riesige Buntsandsteinfelsen auf, die sich oft wie Nadeln in den Himmel recken. Der gewaltigste dieser Steintürme ist der Asselstein unweit von Annweiler, das größte aufragende Felsmassiv mit 1,3 Kilometern Länge befindet sich mit dem Altschloßfelsen im Tor zum Wasgau, unweit von Eppenbrunn an der pfälzisch-lothringischen Grenze. Eine besondere Attraktion neben den Felsformationen sind für diesen Teil des Pfälzerwaldes die über dreißig Burgen, fast alles Ruinen, die oft genug regelrecht in den Fels hineingehauen wurden. Als Beispiel hierfür mag die Dahner Burgentrilogie gelten.

Durch das deutsch-französische Paminaprojekt sind viele grenzüberschreitende Wanderwege entstanden

Das weite, bewaldete und schwach besiedelte Hügelland wird im Osten zum Rhein hin von der Haardt, dem ältesten deutschen Weinanbaugebiet, begrenzt. Wer an den guten Pfalzwein denkt, denkt an die Rebenanlagen der Haardthügel entlang der Oberrheinischen Tiefebene, durch die sich in Süd-Nord-Richtung die Deutsche Weinstraße hinzieht, beginnend am Schweigener Weintor, über Bad Bergzabern, Edenkoben, Neustadt, Bad Dürkheim und weiter bis Bockenheim.

Felsmassiv der Dahner Burgen mit dem Burgmuseum

Von der Haardt steigt man hinab in die Oberrheinische Tiefebene, einem fruchtbaren alten Siedlungsraum. Hier liegen ausgedehnte landwirtschaftlich genutzte Flächen wie um Schifferstadt und die großen Industriezentren, hauptsächlich um Wörth, Landau und Ludwigshafen. Hier finden wir auch Städte mit großer Vergangenheit, die so manches Kapitel in unserer Geschichte mitgeschrieben haben.

Wie Sie aus diesem kurzen Abriss dieses Urlaubs- und Wandergebietes ersehen können, treffen in der Pfalz zwei Landschaften aufeinander, die kontrastreicher kaum sein können, zum einen das quirlige Weinland und zum anderen das beschauliche, zum Wandern einladende hügelige Waldgebiet des Pfälzerwaldes. In beiden Landschaften warten eine Fülle von Sehenswürdigkeiten darauf, von Ihnen entdeckt und erwandert zu werden.

Rebhänge beherrschen das Gebiet der Weinstraße

Geografie und Geologie

Die Rheinpfalz umfasst die Gebiete: den **Westrich**, das **Naturschutzgebiet Pfälzerwald,** das **Wasgau,** die **Haardt** und die **Oberrheinische Tiefebene.** Im Norden schließt sich das **Nordpfälzer Bergland** an, im Süden bildet die Grenze zu Frankreich den Abschluß.

Der Pfälzerwald und das Pfälzer Bergland sind Mittelgebirgszüge mit Höhen zwischen 330 und 600 m. Der höchste Berg im Pfälzerwald ist der Kalmit im Haardt mit 673 m ü. NN, die höchste Erhebung der Rheinpfalz liegt jedoch im allgemein etwas flacheren Nordpfälzer Bergland, der Donnersberg mit 687 m ü. NN. Die Täler vieler kleiner Wasserläufe schneiden tief in die Mittelgebirgslandschaft ein und prägen mit den weiten Waldflächen des Pfälzerwaldes und den Weinbergen am Ostabbruch der Haardt das Gesicht der Rheinpfalz.

Der Pfälzerwald und die Haardt bestehen aus Buntsandstein, ein in sich geschlossenes Gebiet mit einer großen Nord-Süd-Verwerfung zur Haardt hin. Im Westen schließt sich der Westrich an das Bergland an, der sich aus Muschelkalk schichtet. Im Osten, der Haardt vorgelagert, verläuft eine Vorhügelzone, die Vorderhaardt, ein 60 km langer, jedoch nur 3 km breiter Landschaftsstreifen, der sich aus vielerlei Gesteinsarten zusammensetzt, die von Löß und anderen pleistozänen Sanden überlagert werden. - Hier verläuft die Deutsche Weinstraße.

Die Oberrheinische Tiefebene schließlich setzt sich großenteils aus Schwemmland des Pleistozäns und Diluviums zusammen, lediglich am Haardtaufstieg tritt Jungtertiärgestein (Pliozän, Miozän) zutage und bietet damit beste Voraussetzungen für den Ackerbau.

Flora und Fauna

Wie der Titel dieses Buches schon aussagt, besteht der Großteil der Fläche aus Wald, in den höheren Lagen aus reinem Nadelwald (Tanne, Fichte, Kiefer), den Tälern zu verändert sich der Baumbestand in Mischwald mit Buchen, Eichen und Ahorn. Im südlichen Bereich der Haardtvorberge wachsen verstärkt Kastanien, vor allem die essbaren Maronen. Der Pfälzerwald ist ein Buntsandsteingebirge, seine Böden sind aus diesem Grund mager, oft auch leicht sauer. So findet man in den Wäldern hauptsächlich das Heidekraut (Erika) in großen Flächen, unterbrochen von Heidelbeersträuchern. Die oft zutage tretenden Felsen sind häufig stark mit Moos bewachsen. Eine intensive Nutzung für den Ackerbau ist durch die Kargheit nicht möglich, erst im Westen, wo der Buntsandstein von Muschelkalk abgelöst wird, sieht man verstärkt eine landwirtschaftliche Nutzung. Im krassen Gegensatz hierzu stehen die Haardtvorberge. Hier sieht man, soweit das Auge reicht Rebhänge, die im flachen Land mit Obstplantagen, Kartoffel- und Gemüsefelder durchzogen sind.

Die Tierwelt gleicht der im gesamten Bereich der Mittelgebirge. Es leben hier in den ausgedehnten Wäldern Rot- und Schwarzwild. Kleinwild wie Hasen und Kaninchen haben ihren Lebensraum, oft zum Leidwesen der Winzer und Bauern, auch auf die landwirtschaftlichen Nutzflächen ausgedehnt. Dagegen sind mehrere Vogel- und Insektenarten wie die Schmetterlinge durch die intensive Agrarkultur von ihren angestammten Standorten vertrieben worden. Sie haben sich in die kargeren Lebenszonen des Pfälzerwaldes zurückgezogen. Im Bereich des Pfälzerwaldes gibt es zwei Tierparks, in denen heimische Tiere artgerecht gehalten werden, der Wildschutzpark Siltz nahe Klingenmünster und der Hochwildschutzpark Kurpfalz nahe Neustadt an der Weinstraße.

Blick vom Trifels auf Annweiler

Kurzer Blick in die Geschichte

Seit grauer Vorzeit ist unser Kontinent von Menschen bewohnt, die sich im Laufe der Zeit zu Sippen und Stämmen verbunden haben und erst allmählich ein Zusammengehörigkeitsgefühl entwickelt haben. Um 600 vor Christi Geburt, in der Eisenzeit, wohnten in unserem heutigen Lebensraum **keltische Stämme**, die nach und nach von eindringenden Germanenstämmen verdrängt wurden. Es waren vor allem suebische Stämme unter ihrem legendären Anführer **Ariovist,** die jedoch die Rheinebene bald aufgeben und sich in die schützenden Waldgebirge zurückziehen mussten. Zu jener Zeit siedelten um die Gegend von Speyer die Nemeter, etwas nördlicher die Vangionen, die im Jahr 55 v. Chr. unter die Herrschaft der Römer gerieten. Nach der Unterwerfung Germaniens durch **Julius Cäsar** schuf dieser die beiden Rheinprovinzen Germania I und Germania II, wobei die Rheinprovinz Germania I den Oberrhein mit den Städten Mainz, Worms, Speyer und Straßburg umschloss, Germania II den Niederrhein mit Köln, Tongeren, Maastricht, Xanten und Nimwegen.

Caesar schuf zwei germanische Rheinprovinzen, diese Aufteilung beeinflusste entscheidend die weitere Geschichte dieses Raumes

Die Zeit der römischen Vorherrschaft in Germanien war in hohem Maße ausschlaggebend für die weitere geschichtliche Entwicklung im gesamten westdeutschen Raum. Die Römer erschlossen das Land durch ihre Heerstraßen und legten an strategisch wichtigen Punkten Kastelle an, in deren Bereich bald Siedlungen entstanden. Einige dieser Siedlungen wuchsen rasch, und man baute die ersten Urba-

Rekonstruktion des Keltenwalls auf dem Donnersberg

nisationen wie Mainz (Mogontiacum), Köln (Colonia) und Trier (Augusta Treverorum), wobei Trier sich in dieser Zeit zur Hauptstadt des gesamten nördlichen Teilreiches Westroms entwickelt hatte. Seit dem 1. Jahrhundert befand sich der Sitz des Prokurators, des höchsten Finanzbeamten des Landes in der Stadt, im 3. und 4. Jahrhundert bezogen hier römische Kaiser ihre Residenz. – Nach über vierhundert Jahren endet die römische Herrschaft mit dem Einfall der **Franken** im Norden und der Alemannen im Süden Germaniens.

Bereits im 3. Jahrhundert beginnt es an den Grenzen des Römerreiches unruhig zu werden. Immer wieder versuchen germanische Stämme die Fremdherrschaft abzuschütteln und führen oft sehr verlustreiche Kriege gegen die Römer, so z.B. die **Alemannen,** die im Jahr 276 n. Chr. ca. 400 000 Stammesangehörige bei kriegerischen Auseinandersetzungen verloren haben. Allein im Jahr 300 kamen bei einer Schlacht etwa 60 000 Mann dieses Stammes um. Durch dauernde Kämpfe mit dem römischen Feind waren viele Stämme fast ausgerottet, die Reste schlossen sich zu neuen Gruppen zusammen oder gingen in unverbrauchten Völkern wie den Franken auf. Das Volk der Franken war es auch, das zum Todesstoß gegen das römische Reich ansetzte. Im 5. Jahrhundert begannen sie, von Norden her das ganze Land einzunehmen. Sie besetzten das nördliche Gallien bis hin zur Loire, römische Hochburgen wie Köln und Trier fielen und wurden erobert. Im Süden überrannten die **Alemannen** den Limes und drangen tief in das Land ein; das weströmische Reich ging unter, eine neue Epoche brach an.

Die Alemannen haben hohen Blutzoll an der römischen Grenze bezahlt

Die Franken erobern das nördliche Römische Reich

In einer Schlacht bei Zülpich besiegten die Franken unter ihrem **König Chlodewich** 496 die Alemannen und konnten dadurch entscheidend das frisch eroberte Land behaupten. Chlodewich nahm diese Schlacht zum Anlass, um zum christlichen Glauben überzutreten, er leitete damit die Christianisierung nicht nur seines Volkes ein. Die römischen Frühkirchen in Trier, Mainz und Köln wurden übernommen, in den späteren Kirchengauen kann man die Grenzen des römischen Reiches erkennen. - Die von den Römern erbauten Straßen und Wege waren jahrhundertelang die einzige Verkehrsverbindung zwischen den Städten des Landes, da erst im 12. Jahrhundert neue Straßen gebaut wurden. Die Heerstraßen waren eine der vielen positiven römischen Hinterlassenschaften, die noch viele Jahrhunderte hindurch das politische und kulturelle Geschehen geprägt haben.

Das linksrheinische Gebiet wurde unterteilt in die Herzogtümer Franken (ohne das Elsaß), Niederlothringen und Oberlothringen. Das Herzogtum Franken brachte zwei Hochadelsfamilien hervor, die Konradiner und die **Salier.** Das erstere Herrschergeschlecht starb in der ersten Hälfte des 11. Jahrhunderts aus, sie beherrschten bis dahin vor allem das Lahngebiet und die Wetterau. Die Salier besaßen den Speyer- und Wormsgau und gelangten zur deutschen Königskrone.

Die politische Macht der Bischöfe nahm ab dem 11. Jh. einen gewaltigen Aufschwung

Durch die von Chlodewich eingeleitete Christianisierung, die sich rasch verbreitete (sie wurde in unserem Raum vor allem von der Reichsabtei St. Maximin in Trier betrieben), kam die römisch-katholische Kirche sehr bald zu Ansehen und Reichtum, natürlich auch zu der damit verbundenen Macht. So besaß St. Maximin Güter in den Diözesen Mainz, Worms und Speyer, die unter königlichem Schutz standen. In der zweiten Hälfte des 11. Jahrhunderts begann der gewaltige Aufstieg der Kirche, der den rheinischen Erzstiften zugute kam. Der wirtschaftliche Aufstieg des Bürgertums hob die Herren der alten Römerstädte bald über die Fürsten dieser Gaue. Da die Patrizier innerhalb der Städte zwar mächtig waren und die Fürsten in unbedeutende Rollen drängten, sich aber untereinander nicht verständigen konnten, fehlte ein weltlich politisches Pendant zu den Erzbistümern völlig, und so verwundert es nicht, dass Mainz, Trier, sowie Köln bestrebt waren, ihren Machtbereich auszudehnen und die Diözesen zu Kirchenstaaten auszubauen. Das **Mainzer Erzstift** umfasste als engere erzbischöfliche Einflusssphäre die beiden rheinfränkischen Suffraganbistümer **Worms** und **Speyer,** in denen das salische Hausgut lag. Dieses ging nach dem Aussterben des salischen Geschlechts an die **Staufer** über, und **Kaiser Friedrich Barbarossa** stattete mit dem Gut seinen Stiefbruder, den Pfalzgrafen Konrad, aus. Somit gewannen die folgenden Pfalzgrafen einen festen territorialen Rückhalt und traten seitdem als vornehmste fränkische Laienfürsten neben die Erzbischöfe.

Schon bald kam es zu Rivalitäten zwischen den mächtigen Erzbischöfen und dem staufischen Königshaus. Die Erzbischöfe von Köln besaßen die Herrschaft über die ganzen

Auf hohem Fels thront die Feste Trifels

Niederlande, das heißt, ihr Machtbereich erstreckte sich von der Schelde bis hin zur Weser. Trotz dieser Macht gelang es ihnen nicht, die Staufer vom deutschen Thron zu stürzen, im Gegenteil, sie mussten ihre Bestrebungen, eigene Kirchenstaaten zu gründen, vorläufig aufgeben. Am schlechtessten dabei stand das Mainzer Erzstift, das von der staufischen Königsmacht voll umklammert war und sich erst im 13. Jahrhundert aus dieser Klammer lösen konnte. Der Zusammenbruch des Staufergeschlechts bot den Mainzer Erzbischöfen, vor allem aus dem Hause Eppstein, große

Der Dom in Speyer

Möglichkeiten der Ausdehnung. Lediglich die Pfalzgrafen vermochten die mainzischen Expansionsbestrebungen im Süden aufzuhalten, die unter **Siegfried III. von Eppstein** von der alten Reichsabtei Lörsch forsch vorangetrieben wurden.

Mit dem Untergang der Staufer kam eine neue politische Entwicklung in Gang. Die Machtbereiche der Erzbistümer waren zwar umgrenzt, der **Pfalzgraf** jedoch hatte sich als mächtigster Fürst in den Diözesen Worms und Speyer durchgesetzt. Trotz verschiedener Interessen taten sich die Erzbischöfe der drei Erzstifte mit dem Pfalzgrafen zusammen, und so konstituierte sich im 13. Jahrhundert das kurrheinische Gremium, ein politischer Vorläufer der Rheinlande. Die Rivalität zwischen Mainz und dem Pfalzgrafen blieb freilich weiterhin bestehen, sie wurde jedoch oft durch die kurfürstliche Solidarität dem Königtum gegenüber überdeckt.

Mit dem Ende des Interregnums begann auch die Macht der Bischofe zu schwinden

Nach dem Interregnum, als das **Haus Habsburg** mit **König Rudolf** an der Spitze eine neue Hausmacht geschaffen hatte, begann das kurrheinische Gremium zu wanken. 1301/1302 wurden die vier rheinischen Kurfürsten bei einem kriegerischen Machtstreit von Albrecht I. besiegt. Er stützte sich dabei auf die Grafen und Städte, die der kurfürstlichen Bevormundung überdrüssig waren. Letztendlich scheiterte Albrecht I. dennoch. - Er liegt im Dom zu Speyer an der Seite der Salier und Staufer begraben. **Karl IV.** (von Luxemburg), der von 1347 bis 1378 deutscher König war (ab 1356 auch König von Burgund), räumte die letzten Stellungen am Rhein. Er war es auch, der mit der **Goldenen Bulle** (1356) ein Reichsgrundgesetz schuf, das die Königswahl regelte und die Kurfürsten zu Mitträgern des Reiches machte, ihre Position also entscheidend stärkte.

In diese Zeit fielen aber auch die ersten großen Rückschläge der mächtigen Kurfürsten. Das rheinische Herzogtum der Kölner Erzbischöfe brach schon 1288 zusammen, die Stadt Köln wurde reichsunmittelbar und die Grafschaft Jülich, die von Karl IV. zum Herzogtum erhoben wurde, trat als selbstständige Macht dem Kölner Erzbistum entgegen. Die Expansionsbestrebung der Mainzer Erzbischöfe nach Hessen geriet ebenfalls ins Stocken, als Anfang des 14. Jahrhunderts der mächtige Erzbischof Matthias von Bucheck starb. Die **Pfalz,** die 1215 an das bayerische Königshaus der **Wittelsbacher** gefallen war, geriet im 14. Jahrhundert sogar in eine Existenzkrise. Sie wurde ausgelöst, als Ludwig II. von Pfalz-Bayern 1294 die Pfalz seinem Sohn Rudolf und Bayern dem jüngeren Ludwig hinterließ. Als Ludwig IV. (der Bayer, 1314-1346) zum König gewählt worden war, vertrieb er seinen verfeindeten Bruder aus der Pfalz, die damit unter bayerisch-mainzische Verwaltung geriet. Der König gab jedoch Rudolfs Söhnen im Hausvertrag von Pavia 1329 ihr Erbe zurück.

Die Aera der Wittelsbacher

Während dieser langanhaltenden Zwistigkeiten und Machtverschiebungen war das Erzstift Trier ein ruhender

Der Innenraum des Friedensdenkmales bei Edenkoben, das an den deutsch-französischen Krieg 1870/71 erinnert

Pol. Es wurde damals vom Kurfürsten **Balduin von Luxemburg** (1307-1354) regiert und erlebte eine große Blütezeit. Mainz und Trier, die sich verbündeten, bestimmten für längere Zeit das politische Geschehen in Deutschland. So ist die Wahl von Balduins Bruder Heinrich zum deutschen König (1308-1313, 1312 Kaiser) und von seinem Neffen Johann zum König von Böhmen nur auf die Allianz dieser beiden Erzstifte zurückzuführen; auch an der Wahl Ludwig IV. waren sie maßgeblich beteiligt. 1328 übernahm der Erzbischof Balduin von Trier für einige Zeit die Verwaltung des **Mainzer Erzstifts,** bald darauf auch die **Bistümer Worms** und **Speyer,** die Reichspfandschaft **Kaiserslautern** folgte. Dem Trierer Erzbischof war es somit als Erstem gelungen, das ganze Gebiet von der Eifel bis zum Rhein unter eine politische Führung zu stellen.

Mit dem 15. Jahrhundert begann der Niedergang der Erzstifte, dagegen stand das Wachstum des Kurstaates am Rhein. Die Macht Kölns und Mainz bröckelte ab. In einer Fehde von 1459 bis 1463 wurde das Erzbistum Mainz durch die Pfalz und Hessen entscheidend geschlagen, damit war der Plan eines Zusammenschlusses der rheinländischen Kurstaaten endgültig gescheitert. Die Herrschaft der Kurpfalz war bedroht, als **Karl der Kühne von Burgund** vom Elsaß her die rheinischen Gebiete in den Würgegriff zu nehmen und seinem Reich einzuverleiben versuchte. Er fiel 1477 vor Nancy, und das **Habsburger Kaiserreich** trat das Erbe von Burgund an. Als der Kurfürst Philipp 1508 sich zu einem Krieg um das bayerische Erbe seiner Gemahlin hinreißen ließ, verlor die Pfalz wichtige Territorien an Österreich, Baden, Württemberg und Hessen und sank damit in seiner Bedeutung zur Mittelmäßigkeit ab. Die Habsburger brachten Ruhe in das Land, diese Struktur blieb bis zur Französischen Revolution erhalten.

Die politischen Grenzen der Grafschaft entsprechen beileibe nicht den heutigen Grenzen der Pfalz am Rhein. Als im Jahr 1354 Kaiser Karl IV. den Pfalzgrafen am Rhein zum Kurfürsten erhob, gehörten zu dessen Grafschaft Bacherach nebst einigen Schlössern und Orten am Rhein, Stromberg bei Kreuznach, Alzey, Heidelberg, Erbach, Mosbach, Oppenheim am Rhein, Simmern im Hunsrück sowie mehrere kleinere Landstriche und Orte im Pfälzerwald. Von einem in sich geschlossenen Gebiet kann also keine Rede sein. Von der heutigen Pfalz gehörten zur Kurpfalz nur Neustadt mit der Wolfsburg, Münzingen, Wachenheim und Oggersheim. Später kamen noch Kaiserslautern, Wolfstein, Edenkoben, Freinsheim, Billigheim und Frankenthal mit dazugehörenden Dörfern und Burgen hinzu. Zwischen diesen Gebieten gab es eine Vielzahl kleiner Dynastien und Herrschaften, die sich über die Jahrhunderte hindurch oft genug blutig befehdeten. Diese Zwistigkeiten endeten erst **1525** mit dem **Bauernaufstand,** der vom rechtsrheinischen Ufer auch auf die Pfalz übergriff. Dem Aufstand fielen viele Burgen und Klöster zum Opfer, sie brannten aus und wurden zerstört.

Die Zeiten der Kriege:

1525 Bauernaufstand

1618-48 Dreißigjähriger Krieg

1689-97 Pfälzischer Erbfolgekrieg

1701-13 Spanischer Erbfolgekrieg

1618 begann für die Menschen der Pfalz wie überall im Deutschen Reich eine schlimme Zeit. Es tobte der **Dreißigjährige Krieg** mit marodierenden Truppen, Brandschatzungen, Mord und Totschlag. Nur vierzig Jahre war der Bevölkerung Ruhe gegönnt, als 1689 der **Pfälzische Erbfolgekrieg** ausbrach, in dessen Verlauf die **Truppen Ludwig XIV.** weite Landstriche verwüsteten und die Burgen und Schlösser, die den Bauernaufstand überstanden hatten, zerstörten. Der Friede von 1697 währte diesmal nur vier Jahre, denn von 1701 bis 1713 tobte der **Spanische Erbfolgekrieg.** In diesem Zeitraum wurde Landau viermal belagert, und in der Schlacht bei Speyer mussten viele ihr Leben lassen.

Nach Ausbruch der **Französischen Revolution** eroberten Revolutionstruppen weite Teile Deutschlands. Im Frieden

Sandsteinrelief der Büste Bismarcks

von 1801 fällt das linksrheinische Gebiet an Frankreich, der rechtsrheinische Teil der Pfalz kommt zu Baden. Mit der Neubildung der Rheinpfalz im Jahr 1816, die den **Wittelsbachern** zugesprochen wird, hören über 40 Kleinstdynastien auf zu existieren. Zur Hauptstadt des neuen Rheinkreises wird **Speyer** auserwählt und erhält den Sitz der neuen Kreisverwaltung. Ab 1838 heißt der Kreis offiziell die **Pfalz am Rhein.** - 1849, als Bayern die Frankfurter Reichsverfassung, das preußische Erbkaisertum und die Ausschließung Österreichs aus dem deutschen Verbund ablehnt, kommt es zum **Pfälzer Aufstand,** der mit preußischen Truppen niedergeschlagen wird. - Im deutsch-französischen Krieg von 1870/71 ist die Pfalz Aufmarschgebiet der deutschen Truppen, Kampfhandlungen finden jedoch keine statt. Den Ersten Weltkrieg übersteht die Pfalz am Rhein ebenfalls glimpflich.

Nach dem 1. Weltkrieg wird die linksrheinische Pfalz französische Besatzungszone und erst 1930 an Deutschland zurückgegeben

Nach dem Ersten Weltkrieg muss die Pfalz eine lange Besatzung erdulden. Im Versailler Vertrag werden die Städte St. Ingbert, Homburg und Blieskastel sowie 55 Gemeinden der Verwaltung Bayerns entzogen und Frankreich unterstellt. Bestrebungen, auch die Pfalz aus dem deutschen Verband auszuklammern, scheitern an den pfälzischen Volkskreisen. Die Erschießung des **„autonomen Präsidenten" Heinz** und die Brandstiftung im Bezirksamtgebäude in **Pirmasens** im Jahr 1924 bilden die Höhepunkte des Widerstandskampfes. 1930 gibt Frankreich die Gebiete an Deutschland zurück, fünf Jahre später auch das Saarland. Beide Bezirke werden in den Gau Saarpfalz umgewandelt, später in die Westmark mit Regierungssitz in Saarbrücken.

Mit dem Zweiten Weltkrieg kommen noch einmal Verwüstung und Tod über die Pfalz. Viele Gemeinden werden bei Fliegerangriffen zerstört, wertvolles Kulturgut versinkt in Schutt und Asche. - Nach dem Zusammenbruch des Dritten Reiches wird die Pfalz zusammen mit dem linksrheinischen Hessen, den Regierungsbezirken Trier, Koblenz und Montabaur zu dem **Bundesland Rheinland-Pfalz** vereinigt, dessen Hauptstadt bis 1950 Koblenz war, seitdem Mainz. In Neustadt an der Weinstraße besitzt die Pfalz eine eigene Provinzialregierung, die von einem Oberregierungspräsidenten geleitet wird.

Der Aufgang zur Hardenburg

Burgen und Klöster

Eine wichtige politische, vor allem auch eine "sichtbar" wichtige Rolle spielen seit dem Mittelalter in den folgenden Jahrhunderten die **Burgen.** Es gab genau 244 Festungsanlagen, von denen noch heute die meisten, wenn auch nur noch als Ruinen, zu sehen sind. Der Bau vieler Burgen datiert in das 11. und 12. Jahrhundert. Sie waren ursprünglich gedacht als Sicherung wichtiger Handelswege und territorialer Ansprüche. Es handelte sich um reine Zweckbauten, die jegliche Behaglichkeit oder gar Komfort für die Bewohner vermissen ließen. Oft genug wurden Felspartien mit in die Gemäuer einbezogen, und so stehen viele Ruinen nicht auf Bergeshöhen, sondern auf vorspringenden oder exponierten Felsblöcken mit Ausblicken weit ins Land. Ein typisches Beispiel für die Einbeziehung von Felspartien in die Festungsanlage bieten die **Dahner Burgen,** mit der Altdahn, im 12. Jahrhunderts erbaut, **Grafendahn** in der 2. Hälfte des 13. Jahrhunderts an Altdahn angebaut, sowie **Tanstein,** die von Johann III. von Dahn 1328 errichtet, 1689 zusammen mit den beiden anderen Burgen von französischen Truppen zerstört wurde. Die Trilogie gilt als die größte Felsenburg Deutschlands. Hier sind Gänge, Treppen und Räume, Mauern und Zisternen aus dem Fels herausgearbeitet worden und bilden mit den aufgemauerten Teilen eine übergangslose Einheit. Nicht ganz so ausgeprägt sieht man das Zusammenspiel von Fels und Gemäuer bei der **Hardenburg** nahe Bad Dürkheim. Hier merkt man, dass die Anlage bis in unsere Zeit hinein laufend baulichen Veränderungen unterworfen war, welche die ursprüngliche Burg vom reinen Zweckbau in ein komfortables Schloss umgewandelt haben.

Felskammer mit aus Stein gehauener Säule auf den Dahner Burgen

Klosterkirche des ehemaligen Klosters Hane

Die Burgen und Klöster der Pfalz, meist Ruinen, sind heute bevorzugte Anziehungs- und Ausflugspunkte für Wanderer und Urlauber aus nah und fern

Viele Burgen sind heute Anziehungspunkte für Gäste und Wanderer, einige von ihnen erfreuen sich überregionaler Bekanntheit, wie der **Trifels,** das **Hambacher Schloß, Burg Landeck** oder **Burg Berwartstein.** Andere sind vollkommen geschleift und es erinnern lediglich Flurnamen an ihre frühere Existenz oder ihr Name ist in Vergessenheit geraten. Als Beispiel seien hier einige genannt, so bei Altrip Burg Affolterloch, die 1349 völlig zerstört wurde. In Albisheim stand eine im 9. Jahrhundert errichtete Königspfalz, in der Kaiser Ludwig I. (der Fromme) weilte. Weitere Anlagen befanden sich bei Burrweiler, Neuhemsbach, Höheinöd, bei Lindenberg, auf dem Orensberg und in Windsberg.

Im Laufe der Zeit existierten in der Pfalz 110 **Klöster** und Klausen, von denen noch zwei intakt sind, so das Minoritenkloster in Oggersheim. 1755 wurde bei der Kirche von Jesuiten ein Kloster gegründet, nach der Aufhebung des Ordens zogen Kapuziner ein. Die französischen Revolutionstruppen nutzten die Gebäude als Kaserne. 1844 holte König Ludwig I. Minoriten (Franziskaner) nach Oggersheim, deren Orden noch heute hier tätig ist. In **Speyer** bestand ein **Dominikanerinnenkloster,** das 1231 erbaut und 1689 zerstört wurde. Man hat es wieder aufgebaut, und es besteht heute noch. Die meisten der Klöster sind nicht zerstört worden, sondern schlicht und einfach eingegangen und dies nicht erst nach der Reformation, manchmal schon sehr früh, wie das Benediktinerkloster in Altrip, das von König Dagobert gegründet, 1222 einging, oder das Benediktinerinnenkloster in Hausen, das ebenfalls in der ersten Hälfte des 13. Jahrhunderts aufgelöst wurde. Viele der Klöster fanden ihren Untergang während des **Bauernaufstandes** und wurden dann Mitte des 16. Jahrhundert aufgelöst. Spätere Gründungen hatten oft genug ein kurzes Dasein, sie wurden entweder im **Pfälzischen** oder **Spanischen Erbfolgekrieg** zerstört, oder von den französischen Revolutionstruppen geplündert und aufgehoben, wie das Kapuzinerkloster in Grünstadt, das 1705 vollendet, in der Französischen Revolution aufgehoben wurde.

Unter der Vielzahl der Klöster ragen einige Namen heraus: das Benediktiner-, später **Zisterzienserkloster Disibodenberg,** das auf eine Gründung des irischen Bischofs Disibod um 675 zurückgeht und 1768 aufgehoben wurde, die **Zisterzienser-Abtei Eußerthal,** 1148 gestiftet, 1565 aufgelöst. Die Mönche der Abtei betreuten den Trifels mit den Reichskleinodien. 1119 wurde in Frankenthal ein Augustinerkloster gegründet, das 1568 einging. In den Ruinen fand das Erkenbert-Museum eine Heimat. Der Hl. Pirminius erbaute auf dem Glasberg bei Pirmasens eine Klause, die er später zu einem Kloster erweiterte. Wann das Kloster einging, ist nicht bekannt. Zwischen 727 und 740 holte Graf Werner I. den Hl. Pirmin vom Glasberg nach **Hornbach,** wo dieser eine **Benediktiner-Abtei** gründete. 1559 aufgehoben, kam in den Gebäuden eine Schule unter. Das Kloster wurde im Dreißigjährigen Krieg zerstört. Weitere Klöster standen in Kusel, in Lambrecht und Zell. Bekannt sind die ehemalige **Benediktiner-Abtei Limburg** in Bad Dürkheim (sehenswerte Überreste), Kloster Münster-Dreisen und das **Benediktinerkloster Remigiusberg.**

Noch heute thront stolz der Turm des Klosters Limburg über Bad Dürkheim

Kleine Weinkunde

Der Wein hat eine lange Geschichte, die wesentlich länger ist als unsere Heimatgeschichte, sicher auch um einiges farbenreicher. Wein aus Trauben gibt es mindestens seit zwölftausend Jahren, also lange vor der ägyptischen Hochkultur. Von Frühbeginn an waren mit dem Wein Genuss und Fröhlichkeit, leider aber auch Trunksucht und Raserei verbunden. Mit der Ausdehnung des römischen Reiches verließ die Traubenrebe ihre angestammte Heimat und gelangte auch nach Germanien, wo der Weinbau in der Folgezeit immer ein angesehener Wirtschaftsfaktor sein sollte. Die Winzer bekamen einen Heiligen, den **Hl. Tychon,** zugesprochen, was jedoch die mit dem Wein verbundenen Ausschweifungen keineswegs einschränkte. Selbst die **Mönche,** die die Kultivierung der Reben in besonderem Maße betrieben, maßen ihren Durst nach Litern. Durch sie wurde der Wein erst richtig ein Volksgetränk.

In Deutschland gibt es seit 1971 ein neues Weingesetz, das die Beschaffenheit der Weine in bestimmte Güteklassen festlegt und auch vorschreibt, was auf den Etiketten der Weinflaschen zu stehen hat wie Güteklasse, Anbaugebiet, Lage, Jahrgang, Rebsorte und Erzeuger. Meist findet man auch eine amtliche Prüfnummer auf der Flasche. Es gibt bei uns drei überregionale Gütezeichen, die **Landesweinprämiierung, DLG-Bundesweinprämiierung** und das **Deutsche Weinsiegel** der Deutschen Landwirtschaftsgesellschaft. Wenn Sie also einen Wein mit einem dieser Gütezeichen vor sich haben, können Sie beruhigt zugreifen und kaufen, denn es handelt sich dann um einen Wein aus kontrolliertem Anbau.

Ich bin ein Häcker im Weinberg
Im Früling hab ich harte werck/
Mit graben/ pältzen und mit hauwen/
Mit Pfälstoffn/ pflantzen und bauwen/
Mit auffbinden und schneiden die Reben/
Biß im Herbst die Traubn Wein geben:
Den man schneidt und außpreßt den fein
Noa erfand erstlich den Wein.

Die Rheinpfalz zählt mit zu den größten Weinanbaugebieten Deutschlands. Die bevorzugte Weinbaustrecke liegt entlang der **Deutschen Weinstraße,** die im Süden beim Deutschen **Weintor** in Schweigen beginnt und im Norden in **Bockenheim** endet. Entlang dieser in der Vorderhaardt verlaufenden Strecke liegen berühmte Weinorte wie Maikammer, St. Martin, Edenkoben, Neustadt an der Weinstraße oder Bad Dürkheim. Überwiegend wird der Weißweinanbau betrieben, bevorzugte Rebsorten sind der mittelfrühe Müller-Thurgau, der Silvaner und der späte Riesling. Eine Besonderheit in der Pfalz ist eine von der Weinforschungsanstalt bei Trier gezüchtete Rebsorte mit dem viel sagenden Namen „Bacchusrebe", die sich immer größerer Beliebtheit erfreut.

Für die einzelnen Weinkategorien gibt es folgende Bezeichnungen:

1. Deutscher Tafelwein

Ein einfacher, leicht bekömmlicher Tischwein, dessen Anbaugebiet nicht unbedingt genannt sein muss. Er stammt jedoch von kontrollierten Weinbergen und wird nur von inländischen Trauben gewonnen (Mindestmostgewicht 44° Öchsle)

2. Qualitätswein

Er stammt jeweils nur aus einem der behördlich bestimmten deutschen Anbaugebiete; sein Geschmack muss typisch für dieses Gebiet sein, Mostgewicht mindestens 63° Öchsle.

Auf dem Etikett müssen genaue geografische Angaben, die amtliche Prüfnummer sowie das Weingut oder die Winzergemeinschaft aufgeführt sein. Diese Bestimmung gilt auch für alle nachfolgend aufgeführte Weinkategorien.

3. Das Siegel Prädikatswein

Kabinett, mindestens 73° Öchsle

Spätlese, vollreife Trauben 85° Öchsle

Auslese, strenge Auslese der Trauben mit mindestens 95° Öchsle

Beerenauslese, Weine aus überreifen Beeren (edelfaul), Mindestmostgewicht 125° Öchsle

Trockenbeerenauslese, Weine aus stark eingeschrumpften Trauben, Mindestmostgewicht 150° Öchsle und mehr.

Eisweine sind die größten Kostbarkeiten. Es sind Weine aus gefrorenen Trauben, die nach dem ersten Frost gelesen wurden. Es versteht sich von selbst, dass diese Weine nicht nur eine Spezialität, sondern auch eine exklusive Rarität sind und natürlich einen entsprechend hohen Preis haben.

Im Anhang haben wir **Anschriften der Weingüter** des **Anbaugebietes Pfalz** aufgeführt, die mit Erfolg an der Weinprämiierung teilgenommen haben. Einige Häuser bieten Veranstaltungen über Weinberg-Führungen, Weinproben und haben auch Weinverkauf in Kleinmengen. Bei Interesse wenden Sie sich bitte direkt an die gewünschte Anschrift.

Die abgebildete Broschüre enthält alle Kriterien und Ergebnisse der Weinprämiierung 1999 der Landwirtschaftskammer Rheinland-Pfalz für das Anbaugebiet Pfalz.

Zu beziehen ist die Broschüre beim: Weinbauamt Neustadt Chemnitzer Straße 3 67433 Neustadt a.d.Weinstraße Schutzgebühr DM 10,– (bitte Rückporto nicht vergessen)

Reisen- und Wandern

Alle Orte, die in diesem Kapitel mit einem Stern **(*)** *versehen sind, werden im Teil Ortsbeschreibungen ausführlich vorgestellt.*

In den folgenden Kapiteln wird bei den Routen von den Kilometern her zwar eine kurze Fahrstrecke beschrieben, jedoch sollte man sich einige Tage Zeit nehmen oder die Touren stückeln, da die Vielzahl der Wandermöglichkeiten immer wieder einen Halt lohnen. Viele kleinere Wanderungen sind in die Streckenbeschreibungen eingebaut, die maximal eine Länge von ungefähr 10 km haben, also leicht an einem halben Tag bewältigt werden können, auch von nicht geübten Wanderern. Die Beschreibungen nehmen

nicht für sich in Anspruch, die landschaftlich oder geschichtlich reizvollsten Touren erschöpfend zu behandeln, vielmehr sind sie als Anstoß gedacht, sich auch Anregungen zu holen für eigenständig zusammengestellte Touren. Die einzelnen Orte geben hierfür ausreichend Anschauungsmaterial in Form von Hinweistafeln an Parkplätzen, auf denen die verschiedenen Rundwanderwege mit den entsprechenden Markierungen, Sehenswürdigkeiten, Länge und oft auch die ungefähre Wanderzeit verzeichnet sind.

Karte Seite 29

Durch die Südpfalz und den Wasgau

Routenverlauf: Annweiler – Wilgartswiesen – Hauenstein – Vorderweidenthal – Erlenbach – Nothweiler – Schönau – Gebüg – Fischbach – Rumbach – Bruchweiler – Dahn – Hinterweidenthal – wieder nach Annweiler.

Annweiler*

Mittelzentrum der Region Südpfalz, gelegen zu Füßen der Stauferfeste **Trifels,** ist der Ausgangspunkt dieser Tour. Das Städchen zieht sich im Tal der Queich hin mit schönen Fachwerkhäusern im Zentrum, besitzt einen Kurpark und ein Feriendorf. Annweiler bietet sich ideal als Ausgangspunkt vieler Rundwanderungen an.

Wanderung von Annweiler zur Burg Trifels

Am Waldrand beim Feriendorf Waldbühl führt ein Weg zum Einstieg auf den Sonnenberg, auf dessen Gipfel in 497 m Höhe die Reichsfeste Trifels aufragt, eine der vornehmsten Burgen der Stauferzeit. Der teils geschotterte Weg schmiegt sich stetig bergauf an die Hänge des Berges, immer wieder kann man herrliche Ausblicke auf das zu Füßen liegende Städtchen Annweiler genießen. Nach einem letzten Blick zurück ins Tal mit dem Kurpark, wandert man hoch über dem Bindersbacher Tal weiter bis zum Parkplatz unterhalb der Reichsfeste. Hier steht eine Hütte, bei der man sich mit einer Erfrischung versorgen kann.

Auf dem Weg zum Trifels – Kurort Annweiler im Tal der Queich

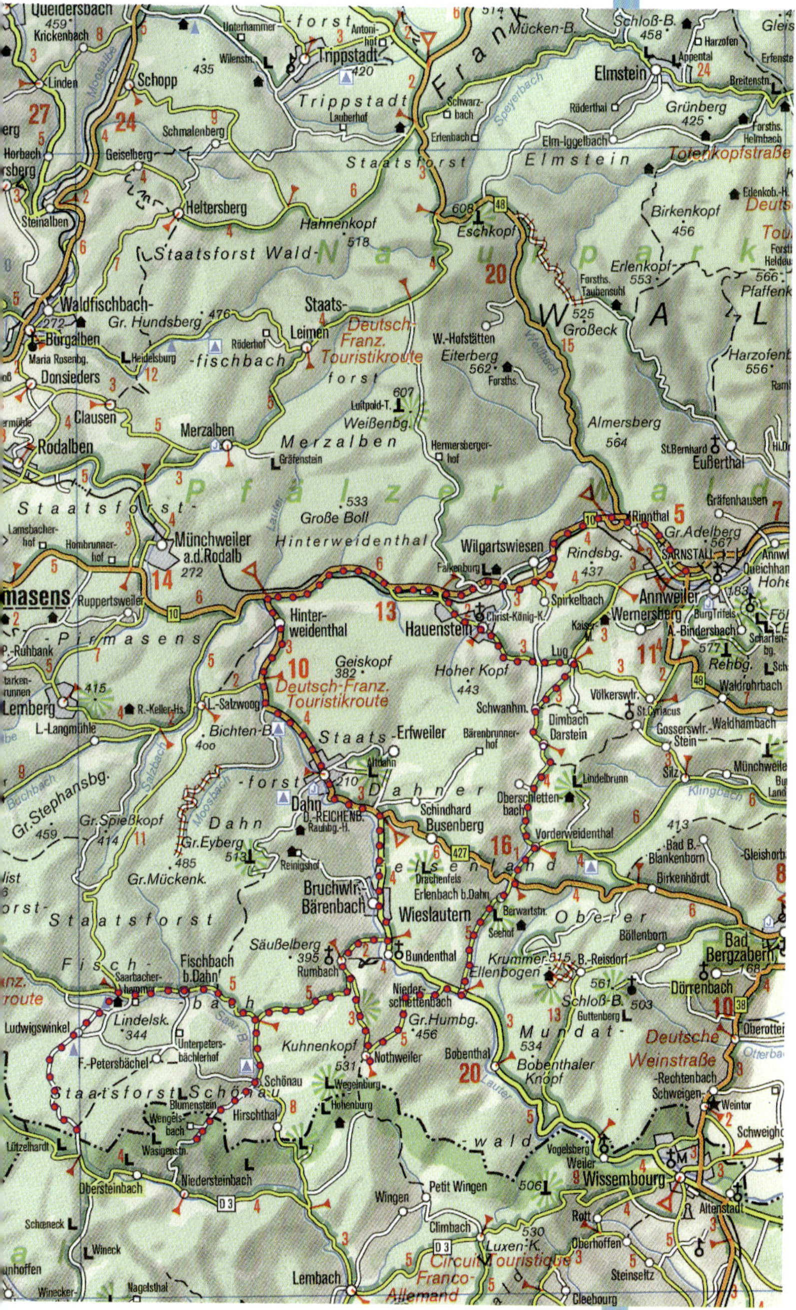
Krickenbach
Schopp
Trippstadt
Staatsforst
Elmstein
Grünberg
Totenkopfstraße
Geiselberg
Schmalenberg
Heltersberg
Hahnenkopf
Eschkopf
Steinalben
Staatsforst Wald-
Naturpark
Birkenkopf
Erlenkopf
Pfaffenk
Waldfischbach-
Gr. Hundsberg
Bürgalben
Maria Rosenbg.
Donsieders
Clausen
Rodalben
Merzalben
Leimen
Deutsch-Franz. Touristikroute
W.-Hofstätten
Eiterberg
Großeck
Harzofen
Almersberg
Eußerthal
Luitpold-T.
Weißenbg.
Gräfenstein
Pfälzerwald
Große Boll
Hinterweidenthal
Münchweiler a.d.Rodalb
Wilgartswiesen
Falkenburg
Rindsbg.
Gr.Adelberg
Sarnstall
Annweiler
Pirmasens
Ruppertsweiler
Lemberg
Hinter-weidenthal
Hauenstein
Christ-König-K.
Spirkelbach
Wernersberg
Geiskopf
Hoher Kopf
Lug
Völkerswlr.
Dimbach
Darstein
Gossersweiler-Stein
Schwanhm.
L.-Salzwoog
R.-Keller-Hs.
Bichten-B.
Gr.Stephansbg.
Erfweiler
Staats-forst
Dahn
Dahner Felsenland
Busenberg
Schindhard
Oberschlettenbach
Vorderweidenthal
Lindelbrunn
Silz
Münchweiler
Gr.Spießkopf
Gr.Eyberg
Gr.Mückenk.
Bruchwlr.-Bärenbach
Wieslautern
Drachenfels
Erlenbach b.Dahn
Berwartstn.
Seehof
Oberer Mundat
Bollenborn
Bad Bergzabern
Birkenhördt
Blankenborn
Gleishorbach
Staatsforst
Fischbach
Säußelberg
Rumbach
Bundenthal
Niederschlettenbach
Krummer Ellenbogen
B.-Reisdorf
Dörrenbach
Schloß-B.
Guttenberg
Lindelsk.
Ludwigswinkel
F.-Petersbächel
Gr.Humbg.
Kuhnenkopf
Nothweiler
Bobenthal
Bobenthaler Knopf
Deutsche Weinstraße
Rechtenbach
Schweigen-
Weintor
Oberotterbach
Staatsforst Schönau
Schönau
Wegelnburg
Hohenburg
Hirschthal
Wengelsbach
Blumenstein
Wasigenstn.
Lützelhardt
Obersteinbach
Niedersteinbach
Vogelsberg
Weiler
Wissembourg
Altenstadt
Wingen
Petit Wingen
Climbach
Luxen-K.
Circuit Touristique Franco-Allemand
Lembach
Rott
Oberhoffen
Steinseltz
Cleebourg
Schœneck
Wineck
Nagelsthal

Hoch über dem Wanderer thront der Trifels

Von nun an führt ein schmaler Pfad teilweise steil hoch, vorbei an der imposanten Felsnase des vordersten der drei Felsmassive, auf dem die Burg im 11. Jahrhundert erbaut wurde.

Der Trifels war zur Zeit der **Staufer** *Aufbewahrungsort der Reichsinsignien und Staatsgefängnis. Bedeutendster Gefangener war hier 1193/94* **König Richard Löwenherz,** *der erst nach einer beträchtlichen Lösegeldzahlung freikam. 1635 gaben die Herzöge von Zweibrücken die Feste auf, sie war dem Verfall preisgegeben, teilweise sogar als Steinbruch missbraucht.*

Auf dem steilen Pfad zurück zum Parkplatz hält man sich auf der Fahrstraße rechts talwärts und steigt rechts die Straße verlassend nach Bindersbach hinunter. Entlang der Bindersbacher Straße wandern wir zurück zum Kurpark von Annweiler. Gegenüber des Parks liegt ein großer Parkplatz, von dem der Hermann-Clemens-Weg am Waldsaum entlang oder im Wald zurück zum Waldbühl führt.

Ein Stück weit wird die alte Trasse der B 10 unser Begleiter sein. Über den Stadtteil Sarnstall erreicht man das 3 km entfernte Rinnthal mit seiner imposanten Kirche. Kurz hinter dem Ort zweigt rechts die B 48 nach Kaiserslautern ab. In großer Schleife der Queich zieht sich die Straße hin nach

Wilgartswiesen,

das uns schon von weitem mit seiner doppeltürmigen Sandsteinkirche grüßt. Im Ortsbereich gibt es drei Parkplätze mit Wanderwegtafeln, einer befindet sich unterhalb der Kirche, links Richtung Spirkelbach.

Rundwanderung von Wilgartswiesen

Unterhalb der doppeltürmigen Sandsteinkirche, Richtung Spirkelbach, befindet sich ein kleiner Parkplatz. Von hier gehen wir entweder die Straße aufwärts oder über den Friedhof. Eine erste Markierung gelb-roter Strich, mit der wir wandern, finden wir zu Beginn der Leitplanke. Ein Stück auf der Straße, unter der Brücke der Neutrasse hindurch, biegen wir rechts ab auf einen Feldweg, der bald darauf in einen Hohlweg mündet und stetig bergauf führt bis zum Waldsaum. Ab jetzt neigt der Waldweg sich talwärts bis zu einer größeren Gabelung. Hier muss man sich entscheiden, ob man die etwas kürzere Strecke links über Spirkelbach zurück nach Wilgartswiesen nehmen will, oder sich rechts hält Richtung Hauenstein und auf landschaftlich reizvollerer Wegstrecke zurück nach Wilgartswiesen geht. Eine dritte Möglichkeit ist die, dem Hufeisen auf weißem Grund zu folgen (50 m vor der Wegegabelung rechts ab). Dieser Weg zieht sich durch Laubwald auf halber Höhe des Randsberges ohne nennenswerte Steigung bis hin zum Fuße des mächtigen Bavariafelsens, dessen Zinnen sich senkrecht in den Himmel recken.

Der Bavariafelsen oberhalb von Wilgartswiesen

Von der Stirnseite des Felsens kann man entweder links steil abwärts zum Kirchhof von Wilgartswiesen steigen oder rechts auf bequemeren Weg abwärts nach Wilgartswiesen gelangen.

Zurück zu der großen Wegegabelung. Der ausgedehntere Teil der Wanderung folgt ab hier rechts der gelb-roten Markierung. Nach kurzer Wanderzeit überquert man die Fahrstraße Hauenstein - Wilgartswiesen und biegt nach ungefähr 300 m an der Kreuzung am Waldrand rechts ab. Bei der nächsten Gabelung nochmals rechts, unterquert man den Bahnkörper und folgt dem Weg zum Hermersbergerhof. Hier steigt der Weg (Natur- und Waldlehrpfad) in den Wald, den man nach 200 m verlässt, um hoch zur Ruine Falkenburg zu steigen, von der aus man eine schöne Aussicht ins Tal hat. Bergab führt der Weg zurück nach ***Wilgartswiesen.***

Am Ortsausgang von Wilgartswiesen verlassen wir links ab die alte B 10 und fahren in das 3 km entfernte

Hauenstein

mit der St.–Bartholomäus-Kirche von 1788 und der sehenswerten Kapelle St. Katharina aus dem Jahr 1512.

Rundwanderung von Hauenstein

Am Ortsausgang von Hauenstein, das nur 3 km von Wilgartswiesen entfernt liegt, befindet sich queichaufwärts ein Parkplatz mit einer Tafel Rundwanderwegemarkierungen. Von der gegenüberliegenden Straßenseite wandern wir einen Weg mit der Markierung roter Strich den Bach aufwärts. Der Weg führt vorbei am Burgfelsen entlang des Waldrandes durch das Stephanstal bis zur Queich-Quelle. Links oberhalb im Wald reckt sich imposant einer der typischen Südpfälzer Sandsteingiganten, der Stephansturm, gen Himmel. Von hier hat man eine gute Sicht auf die gegenüberliegende Waldeshöhe mit der Kapelle Winterkirchel (von Erfweiler aus zu erreichen).

Anfangs entlang einer Aue führt der Weg anschließend bergauf durch den Wald zum ***Wanderheim Dicke Eiche,*** *einer Hütte des Pfälzerwald-Vereins, die an Sonn- und Feiertagen bewirtschaftet ist. Von hier wandern wir links ab mit dem grün-blauen Strich bis zum Rand des Steilabhangs, wo wir auf den Weg mit der Markierung roter Punkt treffen. Links geht es auf der Höhe entlang des Steilhanges weiter bis zum* ***Hühnerstein,*** *von dem man einen schönen Ausblick hinab ins Tal mit dem Ort Schwanheim hat. Den Hülsenberg entlang erreicht man das Soldatenkreuz, kurz darauf links den Backelstein, auch hier wiederum gute Rundsicht.*

Über den Weimersberg mit dem Kahlen Felsen und dem Kreuzelfelsen führt der Weg talwärts zurück zu unserem Ausgangspunkt, nach Hauenstein.

Auf landschaftlich sehr reizvoller Wegstrecke gelangt man nach Lug. Hier biegt die Straße rechts ab nach Schwanheim und weiter nach

Vorderweidenthal.

Außerhalb des Ortes, Richtung Silz, führt links den Berg hoch ein Sträßchen zur Lindelbrunner Hütte (Parkplatz, Hütte bewirtschaftet).

Wanderung zur Ruine Lindelbrunn

Am Ortsausgang von Vorderweidenthal Richtung Silz befindet sich ein Parkplatz mit Wegemarkierungen. Die Straße überquerend steigen wir durch den Wald empor zur Lindelbrunner Hütte (Parkplatz). Ab hier führt der Weg ein kurzes Stück steil aufwärts zur Ruine Lindelbrunn, von der man eine ausgezeichnete Rundsicht genießen kann. Die Anlage wurde im 12. Jahrhundert als Reichsfeste erbaut, ging später in den Besitz der Grafen von Leiningen über und wurde um 1525 zerstört. Interessant sind die Felsverwitterungen unterhalb der Burg.

Zurück nach Vorderweidenthal, wo wir rechts auf der Hauptstraße weiterfahren nach

Erlenbach mit der *Burg Berwartstein.*

Burg Berwartstein

Burg Berwartstein

Von der Hauptstraße wandern wir über die Binsenhohlstraße hoch zur Burg Berwartstein oder wir fahren mit dem Auto über die Burgstraße direkt zur Burg hoch.

Die Burg Berwartstein wurde im 11. Jahrhundert als Reichsfeste erbaut. 1152 schenkte Kaiser Friedrich Barbarossa die Burg dem Bischof von Speyer, der sie als Lehen weitergab. Ausgang des 13., Anfang 14. Jahrhundert war die Burg ein berüchtigtes Raubritternest, das, bedingt durch die Anlage, uneinnehmbar war. Durch den so genannten Aufstiegskamin an der Südostseite führte nur ein Aufgang über Holztreppen und Strickleitern zur Burg, die bei Gefahr entfernt wurden. 1314 zerstörten die Reichsstädte Straßburg und Hagenau die Anlage. Dies war jedoch nur durch Verrat eines Burgbewohners möglich. Die Burg wurde bald wieder aufgebaut und diente im 15. und 16. Jahrhundert wiederum als Raubritternest.

Die Kapelle des Berwartstein

Berüchtigtster Burgherr war der Ritter Hans von Droth, der sich selbst durch Reichsacht und Kirchenbann nicht von seinen Raubzügen abbringen ließ. Er wurde in der St.-Anna-Kapelle bei Niederschlettenbach bestattet. - Knapp 90 Jahre nach seinem Tod brannte die Burg nach einem Blitzschlag aus. Erst 1893 bis 1895 wurde der Berwartstein wieder aufgebaut. Eine Besichtigung der Anlage ist möglich.

Vom Parkplatz bei der Burg kann man eine der markierten **Rundwanderungen** *unternehmen. Eine Schautafel zeigt Ihnen die einzelnen Möglichkeiten auf, so zum Beispiel zu den Überresten von Klein-Frankreich, einem ehemaligen Festungsturm, der mit der Burg durch einen unterirdischen Gang verbunden gewesen sein soll.*

Eine weitere kleine Wanderung ist möglich vom Parkplatz beim Weißensteiner Hof. Man fährt zurück auf die B 427 Richtung Dahn/Busenberg. Nach ca. 1,5 km geht links ein Sträßchen ab zum

Weißensteiner Hof.

Wanderung zur Ruine Drachenfels

Mit der Markierung 3 wandern wir bergauf zum Heidenberg und zum Schlüsselfelsen und dem Naturdenkmal des Buchkammerfelsens. Über den Serpentinenweg hinab zum Weg mit der Markierung 2 geht es rechts ab nach der Drachenfelshütte (bewirtschaftet vom PWV) und weiter zur Ruine Drachenfels, die zu Beginn des 13. Jahrhunderts von den Herren von Drachenfels (1209 - 1344) auf zwei steilen, schmalen Sandsteinfelsen erbaut wurde. Sie wurde 1523 zerstört und geschleift. Erhalten sind heute noch eine Felsenkammer der Oberburg, ein Torgebäude sowie Reste des Flankierturms der Unterburg. Von der Burg hat man eine schöne Fernsicht in das Wasgauer Felsenland. - Mit der Markierung gelber Balken kann man zum Parkplatz beim Weißensteiner Hof zurückwandern.

Von **Erlenbach** geht die Strecke weiter nach **Niederschlettenbach** mit der St.-Anna-Kapelle (rechts der Straße am Ortsausgang), in der Ritter Hans von Droth seine letzte Ruhestätte gefunden hat. Etwas außerhalb des Ortes biegen wir links ab nach

Nothweiler,

das nach 3 km erreicht wird. Mitten im Ort folgt man links dem grünen Hinweisschild Erzgrube. Sehr gut ausgeschildert, erreicht man oberhalb des Ortes im Wald einen Parkplatz.

Vom Parkplatz wandert man aufwärts zum ***Besucherbergwerk St.-Anna-Stollen****, in dem von 1582 bis 1883 Eisenerz gefördert wurde. Von den geschätzten 10 km Gängen sind für Besucher unter Führung 420 Meter begehbar.*

Öffnungszeiten des Bergwerkes von April bis Oktober von 10 - 18 Uhr, montags geschlossen

Eingang zum Besucherbergwerk St.-Anna-Stollen bei Nothweiler

Auf der Lembacher Straße ab der Ortsmitte erreicht man hinter dem Ortsausgang einen Parkplatz, dem Ausgangspunkt einer der wohl schönsten und abwechslungsreichssten Wanderungen im Wasgau, die über vier Burgruinen führt.

Vier-Burgen-Wanderung

Obwohl nur 10 km lang, sollte man sich für diese Wanderung mehr als einen halben Tag Zeit nehmen, die Vielzahl der verschiedenen Eindrücke rechtfertigt dies.

Wir folgen dem Weg Markierung rotes Kreuz und wandern durch das Tal bis Col de Litschhof und Gimbelhof. Hier erwartet die Kinder und alle Junggebliebenen mit dem Abenteuerspielplatz "Burgen" eine echte Attraktion. Hier finden Sie die einzige Einkehrmöglichkeit der Wandertour. - Mit der Markierung rot-weißer Balken wandert man hoch zur ***Ruine Fleckenstein****, die auf exponiertem Felsblock im 12. Jahrhundert mit einer Länge von 92 Metern, bis zu 12 Meter Breite und 26 Meter hoch aufragend erbaut wurde. Sie gilt*

Die Ruine der einst stolzen Feste Fleckenstein

Eingang mit reichem Relief zur Hohenbourg

auch heute noch als eine der größten und eindrucksvollsten Burganlagen der Nordvogesen. Das Geschlecht der Fleckensteiner erlosch erst im Jahre 1720, es war eines der mächtigsten Herrscherhäuser der Nordvogesen, in dessen Besitz sich sechs Vogteien mit insgesamt 35 Dörfern befanden. Von der mittelalterlichen Burg stammt lediglich noch der Eingang. Ansonsten wurde die Anlage im Laufe der Jahrhunderte mehrere Male umgebaut und erweitert. Über der einstigen Eingangshalle, heute Museum, befand sich die Kapelle. Über eine in Stein gehauene Treppe erreicht man das Felsplateau. Der Brunnen wird durch einen mächtigen Turm geschützt. Im 15. Jahrhundert wurden die letzten großen Umbauten durchgeführt, so am Haupteingang eine große rechteckige Barrieremauer mit noch erkennbaren Inschriften (MCCCCXXVIII jar). Etwas später wurde der obere Palast neu aufgebaut. Die Burganlage wurde 1689 durch französische Truppen zerstört und dem Verfall preisgegeben.

Mit der Markierung rotes Dreieck geht die Wanderung vom Parkplatz weiter Richtung Ruine Löwenstein. Auf dem Bergsattel gelangt man zu einer großen Wegegabelung mit übersichtlicher Beschilderung. Ab hier folgen wir der Markierung rot-weiß-roter Balken, die uns auf einem felsigen Waldpfad hoch zur **Ruine Löwenstein** *führt. Die Burg wurde vermutlich Ende des 12. Jahrhunderts von einem Wolfram von Löwenstein erbaut, 1283 an Kaiser Rudolf von Habsburg übergeben, der sie später Otto von Ochsenstein verlieh.*

Hundert Jahre später erlangte die Burg traurigen Ruhm als Raubritternest, das 1386 von Truppen des Grafen von Lichtenberg zerstört und dem Verfall preisgegeben wurde. In der Folgezeit mag sie als Vorposten der Fleckenstein oder der Hohenburg gedient haben. Die wenigen Überreste auf dem wuchtigen Fels zeugen von der geringen Bedeutung der Burg. Vom vorderen Felsplateau hat man eine gute Fernsicht in den Wasgau und die Nordvogesen. Mit der gleichen Markierung erreicht man nach nur fünf Minuten die **Ruine Hohenbourg**. *Die Anlage wurde Anfang des 13. Jahrhunderts auf dem 550 Meter hohen Schloßberg von dem altelsässischen Geschlecht der Puller erbaut. 1482 ging die Burg in das Eigentum der Herren von Sickingen über.* **Franz von Sickingen** *(ein Gefährte Ullrich von Hutten) ließ die Anlage neu befestigen. Sie wurde jedoch 1523 großenteils zerstört und erst einige Jahrzehnte später wieder aufgebaut. Die ursprünglich Burg lag auf dem großen Felsen mit der mächtigen Schildmauer. Das Eingangstor aus der Renaissancezeit ist zum Wahrzeichen der Burg geworden. In dem verschlossenen Raum links hinter dem Eingang sieht man Skulpturen, die auf der Burg gefunden wurden, etwas weiter der 130 Meter tiefe Brunnen. Eine der markantesten Persönlichkeiten der Burg war* **Konrad Puller** *von Hohenbourg, der sich einen Namen als Minnesänger gemacht hat. Die Hohenbourg wurde 1689 zerstört und verfiel.*

Alter Grenzstein zwischen Hohen- und Wegelnburg. Im Hintergrund die Kaiser-Wilhelm-Hütte

Auf schmalem Pfad abwärts gelangt man 10 Minuten später zum **Maidebrunnen**, *um den sich die Sage der schönen weißen Frau rankt. Nur ungefähr 150 Meter weiter überschreitet man die Grenze mit einem Markstein aus früherer Zeit. Auf dem Platz dahinter steht die* **Kaiser-Wilhelm-Hütte**. *Auf steilem Weg wandert man an der Hütte vorbei hoch zu der auf dem 572 Meter Berggrat langgestreckt höchstgelegenen Burganlage der Pfalz, der* **Ruine Wegelnburg**, *von der man eine herrliche Fernsicht über den Wasgau, die Nordvogesen und ins Rheintal genießen kann.*

Aufgang zur Wegelnburg, der höchstgelegenen Burg des Wasgaus

Ende des 12. Jahrhunderts als Reichsfeste erbaut, ein Reichsamtmann B. d. Woeglenburc wird erstmals 1247 genannt. Bereits 1272 durch Straßburger Bürger und den kaiserlichen Landvogt erobert und zerstört, kam die Burg nach ihrem Wiederaufbau 1330 als Reichspfandschaft in die Hände des pfälzischen Kurfürsten und ab 1417 an Herzog Stefan von Zweibrücken. 1689 wurde die Anlage durch französische Truppen unter General Montclar gebrandschatzt und geschleift. Sehenswert sind Reste von Toren, Gebäuden und der Ringmauer sowie große in den Fels gehauene Kammern.

Um die Burg rankt sich die Sage der **Prinzessin Hirlanda**, die der Geißhirte von Nothweiler, Felix, aus der Gewalt des bösen Zauberers Matestaso erlösen sollte. Erst reinen Herzens und naiv, konnte er die Prinzessin nicht erlösen, von den gesehenen unermesslichen Schätzen geblendet, wurde er habgierig und durfte somit nicht mehr das Mädchen retten. So blieb er sein Leben lang Geißhirte und die Prinzessin schläft noch heute tief im Felsen inmitten ihrer Schätze.

Auf gleichem Weg zurück zur Kaiser-Wilhelm-Hütte, führt uns der Weg mit der Markierung 1 talwärts nach Nothweiler, über die Graf-Zeppelin-Straße gelangen wir zur Ortsmitte und zum Parkplatz.

Von **Nothweiler** fährt man Richtung Rumbach, vor dem Ort links ab nach Schönau und weiter nach

Gebüg.

Vom Parkplatz links vor der Ortsabfahrt beginnt die nächste Wanderung.

Drei-Burgen-Wanderung

Ruine Blumenstein

Vom Parkplatz zur "Schanze" führt rechts ab ein Fahrweg (rote Raute) hoch zur ***Ruine Blumenstein****, einer typischen Wasgauburg, die im 13. Jahrhundert auf einem mächtigen*

Die Sage von der Weisen Frau

Um den Maimont ranken sich mehrere Sagen, so auch "die weise Frau geht um", aus der Zeit, als römische Legionäre auf dem Maimont ein Lager errichtet haben. Die Römer fühlten sich nicht wohl, denn Gefahren lauerten auf Schritt und Tritt, nicht nur vom undurchdringlichen Wald, sondern auch von dessen Bewohnern. In dieser Einsamkeit stand eine mächtige Eiche, bei der sich die Wäldler trafen und sich Rat bei der weisen Frau und ihrer jungen Gehilfin holten. Beim Kräutersuchen begegnete das Mädchen zufällig einem römischen Jäger, und die beiden verliebten sich sofort ineinander. Sie trafen sich heimlich, denn als Nachfolgerin der weisen Frau durfte die Gehilfin niemals mit einem Manne zusammenkommen, darauf stand der Tod. Der alten Seherin war das Verhältnis nicht entgangen und so sehr sie ihre Nachfolgerin ins Herz geschlossen hatte, musste die Strafe folgen. So fand in der folgenden Nacht der Römer nur noch einige Kleiderreste seiner Geliebten bei der Eiche. Wölfe waren die Henker. Seitdem geht das unglückliche Mädchen um und man hört in den Novemberstürmen das Wehklagen und den Schrei der Gerichteten, und die Menschen flüstern ängstlich: "die weise Frau geht um".

Felsen von dem elsässischen Rittergechlecht Batzendorf erbaut wurde. 1347 wurde Anselm von Batzendorf, genannt Blumenstein, von Heinrich von Fleckenstein aus seiner Burg vertrieben, so gelangte Blumenstein hälftig an Zweibrücken und 1356 an Johann von Dahn. Nach dem Aussterben des Dahner Geschlechts kam der Anteil hälftig an Pfalz-Zweibrücken und das Hochstift Speyer. 1525 während des Bauernkrieges zerstört, baute man die Anlage im 17. Jahrhundert notdürftig wieder auf, sie diente fortan der umliegenden Bevölkerung in Kriegszeiten als Fliehburg, bis sie allmählich verfiel. Heute sind nur noch Teile der Schildmauer erhalten.

In etwa 30 Minuten Gehzeit führt ein Weg, später ein steiler Pfad, hoch zum doppelköpfigen **Maimont** (513m) mit dem Friedenskreuz und auf dem südlichen Gipfel den Steintrümmern eines großen keltischen Ringwalls mit einer **Opferschale**.

Keltische Opferschale auf dem Gipfel des Maimont

Karte Seite 29

Der im Walthari-Lied der Nibelungensage besungene Wasigenstein

Auf vielen Wegschleifen wandern wir mit der Markierung rot-gelber Balken weiter zur **Ruine Wasigenstein**, die Mitte des 13. Jahrhundert auf einem durch eine tiefe Schlucht geteilten Felsen errichtet wurde. Im Laufe der Zeit hatte die Burg durch Erbteilung bis zu 14 Besitzer gleichzeitig. Im 15. Jahrhundert nehmen die Hohensteiner die Untere Burg in Besitz, die Herren von Fleckenstein den oberen Teil der Anlage. Die Oberburg zieht sich längs über den Felsen, bewehrt mit einem fünfeckigen Bergfried, die Klein Wasigenstein bestand lediglich aus einem Viereckigen Bau mit mehreren Etagen. Zu sehen sind noch Gemächer, Kammern und Ringmauern sowie in den Fels gehauene Treppen. Die schwersten Zerstörungen hat sie im Dreißigjährigen Krieg erlitten und war danach dem Verfall preisgegeben.

Berühmt wurde die Burg durch das **Waltharilied** aus der **Nibelungensage.**

Walther, der mit Hagen zusammen treu dem Hunnenkönig Etzel gedient hatte, floh mit Schätzen beladen und der geliebten Fürstentochter Hildegunde über den Rhein. König Gunther von Worms hatte es auf Schätze und Jungfrau abgesehen und verfolgte die beiden mit zwölf burgundischen Helden. Am „Wasgenstein" ruhte sich Walther mit seiner Geliebten aus, und es kam zum Kampf, bei dem Walther einen Angreifer nach dem anderen besiegte. Gunther überredete Hagen, der sich lange weigerte, gegen den Jugendfreund anzutreten. Nach schwerem Kampf schlossen sie Frieden, und Walther konnte unbehelligt ins Land der Wasken nach Langres ziehen und den Gotenthron besteigen.

Von der Burg wandert man weiter talwärts nach Obersteinbach. Kurz vor dem Ort geht es rechts ab mit der Markierung roter Balken zur **Ruine Petit Arnsberg***, eine im 14. Jahrhundert in steilem Fels gebaute kleine Anlage. Erhalten sind noch Reste des kleinen Wohngebäudes und des Bergfrieds, sowie Treppen und Gänge.*

In Obersteinbach steht in der Ortsmitte (beim Parkplatz) das **Haus der Burgen***, ein interessantes kleines Museum mit Ausstellungssücken und Anschauungsmaterial zum Bau der Burgen, Schlösser und Wehranlagen.*

Mit den Markierungen rot-gelber und blau-weißer Balken wandert man über den Florenberger Hals zurück nach Gebüg zum Parkplatz „Zur Schanze".

Vom Parkplatz fahren wir weiter etwa ein Kilometer rechts ab nach Fischbach, hier wiederum rechts nach **Rumbach.** In der Ortsmitte steht eine der ältesten Wehrkirchen der Pfalz, deren Ursprünge in das 11. Jahrhundert zurückreichen. Im Inneren sind herrliche mittelalterliche Fresken zu sehen. - Ein Stück außerhalb des Ortes zweigen wir links ab über Wieslautern nach

Die mittelalterliche Wehrkirche von Rumbach

Dahn*

Kurzwanderung zur Dahner Burgentrilogie

In der Ortsmitte, nach der Kirche, folgen wir rechts dem grünen Hinweisschild Dahner Burgen. Das Sträßchen mündet in einen Parkplatz, von dem man die letzten paar hundert Meter hoch zu den Burgen wandert.

Die **Burgentrilogie Alt-Dahn, Grafendahn und Tanstein** *gilt in seiner Gesamtausdehnung als die größte Burgenanlage der Pfalz, die ältesten Teile stammen aus dem 11. Jahrhundert. Die Burgen wurden 1689 von französischen*

Vorburg der Ruine Neu-Dahn

Truppen zerstört. Vorhanden sind noch viele in den Fels gehauene Kammern, Gänge und Treppen, außerdem kann man noch Reste von Ring- und Schildmauern, einem Bergfried auf Grafendahn und die Reste eines Palas erkennen. In einem Burgmuseum werden Funde von Ausgrabungen ausgestellt. Unterhalb des Felsmassivs kann man in einem kleinen Lokal einkehren.

Vorbei am Fels des Jungfernsprungs, der massig bis fast an die Straße reicht, verlassen wir Dahn. Links aus der Waldeshöhe grüßt die **Burgruine Neu-Dahn** mit ihrem wuchtigen Gemäuer herüber, die man leicht vom Fischwasser (kleiner Parkplatz) erreichen kann.

Kurzwanderung zur Ruine Neu-Dahn

Ein kurzes Stück waldaufwärts erreicht man nach ca. 20 Minuten Gehzeit die ***Ruine Neu-Dahn****. Um 1230 von einem Heinrich von Tann erbaut, fiel sie wie die Burgentrilogie 1689 den Französischen Truppen zum Opfer. Zu sehen sind noch zwei starke Batterietürme, die durch eine Wehrmauer miteinander verbunden sind, in der sich der Eingang zum Untergeschoss befindet. Die Mauerreste der Vorburg und der Hauptburg lassen die Größe der Anlage noch gut erkennen.*

Auf der B 427 weiter gelangt man nach **Hinterweidenthal,** das von den Felsformationen Rappenfelsen, Dreikönigsfelsen, Heufelsen und Teufelstisch rundum überragt wird. Hier mündet die B 427 in die B 10, auf der wir zurückfahren nach

Annweiler,

dem Ausgangspunkt dieser Tour.

Das Tor zum Wasgau, Gräfensteiner Land und Sickinger Höhe

Routenverlauf: Pirmasens – Eppenbrunn – Lemberg – Münchweiler – Merzalben – Leimen – Waldfischbach-Burgalben – Rodalben – Pirmasens.

Pirmasens*

deutsche Schuh- und Messestadt und das Tor zum Wasgau, liegt reizvoll auf einer Hochfläche am Westrand des Gräfensteiner Landes und überragt die ganze Umgebung. Von einigen Stadtteilen führen schöne Kurzwanderungen in das Umland und mehrere markierte Wanderwege des Pfälzerwald-Vereins haben hier ihren Ursprung.

Der mächtige stählerne Stierkopf, Anfang der Wasserspiele oberhalb des Marktplatzes in Pirmasens

Man verlässt Pirmasens in südwestlicher Richtung mit dem Stadtteil Niedersimten und fährt durch Felder und Wiesen über **Obersimten,** einem 700 Einwohner zählenden Dorf mit dem **Naturschutzgebiet Gersbachtal** und einigen alten Mühlen, so der *Rehmühle*, nach

Trulben.

Die mit seinen Ortsteilen 1400 Einwohner zählende Gemeinde am Schnittpunkt dreier Bäche, wird erstmals 1307 urkundlich erwähnt. Sehenswert sind die *Pfarrkirche St.-Stephanus* mit ihrem mittelalterlichen Turm, die *Lothringer Kreuze* und die *St.-Wendelinus-Kapelle* aus dem 18. Jahrhundert. Trulben eignet sich gut als Ausgangspunkt mehrerer Rundwanderungen.

Talaufwärts gelangt man 3 Kilometer weiter nach

Eppenbrunn

unmittelbar an der pfälzisch-lothringischen Grenze gelegen, wo der **Naturpark Pfälzerwald** nahtlos in die Nordvogesen übergeht. Der 1700 Einwohner zählende, staatlich aner-

kannte Luftkurort steht als Inbegriff des *„Tors zum Wasgau"*. Er besitzt ein Kurbad, ein Haus des Gastes und einen Freizeit- und Erholungspark und bietet viele Wandermöglichkeiten, zum Beispiel zum Teufelstisch, in das Heimat- und Waldmuseum oder auf den Brechenberg.

Verlässt man Eppenbrunn Richtung **Fischbach,** so kommt kurz nach Eintritt in den Wald rechts ein Abzweig zum Forsthaus Stüdenbach. Nach Einfahrt in das Sträßchen liegt rechtshaltend nach 700 Metern ein Parkplatz.

Wanderung zum Brechenberg

Von hier beginnt die Wanderung auf einem Holzabfuhrweg das Tälchen aufwärts (Markierung weißes Kreuz), und man erreicht eine Hochfläche. Links voraus wird der Blick angezogen von den gewaltigen Buntsandsteinriesen des ***Altschloßfelsens****. Nach ungefähr zehn Minuten steht man zu Füßen dieser Giganten aus Stein; eine Bank lädt zu einer kurzen Rast ein. Hinter den vier Türmen zieht sich knapp 1 1/2 Kilometer lang ein Felsmassiv von einmaliger Schönheit hin und der nun folgende Rundgang zählt zu den herrlichsten Felswanderungen der Südwestpfalz.*

Nach dem ersten Knick wird die Felsmauer durch ein Felsentor, das sich als ein Wirrwarr vieler Durchbrüche erweist, überwunden, und es folgt eine etwa 100 Meter lange Partie mit weit überhängenden Felsvorsprüngen, unter denen sich der Weg fortsetzt. Im anschließenden Wegstück ziehen sich fast endlos hohe Felswände, tiefe Höhlen und Dachvorsprünge entlang, die ob der Harmonie der gelb-roten Farben und der filigranartigen Muster durch die Verwitterung des Sandsteins einen besonderen Reiz ausstrahlen.

Der Altschloßfelsen

Am Ausgang des Felsrondells steht ein Wegweiser, der zu einem römischen ***Diana-Relief*** *hinführt. Es handelt sich um ein kleines in eine Felswand gemeißeltes Relief, Mars, Silvanus und Diana darstellend, das im Laufe der zwei Jahrtausende stark verwittert ist. Zurück zum Wegweiser hält man sich rechts und bleibt weiterhin im Bereich der Felspartie, ordnungshalber sei zu bemerken, daß man nun die deutsch-französische Grenze überschreitet. Da der Felszirkus die Form eines Ovals hat, gelangt man auf der Höhe wieder automatisch zu den vier freistehenden Giganten.*

Die Markierung weißes Kreuz führt wieder zurück zum Waldparkplatz.

Man verlässt den Ort Richtung **Fischbach** und biegt kurz darauf links ab nach Lemberg. Vorbei am Stephanshof und durch das Buchbachtal entlang zu Füßen des rechterhand aufragenden langgestreckten Bergsattel des Großen Stephansbergs erreicht man

Lemberg,

staatlich anerkannter Erholungsort. Die knapp 5000 Einwohner zählende Gemeinde bietet seinen Besuchern nicht nur ideale Wandermöglichkeiten, sondern mit Kinderspielplätzen, Tennisplätzen und Reitanlage auch eine Menge Freizeitspaß.

Aufgang zur Burg Lemberg

Der Ort wird vom 458 Meter hohen Schloßberg überragt, auf dessen Kuppe sich die **Ruine Lemberg,** eine 1202 erstmals erwähnte Reichsfeste erstreckt, die 1689 das Schicksal durch französische Truppen ereilte und geschleift wurde. Über dem Tonnengewölbe des Kellers hat man in die Ruine eine gemütliche Burgschänke eingebaut. Alle zwei Jahre wird in der Anlage ein großes Burgfest veranstaltet.

Am Ortsausgang Richtung Pirmasens biegt man rechts ab nach

Ruppertsweiler,

dessen erste urkundliche Erwähnung im 13. Jahrhundert war. In dem 1500 Einwohner zählenden Walddorf feiert man alle zwei Jahre das überregional bekannte Kohlenmeilerfest zur Erinnerung an eine alte Tradition. Wahrzeichen der Gemeinde sind die spärlichen Überreste der sagenumwobenen **Burg Ruppertstein.**

Auf der B 10 ca. 1 Kilometer Richtung Pirmasens, biegt man rechts ab nach

Münchweiler

an der Rodalb. Der 3200 Einwohner zählende Ort liegt idyllisch in einem Talkessel, umgeben von Mischwäldern. Früher war es ein typisches Pfälzer Dorf, die Menschen lebten vom kargen Boden, den Wäldern und dem Verkauf von Kienholz. Erst die Schuhindustrie brachte eine Wende. An die armen Zeiten erinnert heute alljährlich an Pfingsten das *Kienholzfest*. Der **Beckenhof,** besser bekannt als der größte Biergarten der Pfalz, lockt im Sommer Scharen von Besuchern, Wanderern und Radlern aus nah und fern an.

Weithin sichtbar: die Ruine Gräfenstein

Richtung **Rodalben** zweigt beim Riegelbrunnerhof rechts eine Straße nach

Merzalben

ab, das 3 Kilometer weiter erreicht wird. In der Ortsmitte steht die sehenswerte Pfarrkirche St. Peter und Paul mit einem Chor aus dem 14. Jahrhundert. Die herausragende Attraktion des Ortes liegt mit der Ruine der **Stauferburg Gräfenstein**, im Volksmund auch "Merzalber Schloß" genannt, oberhalb von Merzalben. Die Burg wird erstmals urkundlich 1237 als Besitz der Leininger Grafen erwähnt. Im Laufe des Dreißigjährigen Krieges geht die Festung 1635 in Flammen auf und verfällt in der Folgezeit. Interessant und einmalig unter den Stauferburgen ist der siebeneckige Bergfried, den man besteigen kann. Von oben kann man eine herrliche Fernsicht über die bewaldeten Hügel des Pfälzerwaldes und in das weite Umland genießen. Alljährlich wird Ende August das Burgfest mit mittelalterlichem Markt und Lager gefeiert, das viele Besucher anlockt.

Am 522 Meter hohen Ringelsberg entlang führt die Straße bergwärts nach

Leimen,

das mit zu den höchstgelegenen Orten der Pfalz zählt. Der 1200 Einwohner zählende staatlich anerkannte Erholungsort liegt mitten im Naturpark Pfälzerwald und bietet dem Urlauber Ruhe und Erholung pur. Im Ort kann man Schuhe direkt vom Hersteller kaufen.

Oberhalb des Kirchhofs sind noch Erderhebungen einer französischen Schanze von 1793 zu erkennen (Wasserreservoir), von der man eine gute Rundsicht hat.

Wanderung um den Ringelsberg

Am Ortsausgang Richtung Waldfischbach geht bei der scharfen Rechtskurve links eine Straße ab in einen neueren Ortsteil (Markierung weißes Kreuz und der örtlichen "2") im Kreis). Der Ringelsberg erreicht mit 530 Metern eine beachtliche Höhe, wenn man bedenkt, daß der höchste Berg in der Pfalz, der Donnersberg, nur 155 Meter höher ist. Die Wanderung bildet dennoch keine allzu große Anstrengung, da Leimen bereits 460 Meter ü. NN liegt.

Der örtlichen Wegemarkierung (2) folgend, zieht sich der Weg rechts am Berghang hinauf zur Bergkuppe mit den Huberturfelsen, Formationen, die teilweise von mächtigen Felsendächern gekrönt sind. Unter dem größten Dach finden ohne Mühe 150 Personen Platz. Man kann auf den felsigen Gipfel klettern und die herrliche Aussicht genießen, jedoch ist es ratsam, nicht zu nahe an den Felsrand zu treten. - Nach einem weiteren kleineren Plateau stürzt sich der Weg steil in die Tiefe (linkshaltend), wo er in einen bequemen Querweg mündet. Rechterhand wandert man durch den Wald zurück nach Leimen.

Landschaftlich nicht ohne Reize setzt sich die Fahrt fort nach **Waldfischbach-Burgalben.** Auf halber Wegstrecke erreicht man das Gasthaus "Zur Heidelsburg", auf der gegenüberliegenden Seite zieht sich der *Clausensee* hin. 1,5 Kilometer weiter zweigt rechts ein Weg ab, der dem Lauf des Dinkelbächels folgt. Hier sollte man versuchen zu parken, da dies an der Fahrstraße kaum möglich ist.

Am Abzweig kann man mit der Markierung gelbes Kreuz zur Ruine der ***Heidelsburg*** *hinaufsteigen, einer spätrömischen Burganlage aus dem 4. Jahrhundert. Linkerhand befindet sich das gut erhaltene römische Standbild eines Paares. Wie Funde belegen, muss hier bereits zur Eisenzeit eine Wehranlage bestanden haben. Vom Burgplateau hat man eine schöne Aussicht in das Schwarzbachtal.*

Die Lourdesgrotte mit der Mutter Gottes des Klosters Maria Rosenberg

Am Dreisommerberg vorbei erreicht man

Waldfischbach-Burgalben,

größter Ort der Urlaubsregion Holzland/Sickinger Höhe und dessen wirtschaftliches Zentrum. Das Kultur- und Freizeitangebot bietet für jeden etwas, so wechselnde Veranstaltungen im Bürgerhaus "Schuhfabrik" oder Schwimmen im Hallenbad "In den Bruchwiesen", Angeln und Bootfahren auf dem Clausensee oder ein Besuch im Heimatmuseum. Neben der **Ruine Heidelsburg** sollte man unbedingt den **Wallfahrtsort „Maria Rosenberg"** mit seiner Kapelle von 1430 oberhalb von Burgalben besuchen oder im Ort selbst die historische **Kirche Burgalben** aus dem Jahr 1197.

Altarraum der Kapelle auf Maria Rosenberg

Vorbei an Maria Rosenberg verlässt man Burgalben in südliche Richtung über **Donsieders,** einem kleinen ländlichen Ort, nach dem Städtchen

Rodalben,

einer 7900 Einwohner zählenden staatlich anerkannten Fremdenverkehrsgemeinde im Tal des gleichnamigen Flüsschens. Die Stadt wartet für den Besucher mit einigen Sehenswürdigkeiten auf, so dem Geburtshaus des **Dr. Johann Peter Frank,** dem Begründer des Hygieneinstituts in Wien und Leibarzt von Zar Alexander I., dem **Skulpturenweg,** auf dem verschiedene Buntsandsteinskulpturen in und um Rodalben zur Betrachtung einladen. Mitten im Ort steht die **gotische Marienkirche** aus dem 14. Jahrhundert mit romanischem Turm, in deren Seitenchor sich Fresken aus der Gründerzeit befinden, der Hoch- und Seitenaltar stammen aus der Zeit um 1750. - Eine Besonderheit für den Wanderer stellt der 46 Kilometer lange **Rodalber Felswanderweg** mit vielfältigen Felsformationen wie dem Karl-May-Felsen, dem Bruderfelsen oder der größten Buntsandsteinhöhle der Pfalz, der Bärenhöhle dar.

Nach 6 Kilometern Fahrt erreicht man von Rodalben aus wieder den Anfangspunkt dieser Tour, die Stadt **Pirmasens.**

Der Westen der Pfalz

Holzland/Sickinger Höhe

Pirmasens – Thaleischweiler-Fröschen – Rieschweiler-Mühlbach – Zweibrücken – Homburg – Wiesbach – Wallhalben – Hermersberg – Waldfischbach-Burgalben – Pirmasens

Pirmasens*

ist der Ausgangspunkt dieser Tour. Auf der B 270 geht es in schneller Fahrt nach dem 8 Kilometer entfernten **Thaleischweiler-Fröschen.** Kurz hinter der Abfahrt von der B 270 liegt rechts oberhalb das **Steinenschloß,** eine außergewöhnliche Burganlage aus dem Mittelalter, deren mächtiger Rundturm einen Durchmesser von mehr als 13 Metern hat. Durch das liebliche Schwarzbachtal, über **Rieschweiler-Mühlbach** und **Dellfeld,** gelangt man beim Gasthof Falkenbusch auf die B 10. Über Stambach erreicht man **Contwig** und kurz darauf

Zweibrücken*

mit über 40000 Menschen. Die Stadt ist Mittelzentrum der Region Westpfalz-Saar und bietet gute Voraussetzungen für klein- und mittelständische Betriebe der Kunststoff- und fein-

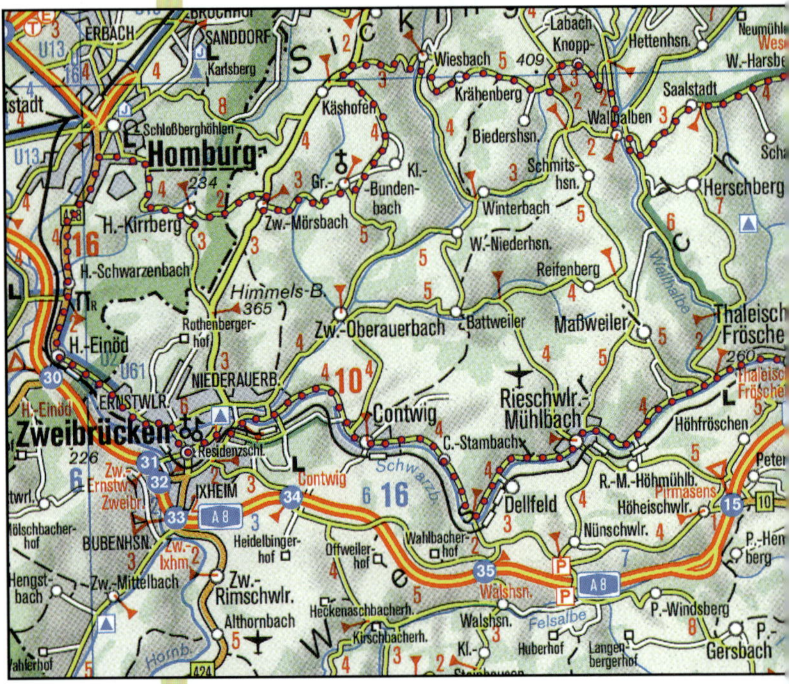

mechanischen Industrie. Sehenswert sind in der Stadt mehrere historische Bauwerke wie das barocke **Schloss,** die spätgotische **Alexanderkirche,** das **Rathaus** und die **Karlskirche.** Der **Rosengarten** mit über 60000 Rosenstöcken und mehr als 1300 verschiedenen Sorten erfreut sich nicht nur bei der einheimischen Bevölkerung großer Beliebtheit.

In Zweibrücken verlassen wir die B 10 und setzen unsere Fahrt in nördlicher Richtung fort. Durch Mörsbach hindurch zweigt links eine Straße nach **Kirrberg** ab und weiter um den bewaldeten Roßberg, vorbei am Landeskrankenhaus, erreichen wir

Homburg

Die Stadt liegt zu Füßen des Schloßberges, auf dem im 12. Jahrhundert eine **Höhenburg** gestanden hat. Die heutigen Reste datieren großenteils auf das 17. Jahrhundert und stammen von Festungsanlagen, die unter französischer Herrschaft von Vauban errichtet wurden. Der Offizier und Ingenieur ließ Homburg in seinem typischen „Bastionär-System" zur Festung ausbauen, in die auch die **Schloßberghöhlen** einbezogen wurden. Sie bilden ein dreistöckig übereinanderliegendes Labyrinth von Gängen, Kammern und Nischen, die sich über 5 Kilometer in den Buntsandstein hineingraben. In der Stadt selbst ist der malerische **Marktplatz** mit seinem Marktbrunnen sehenswert. Nordöstlich der Stadt schließen sich der „Stumpfe Gipfel" mit einer Opferstätte und der **Karlsberg** mit den Ruinen des ehemals größten europäischen Landschlosses des 18. Jahrhunderts an.

Die Fahrt geht vorbei am Landeskrankenhaus über Kirrberg und Mörsbach nach **Großbundenbach.** Hier lohnt ein Stopp, um sich die **sehenswerte Kirche** und die etwas außerhalb liegende **Burgruine** anzuschauen.

Weiter fährt man über Winterbach und Oberhausen ins Wallhalbtal nach

Wallhalben.

Der Ort bietet sich sehr gut als Ausgangspunkt mehrerer Rundwanderungen an, z. B. ein Teil des Mühlenweges oder ins nahe Odenbachtal zum Wasserschaupfad .

Wanderungen von Wallhalben:

Wandervorschlag 1, *Wallhalben – Kneispermühle – Rosselmühle – Kneispermühle – Schmitshausen – Wallhalben (ca. 14 km):*

Vom Dorfplatz mit dem gelb-roten Balken vorbei an der Schule, kann man die Würschhausermühle sehen, die als einzige noch voll in Betrieb ist und das Korn der Sickinger Bauern zu Mehl verarbeitet. Daneben steht eine Sägemühle.

An einem alten Waschbrunnen und der Konradsmühle vorbei erreicht man nach ca. 2 km die **Kneispermühle** *mit Einkehrmöglichkeit. Mit der gleichen Markierung weiter zur* **Rosselmühle,** *einem lebendigen* **Mühlenmuseum,** *das man nach vorheriger Anmeldung besichtigen kann. 200 Meter zurück über die Holzbrücke, überquert man die Straße und begeht ein schräg aufwärts verlaufenden Waldweg zur Markierung W 1, die den Wanderer wieder zur Kneispermühle bringt. Vor der Mühle biegt man in den Mühlenweg ein und geht vorbei am Hirschgehege zur Raststätte des Rosenvereins Schmitshausen (sonn- und feiertags geöffnet) und weiter aufwärts zum* **Rosendorf Schmitshausen,** *wo zur Blütezeit über 20000 Rosen ihre Pracht entfalten.*

Von hier zurück nach Wallhalben.

Wandervorschlag 2, *Wallhalben – Kneispermühle – Weihermühle – Wasserschaupfad – Herschberg – Wallhalben (ca. 18 km)*

Vom Dorfplatz geht die Wanderung zur Kneispermühle wie Vorschlag 1. An der Waldgaststätte Kneispermühle wechseln wir die Straßenseite und wandern mit der Markierung W 1 in einen Waldweg parallel zur Straße, dann hoch zur Blockhütte und wieder talwärts zur **Weihermühle** *(Landgasthof), die zur Einkehr einlädt. Eine Spezialität sind freitags Dampfnudeln mit Vanillesoße. Die Anlage ist ein kleines Paradies für Kinder, ein Spielplatz zum Austoben oder Ponyreiten ist angesagt.*

Die Weihermühle am Ausgang des Wasserschaupfades Odenbachtal

Ab hier geht es auf dem **Wasserschaupfad** *durch das* **Odenbachtal.** *Zu Beginn steht eine große Schautafel mit Hinweisen auf die einzelnen Sehenswürdigkeiten und Entfernungsangaben. Nach knapp halber Wegstrecke erreicht man die Fischweiheranlage. Auch hier steht wieder eine große Tafel mit Hinweisen zur Anlage und der Beschreibung heimischer Wasserpflanzen sowie dem Fischbesatz und den Kleinlebewesen in diesem Gewässer. Entlang der 5 Weiher wird das Tal immer enger, der Weg mündet in einen Pfad, der uns zum Ursprung führt. Zwei* **Wasserfälle** *stürzen über Sandsteinformationen herab, wunderbar zu sehen der "Kessel" mit seinen Felsgebilden. Von hier geht es in kurzen Kehren den Berg hoch nach* **Herschberg** *und man erreicht das Wald- und Forstmuseum (Anmeldung zur Besichtigung am Kiosk der Freizeitanlage).*

Vom Sportheim führt uns der Weg hinab ins Meilbächel und zurück zum Ausgangspunkt.

Neben den beschriebenen Wandertouren bietet Wallhalben noch weitere Vorschläge an, auch für Radler, diese erhalten Sie über die Tourist-Information in Wallhalben.

Abstecher nach Knopp-Labach

Vier Kilometer nördlich von Wallhalben liegt Knopp-Labach, Ortsteil **Labach.** Hier steht eine gotische Wehrkirche, umgeben von einer mächtigen mittelalterlichen Ringmauer, erbaut aus großen Sandsteinquadern und einem gotischen Torhaus. Sehenswert sind der achteckige Turm, die 600 Jahre alte Mutter-Gottes-Statue und ein kunstvolles Taufbecken von 1723. Hier tagte zu Beginn des 16. Jahrhunderts das Sickinger Kleingericht des Franz von Sickingen.

Taufbecken von 1723 in der Kirche von Labach

Das gotische Torhaus der mittelalterlichen Kirchenmauer

***Fahrrad-Rundtour** von Labach aus (40 Kilometer ohne nennenswerte Steigungen).*

*Über die **Knoppermühle, Würschhausermühle, Konradsmühle, Kneispermühle zur Rosselmühle,** die man nach vorheriger Anmeldung beim Mahlgang besichtigen kann. Hier verlässt man den Mühlenweg und fährt zur **Weihermühle** und dem Wasserschaupfad. Die nächsten Stationen sind **Hermersberg** und **Weselberg.** Von hier hat man eine gute Fernsicht weit in die Sickinger Höhe hinein. Durch Felder und Wiesen geht es weiter zur **Gnadenkapelle "Maria Bildeich",** eine Wallfahrtsstätte zur Marienverehrung. Leicht abwärts fährt man nach **Obernheim-Kirchenarnbach** und weiter nach **Hettenhausen,** wo man wertvolle römische Urnengrabfelder entdeckt hat. Über die **Erlenmühle** gelangt man wieder zur **Knoppermühle** und damit zurück zum Ausgangspunkt.*

Von **Wallhalben** fahren wir auf landschaftlich reizvoller Strecke weiter nach Weselberg und Hermersberg, im 5 km südlich gelegenen Höheinröd biegt man links ab nach

Waldfischbach-Burgalben

(Beschreibung siehe Tour 2). Die Gemeinde eignet sich ausgezeichnet als Ausgangspunkt mehrerer Wanderungen in die Umgebung. Detaillierte Wandervorschläge erhält man bei der Tourist-Information.

Von Waldfischbach-Burgalben ist es auf der B 270 nur noch ein Katzensprung zurück zu unserem Ausgangspunkt, nach

Pirmasens.

Die imposante Kirche von Wallhalben

Im Zentrum des Naturparks Pfälzerwald

Trippstadt – Johanniskreuz – Elmstein – Elmsteiner Tal – Frankeneck – Weidenthal – Waldleiningen – Trippstadt

Trippstadt

liegt am Rand des landschaftlich sehr reizvollen Karlstals mit der *Ruine Wilenstein* und ist mit seinen fast 3000 Einwohnern anerkannter Erholungsort inmitten des Naturparks Pfälzerwald. Sehenswert ist im Ort das ehemalige **Schloss** der Freiherren von Hacke, eine zweigeschossiges Sandsteingebäude aus dem Jahr 1766, das heute als Forstamt und Landesforstschule genutzt wird. Im Ortsbereich finden sich ein beheiztes Freibad, Möglichkeiten zum Angeln und Reiten.

Das Eisenhüttenmuseum in Trippstadt

Unweit des **Karlstalhauses,** beim Wilensteiner Hof, erhebt sich die Ruine der **Burg Wilenstein**, die im 12. Jahrhundert erbaut wurde. Bereits 1334 erlitt sie größere Zerstörungen durch einen Brand. Nach ihrem Wiederaufbau trotzte sie durch die Wirrnisse der folgenden Jahrhunderte allen Kriegsstürmen, bis sie Anfang des 18. Jahrhunderts dem Verfall preisgegeben wurde.

Von **Trippstadt** fährt man auf gut ausgebauter Straße nach dem 7 Kilometer entfernten

Johanniskreuz.

Der Name des idyllisch gelegenen Höhenluftkurortes rührt von einem Grenzstein in Form eines Kreuzes her, der die Wappen der Hohenecker und der Wilensteiner zeigt. Dies alte Kreuz steht mit zwei anderen etwa 100 Meter von den Häusern entfernt links der B 48 Richtung Kaiserslautern. Im 13. Jahrhundert ließ ein Hohenecker das Steinkreuz als sein Herrschaftszeichen mit Wappen erstellen. Als später die Besitzungen an Johannes von Wilenstein übergingen, ließ dieser gleich dreimal sein Wappen in den Stein meißeln. 1794 und 1795 war der Ort Schauplatz heftiger Kämpfe zwischen französischen Revolutionstruppen, Preußen und Österreichern. in Ortsnähe befindet sich auch ein gesprengter Westwallbunker aus dem letzten Weltkrieg, ferner unterhält die Nato hier Radaranlagen.

Die historischen Grenzsteine von Johanniskreuz

Der Ort eignet sich ausgezeichnet als Ausgangspunkt vieler Wanderungen in die Umgebung, wie z. B. ins **Karlstal** zur Ruine Wilenstein, auf den 609 Meter hohen **Eschkopf** mit dem **Ludwigsturm** oder einfach rund um den Ort.

Wanderung rund um Johanniskreuz:

Bei Johanniskreuz laufen fast alle Hauptwege des Pfälzerwald-Vereins zusammen und kreuzen sich. Daneben gibt es noch örtliche Wanderwege, die mit Ziffern markiert sind (in beiden Gasthäusern des Ortes erhält man eine spezielle Wanderkarte mit diesen Wegemarkierungen). Der folgende beschriebene Rundweg setzt sich aus den Wegen 9 und 7 zusammen und ist ca. 6 Kilometer lang.

Vom Parkplatz geht man über die Straße und folgt der 9 auf einem Waldweg links der Straße (Richtung Leimen). Nach ca. 150 Metern zweigen links die Markierungen 6 und 7 ab; auf der Wegnummer 9 verbleibend wird der Pfad enger und schlängelt sich schließlich durch die Baumreihen hindurch. An seinem Ende steht die Kaiser-Wilhelm- oder ***Harfen-Buche,*** *deren drei Stämme so gewachsen sind, dass man die Initiale des letzten deutschen Kaisers oder die Abbildung einer Harfe erblickt. Nun biegt man links ab und folgt der Markierung 7, einem sehr reizvollen Weg, der zum oberen Rand des Erlenbach-Tales führt. Während des letzten Wegstücks und weiter bis zum in das Tal vorspringenden "Labundis-Eck" kann man immer wieder herrliche Ausblicke in das Tal genießen. Weiter geht man, bis die Markierung grün-gelbes Kreuz mit der Rundwegmarkierung 7 zusammentrifft. Nach* *einer knapp viertelstündigen Gehzeit schließt sich der Rundgang bei der eingangs erwähnten Abzweigung, wenige Minuten später erreicht man wieder den Ausgangspunkt Johanniskreuz.*

Über die Weiler Speyerbrunn und Mückenwiese gelangt man in das 11 Kilometer entfernte

Elmstein.

Der Ort zählt mit seinen Gemeindeteilen ca. 4000 Einwohner und liegt im oberen Teil des vom Speyerbach durchflossenen **Elmsteiner Tales,** das sich durch eine romantische Burgenlandschaft bis Frankeneck durch den Naturpark Pfälzerwald hindurchschlängelt. Rechts oberhalb des Ortes (Fahrtrichtung) erhebt sich der Rehfelsen. Ihm gegenüber, auf der anderen Straßenseite, erhebt sich die Ruine der **Burg Elmstein**. Die Burg wurde von den Pfalzgrafen im 12.Jahrhundert als Stützpunkt zum Geleit für Handelskarawanen erbaut, die eine Hauptverkehrsstraße von Neustadt

Ortsmitte von Elmstein mit Dorfkirche

über Johanniskreuz schützen sollte. Im Bauernkrieg des 16. Jahrhunderts wurde der Elmstein erstürmt, die völlige Zerstörung erlitt die Feste jedoch 1689 durch französische Truppen. Außer der dicken Schildmauer sind kaum noch Reste vorhanden, denn wahrscheinlich wurde die Ruine als Steinbruch zum Häuserbau verwendet und weitgehend abgetragen.

Elmstein unterhält ein örtliches ***Wanderwegnetz,*** *das zu kleineren Wanderungen in die nähere Umgebung einlädt, z.B. nach* ***Appenthal*** *mit seiner gotischen Kirchenruine, auf den 459 Meter hohen Schloßberg, nach* ***Iggelsbach,*** *das von Wald umschlossen in einem Talkessel eingebettet liegt, oder auf den 570 Meter hohen* ***Bloskülb*** *mit der Felsgruppe des Kurfürstenstuhls, von dem man bei klarem Wetter eine herrliche Fernsicht von der Madenburg bis zum Donnersberg genießen kann. Ausführliches Informationsmaterial erhalten sie bei der Tourist-Information Elmstein.*

Eine besondere Attraktion für Jung und Alt hat in Elmstein seinen Endpunkt, nämlich eine Fahrt mit dem historischen Dampfzug **Kuckucksbähnel**. Abfahrt des Zuges ist immer sonntags um 10.37 Uhr auf dem Hauptbahnhof in Neustadt,

Mitten in Appenthal der wuchtige gotische Turm einer früheren Kirche

Gleis 5 (hier auch Kartenverkauf). Bei Interesse empfiehlt es sich unbedingt die Information 06325/8626 anzurufen.

In dem sich anschließenden Ortsteil **Appenthal** stehen in der Dorfmitte die Reste einer gotischen Kirche, ein wuchtiger, geborstener viereckiger Turm.

Weiter fährt man bis zum Abzweig nach **Helmbach,** dem letzten Ortsteil von Elmstein. Rechts ab einen Kilometer bachaufwärts erreicht man den Weiler, in dem drei überregionale Wanderwege zusammentreffen. Helmstein eignet sich gut als Ausgangspunkt für Kurzwanderungen.

Wanderung zum Forsthaus Heldenstein

Unterhalb des Forsthauses befindet sich ein Parkplatz, auf dem auch eine Schautafel mit Rundvorschlägen aufgestellt ist. Von hier geht man am Bach entlang bis zur Wegemarkierung gelb-weißer Balken, mit der man die Straße überquert, am Schwimmbad vorbei dem Kohlbächel aufwärts folgt. Der blaue Punkt folgt dem Kohlbächel weiter, wir verlassen den Bachweg und wandern anfangs am Hochufer des nächsten Bächleins weiter, jedoch entfernt sich der Weg und erst am Ende des Tales treffen sich Bach und Pfad wieder. Bei einem kurz darauf stehenden Hochsitz hält man sich links und es beginnt der Aufstieg zum Forsthaus. Auf diesem Wegstück muss man sich etwas auf die gelb-weiße Wegemarkierung konzentrieren, jedoch entlohnt der Pfad mit einigen schönen Blicken in ein heimeliges Waldtal. Die Markierung schleift rechts auf schmalem Weg hoch zum **Forsthaus Heldenstein.** *Hier besteht die Möglichkeit zur Einkehr, die man ruhig nutzen sollte. - Also erfrischt, wandert man ein kurzes Stück der Fahrstraße entlang und folgt dem weißen Punkt in einen Waldweg, der den Wanderer zum Waldplatz des Schuhmacherstiefels führt, der seinen Namen von einer Sandsteinplatte hat, auf der ein Stiefel eingemeißelt ist. Ab hier benützt man die Markierung grün-gelbes Kreuz, die erst durch einen Hohlweg, später dann auf einem breit angelegten Fuhrweg bis zur Schonung führt, bei der man links abbiegend den Hang hinab auf schmalem Pfad zum Ausgangspunkt zurückwandert.*

Auf einer vorragenden Felsnase thront die Ruine Spangenburg

Zurück zum Speyerbach und damit in das Elmsteiner Tal, fährt man rechts nach **Breitenstein** mit der gleichnamigen Ruine links oberhalb der Straße. Außer der gut erhaltenen Schildmauer sind kaum noch Reste zu sehen. Die Burg wurde im 13. Jahrhundert von den Leiningern erbaut, jedoch bereits 1470 zerstört.

Nach 2,5 Kilometern wird

Erfenstein

erreicht, das zur Linken von der **Ruine Erfenstein** und rechts von der **Ruine Spangenburg** überragt wird. Die Ruine der **Burg Erfenstein** mit ihrem gut erhaltenen Bergfried thront auf einem Sandsteingebilde, das man wegen Einsturzgefahr mit einer Stützmauer sichern musste. Mitte des 13. Jahrhunderts von den Leiningern erbaut, wurde die Burg bereits 1470 von Kurfürst Friedrich I. zerstört und erlitt somit das gleiche Schicksal wie die vorgenannte Burg Breitenstein.

Gegenüber des Erfensteiner Bahnhofs steht das Sandsteinrelief, das auf den Drei-Burgenweg Breiten-, Erfenstein- und Spangenburg hinweist

Den Blick auf sich ziehend, erhebt sich auf der gegenüberliegenden Talseite die Ruine der **Spangenburg**, die im 11. Jahrhundert von den Bischöfen von Speyer zum Schutz ihrer Besitzungen erbaut wurde. Wie viele pfälzische Burgen ereilte sie 1689 ihr Schicksal durch französische Revolutionstruppen.

Weiter talwärts erreicht man nach 3 Kilometern

Frankeneck,

den Endpunkt des Elmsteiner Tales. Am Ortsbeginn zweigt links eine Stichstraße nach Esthal ab. Unsere Straße mündet in die **B 39 Neustadt - Kaiserslautern** ein. Rechts ab liegt fast übergangslos Lambrecht. Unsere Fahrt setzt sich jedoch linksabbiegend Richtung Kaiserslautern fort.

Der nächste Ort hinter Frankeneck heißt

Neidenfels

und ist bekannt ob seiner beiden Burgruinen. Am Aufgang zur **Ruine Neidenfels** findet man eine Tafel, in die die Preise von Brot, Getreide, Wein und anderen Dingen um 1750 eingemeißelt sind. Erhalten sind von der Burg noch Umfassungsmauern des Ritterhauses, ein gespaltener Treppenturm, der einst als Bindeglied zwischen Ritterhaus und Burghof diente, sowie eine Außenmauer mit runden Flankentürmen. Erbaut wurde die Feste um 1330, zerstört 1689 durch die Franzosen.

Außerhalb des Ortes, oberhalb des Bahntunnels, liegen im Wald verborgen die Überreste der **Burg Lichtenstein:** eine Mauer aus Buckelquadern und Teile der ehemaligen Ringmauer. Die Burg wird erstmals urkundlich 1219 genannt und

Oberhalb Neidenfels steht die gleichnamige Ruine

stammt vermutlich aus der ersten Hälfte des 12. Jahrhunderts; bereits 1283 wird die Anlage geschleift.

Ab Neidenfels zieht sich die B 39 in vielen Schleifen und Kehren, oft überbrückt von der Bahnlinie, durch das romantische Hochspeyerbachtal bis nach Frankenstein, wo sich B 39 und B 37 treffen.

Nach ca. 3 Kilometern Fahrt, hinter der sechsten Bahn überbrückung, zweigt nach einer großen Linkskurve links eine Straße ab zum **Forsthaus Morschbacherhof,** das am Schluss des Morschbaches steht. Hier lag noch bis zu Beginn des vorigen Jahrhunderts der Weiler Morschbach, dessen alter Friedhof schon einen kurzen Besuch lohnt. Dieser verwunschene Platz lädt ein zu einer hübschen Wanderung.

Wanderung zum Waldhaus Schwarzsohl und nach Esthal

Vom Parkplatz beim Forsthaus geht man mit den Zeichen roter Punkt oder gelb-roter Balken hinauf zum Taubenplatz, wo die Rundwanderung beginnt. Rechtshaltend folgt man der Markierung weißer Kreis mit schwarzem Punkt, die uns auf den unbewaldeten Rücken des Mollenkopfes bringt. Von hier hat man einen guten Blick hinüber zur Deutschen Weinstraße und in die nahen Täler. Mit der gleichen Markierung geht es wieder bergab, vorbei am Heidenbrunnen, bis hin zur Fahrstraße, der man links ab in einigem Abstand folgt zum **Waldhaus Schwarzsohl,** *einer Gaststätte des Pfälzerwald-Vereins, die an Wochenenden geöffnet ist.*

Vom Waldhaus zieht sich östlich steil ein Weg den Hang hinab (Markierung weiß-roter Balken), der kurz darauf bei einem Bächlein in einen flachen Talweg einmündet. Man folgt diesem Talsträßchen, vorbei an einer Blockhütte, bis hin zum beschilderten Goldbrunnen. Hier steigt links ein Weg den Wald empor, der uns nach **Esthal** *bringt. Der Weiler ist* *lediglich durch eine Stichstraße nach Frankeneck mit der Außenwelt verbunden. Vom Rathaus aus ist der gelb-rote Balken für den Rest der Wanderung unser Begleiter. Vorbei am Fußballplatz überquert man die Straße und steigt neben der Starkstromleitung hoch zum Taubenplatz, den man bald darauf erreicht. Von hier ist es nur noch ein kurzes Stück zurück zum Forsthaus Morschbacherhof und zum Parkplatz.*

Gotische Dorfkirche von Weidenthal

Zurück zur B 39 fährt man weiter ins nahe **Weidenthal.** In der Ortsmitte verlässt man die B 39 und biegt links ab hinein in das riesige zusammenhängende Waldgebiet der Frankenweide. Die Straße zieht sich in Schleifen durch dichten Nadelwald hoch zum Waldhaus Schwarzsohl, das auch Ziel der vorbeschriebenen Wanderung war. An Wochenenden lädt das Waldhaus zur Einkehr ein. Allmählich neigt sich die Straße wieder talwärts, und nach 6 Kilometern zweigt rechts eine Straße nach Waldleiningen ab (9 km), der wir nun folgen. Kurz hinter dem Abzweig ragen links die Sandsteingebilde des *Nibelungenfelsens* empor. Unsere neu eingeschlagene Fahrstrecke führt uns fast bis hinab in das Elmsteiner Tal, biegt dann jedoch scharf rechts ab und steigt über den Krottenbuckel durch einsame Wälder, bis endlich

Waldleiningen

erreicht wird. Am Krottenbuckel und beim etwa 1 Kilometer entfernt liegenden Erlenbrunnen sind Parkplätze angelegt mit Schautafeln für markierte Rundwanderungen.

Von Waldleiningen fährt man auf einer 3 Kilometer langen Verbindungsstraße westwärts zur B 48 Bad Kreuznach - Annweiler, auf der man Richtung Annweiler ca. 7 Kilometer weiter eine spitzwinklige Abbiegung nach Trippstadt erreicht. Vorbei am **Forsthaus Antonihof** gelangt man nach weiteren 5 Kilometern zum Ausgangspunkt dieser Tour, nach

Trippstadt.

Südöstlicher Naturpark Pfälzerwald

Johanniskreuz – Annweiler – Dernbach – Weyher – St. Martin – Elmstein – Johanniskreuz

Johanniskreuz,

Mittelpunkt des Naturparks Pfälzerwald, soll der Ausgangspunkt dieser Route sein, die an den Ostrand des Pfälzerwaldes und an die Haardt mit ihrer Vielzahl historischer Zeugnisse führt.

Auf der B 48, die in vielen Schleifen dem Wellbach zur Queich folgt, fährt man ohne Unterbrechung zur B 10, die nahe Rinnthal erreicht wird. Über Sarnstall gelangt man kurz darauf nach

Annweiler*

das sich zu Füßen der bekannten staufischen Reichsfeste *Trifels* hinstreckt. Die Stadt eignet sich ausgezeichnet als Standort für Wanderungen in die Südpfalz, wie z. B. zum Trifels, den Ruinen Anebos und Scharfenberg, zum Asselstein oder etwas weiter zur Madenburg. Außerdem liegt Annweiler an mehreren Fernwanderwegen des Pfälzerwald-Vereins.

Am Ausgang des Stadtteils **Queichhambach** (Richtung Landau) zweigt links eine Straße ab nach Eußerthal und Dernbach, die sich nach der Unterführung unter der Bahnlinie hindurch mit der Straße aus Albersweiler vereinigt und linkshaltend den Eisbach aufwärts verläuft. Rückschauend hat man noch einmal einen guten Blick auf den Trifels.

Nach knapp 2 Kilometern gabelt sich die Straße. Links erreicht man nach 3 Kilometern

Eußerthal,

das einen Abstecher lohnt.

Abstecher nach Eußerthal

Der Ort ist aus einer Zisterzienser-Abtei hervorgegangen. Bereits 1035 bestand hier eine Niederlassung von Mönchen. Erzbischof Adalbert von Mainz schenkte ihnen ein Gut zu Mechtersheim, 1061 vererbte Konrad von Schlefeld der Einsiedelei seine Ländereien bei Eußerthal, damit war der Grundstock für eine spätere Abtei gegeben, die dann 1148 von dem Ritter Stefan von Mörlheim gestiftet wurde. Die Mönche betreuten die Reliquien, die in der nahen Reichsfeste Trifels aufbewahrt wurden.

Erste Zerstörungen erlitt die Abtei 1355, als sie eingeäschert wurde. Nach dem Wiederaufbau plünderte Herzog Ludwig im August 1455 das Kloster und belegte es mit einem Brandschatzungstribut von 3000 Talern. Weitere Plünderungen folgten in den Jahren 1460, 1462 und 1504, als die Abtei vom Herzog von Zweibrücken in Schutt und Asche gelegt wurde; dennoch baute man das Kloster wieder auf. Nur wenige Jahre später erlitt die Anlage während der Bauernaufstände ihre letzten Zerstörungen, sie ward von den Mönchen verlassen. Kurfürst Friedrich III. hob 1565 das Kloster auf. Die Kirche mit ihrem kreuzförmigen Grundriss und dem Dachreiter blieb als Rest des ehemaligen Klosters erhalten.

Kirche des ehemaligen Zisterzi enserklosters Eußerthal

Rechts folgt die Straße dem Dernbach aufwärts, nach stark 2 Kilometer wird der gleichnamige Ort erreicht. Im Talhintergrund erhebt sich die Ruine der Ramburg und schaut noch heute majestätisch zu uns herüber.

Dernbach

besitzt eine sehr schöne Kirche im frühgotischen Stil, die in der zweiten Hälfte des 13. Jahrhunderts erbaut wurde. Im Chor kann man Wandmalereien aus der Gründungszeit der Kirche bewundern. Im Kirchenschiff steht ein sehenswertes Sakramentshäuschen. Der Ort eignet sich gut als Ausgangspunkt für kleinere Rundwanderungen.

Wanderung um den Orensberg

Von Dernbach steigt man vorbei am Sportheim Dernbacher Haus mit der Markierung rot-weißer Balken hoch zur Landauer Hütte. Ab hier beginnt ein Rundweg mit der Markierung weißer Balken mit schwarzem Punkt, der um den Orensberg führt.

Von der Landauer Hütte aus wendet man sich direkt nach Süden; zur leichteren Orientierung: diesen Weg begleitet bis zur ersten Gabelung auch die Markierung blauer Punkt. Während der blaue Punkt geradeaus verläuft, biegen wir rechts ab, kurz darauf halten wir uns nochmals rechts. Hier zieht sich unsere Markierung geradeaus weiter talwärts nach Albersweiler. (Von der Landauer Hütte gibt es zur vorgenannten Streckenführung mit unserer Markierung eine Alternativstrecke auf der anderen Seite des Orensberges, die man sich im Folgenden in umgekehrter Richtung zu Nutzen macht.) Rechts steigt man nun hoch zum **Orensfelsen** *mit seiner umzäunten Aussichtskanzel. Auf halber Strecke kann man schöne Ausblicke in das Tal Richtung Frankweiler und St. Johann genießen. Wer hochsteigt bis zur Felskanzel, wird belohnt mit einer einmaligen Fernsicht nach Annweiler mit seiner Dreiburgenansicht, nach Landau und auf das Gebiet der Deutschen Weinstraße sowie hinüber nach Ramberg mit der Ruine Ramburg, natürlich reicht der Blick auch auf den Orensberg, auf dessen Kuppe sich noch Reste eines keltischen Ringwalls finden. Auf dem Orensberg soll auch eine Burg gestanden haben, die Urnsburg, von der man jedoch nichts mehr findet. Vom Fuß des Orensfelsens geht man in ca. 20 Minuten zurück zur Landauer Hütte.*

Für den Burgenfan ergibt sich noch die Möglichkeit zur Ruine **Neu-Scharfeneck** *zu wandern, die man ebenfalls mit der Markierung weißer Balken mit schwarzem Punkt nach ca. 1 Kilometer in nordwestlicher Richtung erreicht. Die Burg wurde 1212 von Konrad III., Bischof von Speyer erbaut. 1525 legten Aufständische die Feste in Schutt und Asche, sie wurde jedoch in den folgenden Jahren wieder aufgebaut. Die endgültige Zerstörung erfolgte im Jahr 1633 während des Dreißigjährigen Krieges. Die Schildmauer der Ruine weist eine Stärke von bis zu elf Metern auf, deren Kern ein Felsgrat bildet, in den einige Kammern eingehauen sind.*

Etwas mehr als 1,5 Kilometer von **Dernbach** entfernt liegt am Talschluss das Bürstenmacherdorf

Ramberg.

Noch heute gibt es Familienbetriebe im Ort, die diesem Gewerbe nachgehen. Oberhalb des Dorfes liegen die Überreste der **Ramburg,** von der noch ein Teil der Schildmauer und des Ritterhauses erhalten sind. Die Burg wurde von Kaiser Friedrich Barbarossa erbaut und war vermutlich als Vorwerk zum Schutz des Trifels gedacht. Im Dreißigjährigen Krieg erlitt die Feste starke Zerstörungen und verfiel in der Folgezeit. - Von der Burg hat man eine schöne Sicht hinab in das Ramberger Tal, das bekannt ist wegen seiner vielen Kirschbäume; während der Kirschblüte sieht das Tal von hier oben wie ein weißer Teppich aus.

Am Ortsende (in Fahrtrichtung) zieht sich links ein Fahrweg hoch bis unterhalb der Ruine, die von Freiwilligen des Männergesangvereins Ramburg gepflegt wird. Auf einem freien Platz zu Füßen der Ramburg haben die Mitglieder des Männergesangvereins eine nette Waldschenke erbaut.

Ruine Ramburg

Die Straße schlängelt sich in scharfen Kurven hinauf. Immer wieder hat man Ausblicke auf Ramberg mit seiner Ruine. Auf dem Kamm steht eine Hütte des Pfälzerwald-Vereins. So steil wie der Aufstieg erfolgt die Abfahrt bis ins Tal und mündet in eine Talstraße, auf der wir uns rechts halten. Links gelangt man zum **Forsthaus Heldenstein** und zum **Modenbacher Hof,** von wo ein steiler Pfad hoch zur **Ruine Modeneck** oder **Meistersel** führt. Von der Burg, die Anfang des 11. Jahrhunderts erbaut wurde, sind nur noch wenige Mauerreste zu sehen. Nach mehrmaligem Besitzwechsel ereilte Meistersel im Dreißigjährigen Krieg ihr Schicksal, die Anlage wurde zerstört und verfiel in der Folgezeit.

Doch zurück zum letzten Abzweig. Nach einer kurzen Fahrt durch ein Waldstück öffnet sich unvermittelt der Blick weit in die Vorderhaardt hinein, soweit das Auge reicht Weinberge. Vor uns liegt das freundliche Winzerdorf

Weyher,

das, umgeben von Kastanienwäldern und mit einem gut ausgebauten Wanderwegenetz in die nahe Umgebung, im

Weyher am Rande der Vorderhaardt

Sommer gerne als Erholungsort besucht wird. Weyher blickt auf eine lange Geschichte zurück, seine Gründung reicht in die alemannische Zeit.

Rhodt

unter Rietburg, das an der berühmten Deutschen Weinstraße liegt, nur noch ein Katzensprung entfernt. Das Winzerdorf, Ortsteil von Edenkoben und Sitz der Gebietswinzergenossenschaft Rietburg mit über 300 ha Weinbergen und Lagen, zählt wie Weyher zu den ältesten Siedlungen dieses Landstrichs und wurde erstmals 772 urkundlich erwähnt. In den folgenden Jahrhunderten wechselte die Gemeinde die Herrscher und wurde nacheinander württembergisch, badisch, österreichisch, bis 1945 bayerisch und heute rheinland-pfälzisch. Im Ort stehen mehrere schöne Winzerhäuser aus dem 16. - 18. Jahrhundert, man findet noch steinerne Wappen, schmiedeeiserne Handwerksschilder und hinter Torbögen versteckt rebenumrankte Fassaden. Das 1780 erbaute Weinschlössel beherbergt neben einem Gutsausschank noch eine kleine Gemäldegalerie.

Etwas mehr als 1 Kilometer beträgt die Entfernung nach

Edenkoben*

Die Stadt liegt als Mittelpunkt einer bedeutenden Weinregion an der **Deutschen Weinstraße,** ist staatlich anerkannter Luftkurort und zählt über 6600 Einwohner. Auf der Straße von Rhodt kommend fährt man am Stadtrand entlang bis zu einer Abzweigung links hoch zur **Villa Ludwigshöhe**, die bereits seit einiger Zeit vom Fuß des Rietberges herübergrüßt. In den Jahren 1846 bis 1852 erbaute der Münchner Baumeister Fr. v. Gärtner das Schloss, das König Ludwig I. von Bayern als Sommerresidenz diente. Von

Die doppelstöckige Säulenfront der Villa Ludwigshöhe

der Terrasse mit ihrer mächtigen Säulenreihe kann man eine schöne Aussicht ins Rheintal genießen. Unterhalb der Villa steht der ehemalige Kavaliersbau, der ab 1927 als Pfälzisches Kriegererholungsheim genutzt wurde und heute dem Südwestdeutschen Fußballverband als Sporterholungs- und Schulungsstätte dient.

Unweit des Parkplatzes hinter der Villa Ludwigshöhe führt eine 560 m lange **Sesselbahn** *(Höhenunterschied 220 m) zur* **Ruine Rietburg,** *einer der höchstgelegenen Burgen der Pfalz. Die Burg und das Gelände rundherum wurde zu einer netten Anlage hergerichtet, einige Teile der früheren Schildmauer hat man wieder aufgemauert und dabei auch mehrere steinerne Geschützkugeln als Baumaterial verwendet (östl. Ringmauer). Die Feste, bestehend aus Unter- und Oberburg, die durch ein starkes Wehrwerk verbunden waren, wurde im 12. Jahrhundert erbaut, jedoch bereits im folgenden Jahrhundert während einer Fehde zerstört. 1255 wurde hier Königin Elisabeth vom Ritter Hermann von Riet gefangen gehalten. Nach ihrem Wiederaufbau kam die Anlage zum Hochstift Speyer. Im Lauf des Dreißigjährigen Krieges wurde die Rietburg endgültig zerstört; heute ist sie Eigentum der Gemeinde Rhodt (deshalb die Bezeichnung "unter Rietburg").*

Zurück zur **Villa Ludwigshöhe.** Auf der Straße Richtung Edenkoben biegt man hinter dem "Rosengärtchen" am Luitpold-Hain links ab und fährt bis zum Rechtsabzweig zur Kuranstalt am Rand des Kastanienwaldes entlang. Von hier geht es durch die Weinberge zurück nach Edenkoben bis zur ehemaligen Weberei. Scharf links kehrt ein Weg ab, wieder durch Weinberge hindurch hoch zum Sportplatz "Werder-

Siegesdenkmal mit Reiterstandbild

berg". In der Schleife ca. 200 Meter vor dem Sportplatz liegt der Bismarckplatz mit Bismarckeiche und einem Flachrelief aus Sandstein, in den in fünffacher Lebensgröße ein Brustbild des "Eisernen Kanzlers" eingemeißelt ist. Beim Sportplatz lässt man das Auto stehen und geht die letzten Meter hoch zum **Siegesdenkmal**, einer überlebensgroßen ehernen Reiterstatue. Ein nackter Jüngling sitzt Ruhe ausstrahlend auf einem Pferd. Um das Standbild schmiegt sich ein zum Tal hin offener Hallenbau, den man über eine rückwärtige Treppe besteigen kann. Von der Plattform hat man eine herrliche Aussicht auf die umliegenden Winzerdörfer der Deutschen Weinstraße. Das Denkmal wurde nach dem Sieg im deutsch-französischen Krieg (1870/71) erbaut und ist innen mit den Büsten Kaiser Wilhelms, des Bayernkönigs und des Erzherzogs von Bayern geschmückt, darüber die Wappen der kriegsteilnehmenden deutschen Länder und als Abschluss eine reich verzierte Kuppel.

Kropsburg oberhalb St. Martin

Auf der Straße zum Waldrand zurück, trennt sich scharf links ein Weg, der sich am Waldrand oder in dessen unmittelbarer Nähe um den Heidelberg herum zur Ruine der **Kropsburg** schlängelt. Zu Beginn des 13. Jahrhunderts wurde die Burg von den Bischöfen des Hochstifts Speyer erbaut und zur Hälfte den Rittern von Dalberg als Lehen gegeben. Mit der anderen Hälfte wurden in der Folgezeit mehrere Geschlechter hintereinander belehnt, bis auch diese an die Herren von Dalberg gelangte. Während des Dreißigjährigen Krieges stark beschädigt, erhielt die Feste 1689 den Todesstoß und wurde unbewohnbar. Die Ruine befindet sich heute in Privatbesitz. Übrig geblieben sind von der unteren Burg ein schöner Treppenturm und ein Flankierungsturm in seiner Umfassungsmauer; im oberen Bezirk stehen Teile einer Ringmauer, Mauern des ehemaligen viereckigen Bergfrieds und ein Teil des Ritterhauses. Das Vorwerk mit der Ringmauer und Flankentürmen und einem Vierungsturm ist relativ gut erhalten. Die Aussicht von der Kropsburg ist vielleicht nicht so grandios wie vom Siegesdenkmal, jedoch sieht man unterhalb St. Martin liegen, etwas weiter Maikammer und der Blick reicht weit in die Oberrheinische Tiefebene.

Pfarrkirche von St. Martin

Auf steilem Weg fährt man hinab nach

St. Martin,

wohl einem der schmuckesten Winzerdörfer der Deutschen Weinstraße. Stattliche alte Winzerhäuser aus dem 14. bis 17. Jahrhundert zeigen die Bedeutung des Weines schon in vergangenen Jahrhunderten nur allzu deutlich, denn arm waren die Erbauer sicherlich nicht. Überragt wird der Ort, der sich mit seinen schmalen Sträßchen und Gassen den altertümlichen Charakter vollauf bewahrt hat, von der gotischen **Pfarrkirche,** in der sich die Erbbegräbnisstätte der Dalbergs befindet mit einem sehenswerten gotischen Grabdenkmal sowie einem gotischen Sakramentshäuschen und einem beachtenswerten Steinrelief, die Grablegung Christi darstellend und einer Madonna von 1490. Am Aufgang zur Kirche steht das Standbild des Hl. Martinus im Barockstil.

Im Dorf sind besonders hervorzuheben das Reaissanceschlösschen derer von Saulheim aus dem Jahr 1587 mit malerischem Innenhof und reich geschmücktem Erker sowie der Dalbergsche Freihof und Kellerei von 1318.

Von St. Martin fährt man auf der Totenkopf-Höhenstraße hinein in den Naturpark Pfälzerwald. Anfangs folgt die Straße dem Lauf des Hüttenbaches, um dann am Talschluss den Waldhang hochzuschleifen, wo die Kalmitstraße zu uns stößt. In unmittelbarer Nähe sind noch Reste einer römischen Wachstube zu erkennen (vom Parkplatz zu erreichen). Nach kurzer Fahrt wird die Totenkopf-Hütte und mit ihr der höchste Punkt der Straße erreicht.

Wanderung zur Hellerhütte

Auf dem Parkplatz hinter der Totenkopf-Hütte steht eine Schautafel mit mehreren markierten Wanderwegen. Von hier geht es mit der Markierung 4, dem Jakobspfad, zur Hellerhütte, die nach einer Stunde Gehzeit erreicht wird. Unterwegs öffnet der Wald immer wieder Fenster und gibt schöne Ausblicke auf die weite Umgebung frei. Die Hütte, unterhalten vom Pfälzerwald-Verein, ist ganzjährig an Wochenenden, während der Sommerferien täglich geöffnet. Der Hellerplatz ist Knotenpunkt von sieben Fernwanderwegen. Auf der Wegemarkierung 4 wandert man einige hundert Meter weiter und biegt dann rechts ab mit der Markierung gelber Punkt und roter Balken. Nach einer halben Stunde erreicht man unweit der Jakobshütte einen Platz mit einigen Ruhebänken. Der Weg folgt nun der 6 geradeaus zum "Studerbild", einem Waldkreuz. Mit der gleichen Nummer gelangt man wieder zurück zum Parkplatz bei der Totenkopf-Hütte.

In Schleifen und Kehren verläuft die Totenkopf-Höhenstraße am Berg entlang, vorbei an den Kron-Felsen, zum Talschluss des Argenbaches, der ab hier der Straße talwärts bis nach Breitenstein im Elmsteiner Tal folgt. Ab hier verläuft die Tour über Elmstein, Mückenwiese und Speyerbrunn zurück nach **Johanniskreuz,** unserem Ausgangspunkt.

Blick weit in die Hügellandschaft des Östlichen Naturparks

Der Norden des Naturparks Pfälzerwald

Kaiserslautern – Hochspeyer – Mölschbach – Queidersbach – Landstuhl – Hohenecken – Kaiserslautern

Kaiserslautern*

die alte Barbarossastadt, moderne Industriestadt und große Garnisonsstadt, ist Ausgangspunkt dieser Tour.

Auf der B 37 verlässt man die Stadt nach **Hochspeyer**, das nach 7 km erreicht wird. Mitten im Ort biegt man rechts ab auf die B 48, die etwa 10 Kilometer weit unser Begleiter durch die waldreiche Landschaft ist. In einer großen Linkskurve verlassen wir die B 48 und fahren nach Mölschbach, einem Stadtteil von Kaiserslautern. Bald nach Verlassen der Bundesstraße stürzt sich die Straße mit 10% Gefälle zu Tal und mündet in

Mölschbach.

In der Ortsmitte zweigt man scharf rechts ab und folgt dem Hinweisschild Stadtmitte. Weiter geht die Fahrt durch das schöne Mooswieser Tal. Nach einem scharfen Linksknick erstreckt sich entlang der Straße der Weiherfelderhof mit einem Ponygestüt. Voraus sieht man auf einem Hügel den allein stehenden Turm einer früheren Kirche, nahebei liegen die Gebäude des Aschbacherhofes. Bald darauf zweigt links eine Straße ab nach Trippstadt (7 km), der wir folgen. Auf kurvenreicher, jedoch gut ausgebauter Straße lässt man Stelzenberg rechts liegen und erreicht

Trippstadt.

Im Ort steht weithin sichtbar das sehenswerte ehemalige Schloss des Freiherrn von Hacke (erbaut 1766), in dem heute ein Forstamt und die Landesforstschule Rheinland-Pfalz untergebracht sind. In der katholischen Pfarrkirche befindet sich ein Grabmal der Familie v. Hacke.

Ab Trippstadt folgt die Route dem Karlstal abwärts. Vorbei an den beiden Kirchen und dem Schloss in der Ortsmitte geht die Fahrt bergab in das Karlstal. Tief links unter der Straße rauscht der Karlsbach. Bald nach Erreichen des Talbodens tauchen der Wilensteiner Hof und oberhalb auf dem Berg die **Ruine Wilenstein** auf. Die Burg wurde im 12. Jahrhundert erbaut, jedoch nicht lange nach ihrer Fertigstellung niedergebrannt. Nach dem Wiederaufbau trotzte sie allen Kriegsstürmen, seit Anfang des 18. Jahrhundert verfiel

Wilensteiner Hof mit der Ruine Wilenstein

Aufgang zur Burg Nanstein

das Bauwerk allmählich. Weiter auf der Talstraße, hat man rückschauend nochmals eine schöne Aussicht auf die Ruine Wilenstein.

1,5 Kilometer nach dem **Kurheim Karlstal** der Arbeiterwohlfahrt mündet die Straße in die B 270 Pirmasens - Kaiserslautern, auf der wir Richtung Kaiserslautern weiterfahren. Rechter Hand zieht sich landschaftlich reizvoll der Walzweiher an der Straße entlang.

Nach ca. 3 Kilometern zweigt links eine Straße ab nach Queidersbach (5 km). An der Wegegabelung steht das Seehotel mit dem sich daginter erstreckenden **Gelterswoog** (Freibad und Bootsverleih). Geradeaus führt die Straße nach **Queidersbach**. In der Ortsmitte trifft man auf die Hauptstraße, auf der man sich rechts hält nach Landstuhl. Durch das 2 Kilometer entfernt liegende Bann hindurch erreicht man nach 6 Kilometern

Stummer Zeuge längst vergangner Zeit: Franz von Sickingen auf seiner Burg

Landstuhl*.

Sehenswert sind hier eine Kapelle aus dem 14. Jahrhundert, Teile der ehemaligen Stadtbefestigung, die Zehntscheuer und Rentei.

Vom Stadtkern führt ein schmales serpentinenreiches Sträßchen hoch zur **Ruine Nanstein**, Hauptburg des Ritters Franz von Sickingen, der bei einer Belagerung 1523 tödlich verwundet wurde. Die Festung ist teilweise wieder aufgebaut und wird seit 1963 vom Land Rheinland-Pfalz restauriert. Die Anlage ist zugänglich und lohnt einen Besuch (Eintrittsgebühr, Mo geschlossen).

Zurück in Landstuhl, nimmt uns die alte B 40 Saarbrücken - Kaiserslautern auf, die uns bis zum Stadtteil Vogelweh begleitet, bis sie auf die B 270 trifft. Vorbei an den amerikanischen Siedlungen, umfährt die Bundesstraße Richtung Pirmasens den

Stadtteil Hohenecken,

wobei links auf der Kuppe immer wieder der Blick auf die **Ruine Hohenecken** frei wird. Nach Passieren des Stadtteils mündet scharf links eine Straße nach Hohenecken ein, auf der man zurückfährt. Ein Stück vor der Kirche, die zu Füßen der Ruine liegt, beschreibt die Straße eine geschwungene Rechtsschleife, in der rechts ein Gasthaus steht (man isst dort ganz gut). Von der gegenüberliegenden Seite hat man wohl den schönsten Blick auf Kirche und Ruine. Im Ort selbst ist die Rochuskapelle von 1748 zu nennen, Anziehungspunkt bildet jedoch die Ruine der **Burg Hohenecken**, die im 12. Jahrhundert erbaut, während des Bauernkrieges beschädigt, Mitte des 16. Jahrhunderts wieder hergestellt wurde. Ihre völlige Zerstörung erfolgte 1689 durch französische Truppen.

Unter der Bahnlinie hindurch zieht sich die Straße durch den Reichswald nach Kaiserslautern, das den Autofahrer mit seinen zwei markanten Gaskugeln des städtischen Gaswerkes grüßt. Auf dieser Straße kann man direkt ins Zentrum der Stadt fahren.

Kirche und Ruine Hohenecken

Route 7

Östlicher Naturpark Pfälzerwald

Bad Dürkheim – Frankenstein – Lambrecht – Neustadt a. d. Weinstraße – Silbertal – Hochwildschutzpark Kurpfalz – Wachenheimer Tal – Bad Dürkheim

Ruine Limburg: Noch heute imposant ist der Blick zur Apsis

Die mächtigen Mauern der Hardenburg

Bad Dürkheim*

verlässt man in westlicher Richtung auf der B 37. Auf der linksseitigen Bergkuppe erhebt sich die **Klosterruine Limburg,** kurz darauf sieht man die mächtigen Gemäuer der **Ruine Hardenburg,** zu der man mit dem Auto hinfahren kann (Eintrittsgebühr).

Auf der gut ausgebauten Bundesstraße fährt man bis

Frankenstein.

Am Eingang zum Wolfertal, Stütertal und Isenachtal hat man Parkplätze mit Orientierungstafeln für kleinere Rundwanderungen eingerichtet.

Auf kahlem Fels: Ruine Falkenstein

Frankenstein begrüßt den Besucher mit der fensterlosen Fassade seiner oberhalb des Tunnels liegenden *Burgruine.* Burg und Dorf sind eine Gründung der Leininger Grafen. die Burg wurde im Bauernkrieg 1525 zerstört.

Auf der romantisch sich durch das Speyerbachtal dahinschlängelnden B39 erreicht man über **Weidenthal** und **Neidenfels** mit seinen Ruinen Lichtenstein und Neidenfels, sowie Frankeneck

Lambrecht*

mit seiner mächtigen **Klosterkirche,** die im Inneren die berühmte **Geib-Orgel** beherbergt.

Auf der Strecke weiter, gelangt man wenig später nach

Neustadt a.d. Weinstraße*.

Vom Stadtteil Gimmeldingen, der nördlich vom Stadtzentrrum liegt, fährt man in das landschaftlich reizvolle **Silbertal** hinein, hoch bis zum **Hochwildschutzpark Kurpfalz** mit reichem Tierbestand. Hier sind Bären, Wölfe, Uhus, Schwarz- und Rotwild angesiedelt. Für Kinder hat man einen Spielpark und Streichelzoo eingerichtet.

Nahe dem Forsthaus Rotsteig liegen zwei Waldparkplätze mit Rundwanderweg-Schautafeln.

Wanderung vom Forsthaus Rotsteig zum Eckkopf

Aus der Vielzahl der Wandermöglichkeiten vom Forsthaus aus sei diese aufgeführt, da sie von ihrer Länge her (ca. 2 Std.) kaum mehr den "Spaziergänger", sondern den Wanderer anspricht.

Man beginnt die Wanderung mit der Markierung rot-weißer Balken, der Weg steigt ziemlich steil bergauf. Nach eineinhalb Kilometern gelangt man zu einer Kreuzung, bei der Wege mit rot-weißem, blau-gelbem Balken und rotem Punkt zusammentreffen. Wir folgen nun dem roten Punkt, der uns nach einer halben Stunde bequemer Wegstrecke auf den 516 Meter hohen ***Eckkopf*** *führt. (Der Eckkopf lässt sich auch auf einem direkten und kürzeren Weg, Markierung rotes Dreieck, erreichen.) Von der Berghöhe hat man eine herrliche Fernsicht in die Mittelhaardt mit ihren berühmten Weinorten, bei ganz klarer Sicht sogar bis hinüber zur Silhouette der Odenwaldberge.*

Für den Abstieg benützt man das weiße Dreieck, dessen Weg an der ***Eckkopfquelle*** *vorbeiführt (die Quelle ist gefasst und der Platz nett angelegt), um dann über den Brunnenberg ins Tal hinabzuziehen, hin zum Hahnenbrunnen. Ab hier geht man mit dem gelben Balken das Wachenheimer Tal hoch, zurück zum Forsthaus Rotsteig.*

Vom Hochwildschutzpark Kurpfalz fährt man das Wachenheimer Tal abwärts, das an landschaftlichem Reiz dem Silbertal in keiner Weise nachsteht. Voraus grüßt uns nach wenigen Kilometern

Wachenheim

mit seiner **Ruine Wachtenburg**, die im frühen Mittelalter erbaut nach Zerstörungen im Bauernkrieg und Dreißigjährigen Krieg 1689 von den Franzosen endgültig zerstört wurde. Vom Bergfried, den man besteigen kann, hat man eine gute Aussicht. Von Wachenheim, das einige Patrizierhäuser aus dem 16. und 17. Jahrhundert aufzuweisen hat und eine sehenswerte frühgotische Kirche mit teilweise barocken Umbauten besitzt, fährt man auf kurzer Wegstrecke entlang der Deutschen Weinstraße zurück zum Ausgangspunkt

Bad Dürkheim

Bad Dürkheim*

Nordpfälzer Bergland mit Westrich und Donnersberg

Im Folgenden werden drei Touren beschrieben, die sich dem Nordpfälzer Bergland widmen. Es ist eine Landschaft von eigenem Reiz, die in starkem Kontrast zum südlichen Teil der Pfalz mit seiner Betriebsamkeit und der Vielzahl touristischer Angebote steht. Hier laufen die Uhren abseits der großen Orte noch etwas anders, das Leben ist beschaulicher und ruhiger. Im Gegensatz zum Naturpark Pfälzerwald und dem waldreichen Wasgau mit seinen imposanten Felsformationen und der Vielzahl an Burgen wird die Landschaft des Nordpfälzer Berglandes bestimmt durch steile Anstiege auf Höhen, herrliche Fernsichten weit in das Land, das nur ab und zu von Waldflächen unterbrochen wird.

Durch das Nordpfälzer Bergland - Westrich

Route 8

Kusel*

liegt 38 Kilometer nordwestlich von Kaiserslautern und ist vor allem als Bundeswehrstandort bekannt. Die Stadt geht in ihrer Gründung auf ein römisches Hofgut zurück, auf dessen Trümmern im 7. Jahrhundert ein merowingisches Königsgut errichtet wurde. Kusel eignet sich ausgezeichnet als Standort für Tagesausflüge in die Umgebung. Die Stadt bietet alle erdenklichen Urlaubseinrichtungen, neben vielerlei Sport- und Unterhaltungsmöglichkeiten auch ausgezeichnete Hotels und Pensionen.

Von Kusel fährt man auf der B 420 nach Lauterecken (24 km). Nächster Ort ist **Rammelsbach,** den man nach 3 Kilometern erreicht. Das Gesicht der Gemeinde wird geprägt durch den riesigen Melaphyr-Steinbruch, an dem

In der Altstadt von Kusel lohnt oft ein Blick durch die Hoftore

Langwlr.
Grumbach
Lauter-
ecken
Homberg
Herren-
Sulzbach
Haus-
weiler
Cronen-
berg
Kirrweiler
Buborn
Wies-
weiler
Heinzenhausen
Deimberg
Lohnweiler
Gl.-Ober-
Gl.-Nieder-
eisenbach
Offenbach-
Hundheim
Glanbrücken
Baumholder
Erzweiler
St.Julian
Gl.-Hachenb.
Nerzweiler
Obeweiler
Tiefenbach
Nieder-
alben
St.J.-
Eschenau
St.J.-
Gumbsweiler
Aschb.
Rathsweiler
Horschbach
Hinzweiler
R.Altwolfstein
Wolfstein
Dennweiler-
Frohnbach
Oberalben
Ulmet
Oberweiler
i.Tal
Erdesbach
Elzweiler
Welchweiler
Mayweiler-
hof
Schnee-
weiderhf.
Körborn
Bedesbach
Eßweiler
Rutsweiler
a.d.Lauter
Blaubach
Altenglan
Lichtenberg
Rammelsb.
A.-MÜHLDACH
AM GLAN
Wolfskirche
Rothselberg
Kusel
B.-Friedel-
hausen
Bosenbach
Jetten-
bach
Frankel-
bach
Haschbach
am Remigiusb.
Föckel-
berg
Nieder-
staufenbach
K.-
Bledesbach
Rutsweiler
a.Glan
Potzberg
Schellweiler
Remigius-
berg
Theisberg-
stegen
Ober-
Kollweiler
Etschberg
Godel-
hsn.
Neun-
kirchen
am Potzberg
Reichenb.-
Steegen
R.S.-
Albersbach
Sch.-
Pörrbach
Konken
M.-Gims-
bach
R.S.
Fockenberg-
Limbach
Hüffler
Wahn-
wegen
Rehweiler
Matzenbach
Schwedelb.
Weilerbach
Herschwlr.-
Pettersheim
Q.-
Liebsthal
Quirnb.
N.-Reuschbach
Kottweiler-
Schwanden
Mackenbach
Glan-Münchwlr.
St.-Obermohr
Miesenbach
Henschtal
Steinbach a.Glan
Niedermohr
Nied.-Schroll-
bach
Stein-
wenden
Ramstein-
Börsborn
Nanz-
dietschweiler
H.-Katzenbach
Hütschenhsn.
Land-
stuhl
H.-Spesbach
Hütschenhsn.
Brücken
(Pfalz)
Gries
AB-Kr.
Landstuhl
S.-K.-Sand
B.-M.-Elschbach
Landstuhl
Kindsbach
Schönenberg-
Kübelberg
-Miesau
St.Andreas
Hauptstuhl
Waldmohr
Bruchmühlbach-
Miesau
Landstuhl-
Atzel
Oberarnbach
Glan
Rothenberg
Bruchmühl-
bach-
Langwieden
Mittelbrunn
B.-M.-Vogel-
bach
Martinshöhe
Lambsborn
Obernheim-
Gerhardsbrunn

Die Pfarrkirche in St. Julian und die Wehrkirche in Glanbrücken (rechts)

man am Ortsende unmittelbar vorbeifährt. Nach weiteren 2 Kilometern kommt man nach **Altenglan.** Hier stößt die B 423 von Brücken herkommend auf die B 420. Altenglan ist die Talstation für eine Schwebebahn, die hochführt zu einem Schotterwerk am Hermannsberg, das Quarzporphyr abbaut. Hier münden auch der Reichenbach und der Kuselbach in die Glan.

Auf der Weiterfahrt geht es nach 1 Kilometer durch den Stadtteil Patersbach, dann durch Erdesbach und an Ulmet vorbei. Die Straße zieht sich in einiger Entfernung zum Talboden mit der Glan an sanftem Hügelgelände entlang. **Ulmet,** an dem man in einer Linksschleife vorbeifährt, grüßt mit seinen zwei Kirchlein herüber, die beide auf kleinen Erdwällen thronen.

Kurz darauf durchfährt man Rathweiler, dann den Weiler Neuwirtshaus. Hier zweigt links eine Straße ab nach Baumholder (15 km). Geradeaus weiter durchfährt man Eschenau, lässt Grimbsweiler rechts liegen und erreicht **St. Julian**, zu dem auch die beiden vorgenannten Ortsteile gehören. In der Ortsmitte steht an exponierter Stelle die imposante Pfarrkirche der Gemeinde. Zwei Kilometer weiter liegt **Glanbrücken** mit seiner schmucken Wehrkirche am Ortsbeginn. In **Offenbach** erhebt sich im Ort die sehenswerte Pfarrkirche St. Maria.

Auf der Fahrt zum 4,5 Kilometer entfernten Lauterecken sieht man voraus Wiesweiler mit seiner Kirche liegen.

Lauterecken*

bildet den Kreuzungspunkt der B 420 mit der B 270, die von Kaiserslautern kommend über den Hunsrück nach Trier zieht. Hinter der Ortseinfahrt (Fahrtrichtung) zweigt die B 270 nach Trier und Idar-Oberstein ab, das 30 Kilometer entfernt ist. Zweihundert Meter weiter biegt die B 270 rechts ab und führt durch den alten Stadtkern Lauterreckens.

Im 13. Jahrhundert wurde die ältere Burg der **Grafen von Veldenz** erbaut, um die rasch eine ansehnliche Siedlung entstand. Nach Aussterben des Adelsgeschlechts im 15. Jahrhundert gelangte der Besitz an Pfalz-Zweibrücken. Im 16. und 17. Jahrhundert war Lauterecken ein selbstständiges Fürstentum, bis es 1733 an die Kurpfalz fiel.

Das Stadtzentrum weist einen mittelalterlichen Kern auf, in dessen Bereich auch die Reste des **Alten Schlosses** gehören, von dem neben mehreren Mauerresten auch noch der Turm steht.

Die Stadt eignet sich hervorragend als Ausgangspunkt mehrerer Wanderungen in die reizvolle Umgebung, überall findet man Wegweiser mit Entfernungsangaben.

Große Pfarrkirche in Offenbach

Wanderungen von Lauterecken

In nördlicher Richtung geht über das Veldenzköpfchen und Medardusköpfchen eine Wanderung zum Aussichtsplatz Karl-Keller-Ruhe, von dort weiter zum Sulzhof und zurück zur Stadt (ca. 2 Std.). Ein anderer Spaziergang führt über Windhof und Löllbach zum Römerstein (bei Scheinschied). Für geschichtlich interessierte Wanderer ist der Weg nach ***Offenbach-Hundsheim*** *(das man bereits auf dem Herweg durchfahren hat) ein Leckerbissen, denn der alte Marktflecken birgt neben seiner frühgotischen Klosterkirche (13. Jh.), die einen Besuch lohnt, die sehenswerte Hirschauer Kapelle aus dem Jahr 1289.*

Auch der Ausflug glanabwärts über Medard und Odenbach nach ***Meisenheim*** *bietet Historisches. Ein malerisches altes Städtchen mit Stadtmauer, Fachwerkhäusern und der Schlosskirche, die vermutlich bereits im 10. Jahrhundert gegründet wurde und eine der schönsten spätgotischen Hallenkirchen des süddeutschen Raumes ist.*

Von Lauterecken bringt die Fahrt uns das Lautertal aufwärts (B 270), das landschaftlich wesentlich reizvoller und abwechslungsreicher ist als das Glantal. Hier wächst an geschützten Lagen auch noch ein guter Wein. Übrigens beginnt auch die nächste Tour mit einer Fahrt durch das Lautertal und schließt in Reckweilerhof an diese Route an. - Voraus sieht man Lohnweiler, das sich rechter Hand an den Hang schmiegt. Kurz darauf erreicht man **Heinzenhausen**, wo die nächste Tour das Lautertal verlässt. Das Tal wird unversehens eng, und steil ziehen sich die Hänge in die Höhe. Links oben liegt Hohenöllen.

Blick von der Roseninsel in Lauterecken auf die mittelalterliche steinerne Bogenbrücke über die Lauter

In einer großen Rechtsschleife umfährt man die Kuppe des Jungen Waldes, in dem mehrere frühgeschichtliche Grabhügel liegen. Am Schluss des Waldstückes liegt der Weiler **Reckweilerhof**. Hier verlassen wir das Lautertal. Auf der gegenüberliegenden Talseite schlummert das Dörfchen Oberweiler-Tiefenbach hübsch gelegen vor sich hin.

Steil und kurvenreich schraubt sich die Straße in die Höhe nach Aschbach (3 km). Rückblickend erhält man eine grandiose Aussicht in das Tal der Lauter, nach Überfahren der Kuppe genießt man voraus fast eine ähnliche Fernsicht. Man erreicht Aschbach und nach weiteren 3 Kilometern Hinzweiler. Zwischen den bewaldeten Hängen des Zährenberges und des Königsberges fährt man talaufwärts nach **Eßweiler** (5 km). Hier treffen der Jettenbach und der Breitenbach zusammen und bilden den Talbach, der bei Hundheim (Offenbach-) in den Glan fließt.

Die Dorfkirche in Eßweiler

In Eßweiler biegt man rechts ab nach Jettenbach, das 3,5 Kilometer weiter bergauf liegt. Über den Spannagelberg, dessen höchsten Punkt man beim Gangelbornerhof erreicht, geht die Fahrt durch Kollweiler nach Schwedelbach und Mackenbach. Der Ort liegt am Nordrand des umfassenden militärischen Sperrgebietes des Landstuhler Bruchs.

Nach 2,5 Kilometern wird Miesenbach, Teil der Gemeinde

Ramstein-Miesenbach

erreicht. Zu der Verbandsgemeinde gehören auch noch die Orte Hütschenhausen, Steinwenden, Niedermohr und Kottweiler-Schwanden. Auf der Gemarkung liegt der größte NATO-Flugplatz Europas mit rund 15000 Flugplatzangehörigen. Im Bereich dieses Sperrgebietes liegt auch das europäische Hauptquartier der amerikanischen Luftstreitkräfte, der Flugplatz ist Standort des zentralen europäischen Frachtflughafens der amerikanischen Luftstreitkräfte und Standort des 86. taktischen Jagdbombergeschwaders.

Über Steinwenden, die Weiler Obermohr, Kirchmohr und den Ortsteil Niedermohr gelangt man nach

Glan-Münchweiler

In der evangelischen Kirche kann man zwei römische Viergöttersteine sehen.

Dem Glan entlang folgt man der Bundesstraße B 423 über Matzenbach und Gimsbach nach **Theisbergstegen.** Vom Ortsausgang Gimsbach genießt man eine herrliche Sicht auf die Kirche und Burgruine des Remigiusberges sowie auf die weiter talwärts liegenden Melaphyr-Steinbrüche. In **Theisbergstegen,** das zu Füßen des langgestreckten Remigiusberges liegt, biegt man links nach

Ruine Michelsburg auf dem Remigiusberg

Haschbach

(2 km). Nach kurzer Bergfahrt wird der Ort erreicht, von dem man auf den Remigiusberg, hin zur Kirche und Ruine der **Michelsburg** gelangen kann.

Der Sage nach hat der Frankenkönig Chlodewich das Land um den Remigiusberg dem Hl. Remigius zu Reims geschenkt, der dann auf dem Berg eine Klause erbaut haben soll und damit als pfälzischer Glaubensbote erscheint.

Der gotische Chor der Remigiuskirche

Im 10. Jahrhundert stiftete Graf Volmar von Lunéville hier ein **Benediktinerkloster,** das der Abtei Kusel unterstand. Die Probstei bestand bis zur Reformation (1550), wurde dann im Dreißigjährigen Krieg von den Spaniern wieder den Benediktinern übergeben, bis sie 1697 endgültig einging.

Die **Kirche,** deren älteste Teile auf das 12. Jahrhundert zurückreichen und der Romanik zuzurechnen sind, bildet den Rest des ehemaligen Klosters. Der Chor zeigt sich in der himmelstrebenden Bauform der Gotik. Im Inneren befindet sich das Grabmal des 1327 verstorbenen Grafen Friedrich von Veldenz. In der zerstörten Gruft ruhte der Leichnam der 1610 gestorbenen Tochter des Schwedenkönigs Gustav Wasa, Ehefrau des Pfalzgrafen Georg Hans von Veldenz.

Nahe der Kirche steht die Ruine der **Michelsburg,** die im 14. Jahrhundert zum Schutz des Klosters erbaut wurde. Schon bald gelangte die Burg in den Besitz der Veldenzer Grafen, später an die Kurpfalz. Die Burg erlitt 1689 das gleiche Schicksal wie das Kloster, sie wurde von den Franzosen zerstört.

Von Haschbach nach Kusel sind es noch 3 Kilometer, eine kurze Strecke, die jedoch landschaftlich einmalig ist. Die Straße zieht sich hoch zum Ferstwald. Rückblickend hat man eine schöne Aussicht auf den **Remigiusberg,** dann kann man rechts weit in das Tal des Kuselbaches schauen. Nach mehreren Kurven liegt voraus romantisch in das enge Tal gebettet der Ausgangspunkt unserer Tour,

Kusel.

Der Remigiusberg mit Burg und Kirche

Durch das Nordpfälzer Bergland

Otterberg – Otterbach – Wolfstein – Heinzenhausen – Reipoltskirchen – Niederkirchen – Heiligenmoschel – Höringen – Otterberg

Otterberg*

ist ein historisches Landstädtchen nördlich von Kaiserslautern, das neben vielen alten Fachwerkhäusern auch mehrere interessante Baulichkeiten vorzeigen kann, die eine Besichtigung lohnen.

Majestätisch thront die Abteikirche auf freiem Platz

1144 wandelte Graf Siegfried von Kesselberg seine Burg zu Otterberg, die Otterburg, in ein Zisterzienserkloster um. Nach Plünderungen im Bauernkrieg löste Kurfürst Friedrich III. 1561 die Abtei auf, 1634 kehrten die Mönche unter dem Schutz der Spanier zurück. Mit dem Westfälischen Frieden kam das Ende des Klosters.

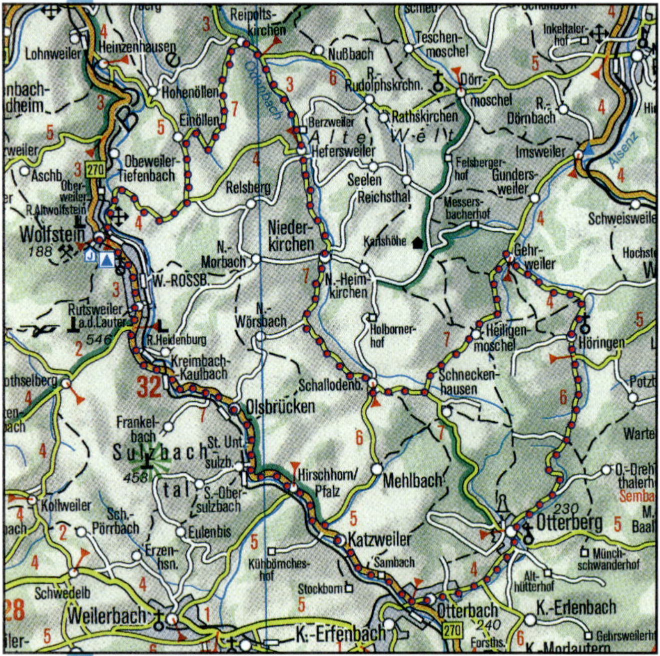

Ausgang des 12. Jahrhunderts verlegten die Mönche ihre **Abtei** in das Tal zu Füßen des Burgberges, und sie bauten die mächtige **Abteikirche.** 1579 siedelten sich hier wallonische Flüchtlinge an, die die Kunst der Tuchmacherei und Lederbearbeitung mitbrachten. Bereits 1581 erhielt Otterberg von Pfalzgraf Johann Kasimir die Stadtrechte.

Unweit der Abtei steht das Blaue Haus mit einmaligem Fachwerk

Von der Otterburg, die auf dem Schloßberg stand, sind keine Reste mehr vorhanden. Die Abteikirche, ein turmloser Monumentalbau aus weißgelbem Sandstein, zählt zu den größten Kirchen der Pfalz. Die Kirche wird heute von beiden Konfessionen benutzt, eine Trennwand zwischen Chor und Langhaus teilt die Kirche. Von den Klosterbauten steht noch der Kapitelsaal von 1225. Weitere Sehenswürdigkeiten der Stadt sind der vorgeschichtliche Hinkelstein, 4000 Jahre alte Hünengräber sowie in der Stadt das 1753 erbaute barocke **Rathaus,** das 1612 erbaute **Blaue Haus** und die **Historische Schmiede.** Auskünfte erteilt die Verbandsgemeindeverwaltung 67697 Otterberg.

Nach vier Kilometern Fahrt erreicht man

Otterbach,

an der Lauter gelegen. Unser Begleiter wird nun bis Heinzenhausen das Flüsschen sein, das in Lauterecken in den Glan fließt. Die B 270 Kaiserslautern - Trier durchzieht das Tal. Nacheinander durchfährt man Sambach, Katzweiler, Hirschhorn und den Weiler Untersulzbach. Der nächste Ort heißt **Olsbrücken**. Hier verengt sich das Tal und es erhält seinen landschaftlich reizvolllen Charakter. **Kaulbach,** Ortsteil der Gemeinde **Kreimbach-Kaulbach,** grüßt mit den sich gegenüberliegenden Kirchlein, die dem Tal einen besonderen Ausdruck verleihen. In **Kreimbach** lohnt sich ein Abstecher hoch zur Heidenburg.

Wanderung: *Vom Bahnhof führt ein Weg mit der Markierung blaues Kreuz hoch zur* ***Heidenburg*** *(Gehzeit ca. 30 Minuten). Die Burg liegt nördlich von Kreimbach 182 Meter über der Talsohle auf dem 392 Meter hohen Kreimberg. Es handelt sich um die Reste einer spätrömischen Befestigung aus dem 4. Jahrhundert. Die verschiedenen Steindenkmäler, die im Aussichtsturm eingemauert sind, stammen von nicht mehr existenten Torbauten. Auf der Südseite der Anlage befindet sich eine große Zisterne, nördlich wurde zu Beginn dieses Jahrhunderts aus römischen Fundsteinen ein Aufbau mit einem Schutzraum errichtet.*

Blick von Neu-Wolfstein auf die malerisch zu Füßen liegende Stadt

Der nächste Ort heißt **Rutsweiler,** dessen markantester Punkt wohl die Kirche mit ihren abrupten Übergängen von Schiff und Chor darstellt. Nach knapp 3 Kilometern erreicht man die Stadt

Wolfstein*

mit ihren beiden Burgruinen am bewaldeten Berghang .

Wann die Burg **Alt-Wolfstein** erbaut wurde, lässt sich nicht mehr genau feststellen. Ursprünglich eine Reichsfeste zum Schutz des Königslandes, war sie im 15. Jahrhundert eine Ganerbenburg, die Anfang des 16. Jahrhunderts bereits zerstört war. - Neu-Wolfstein war zum Schutz der zu Füßen der Burg liegenden Siedlung erbaut und wurde 1546 erstmals genannt. Im Dreißigjährigen Krieg schwer beschädigt, wurde die Anlage 1713 im Verlauf des Spanischen Erbfolgekrieges völlig geschleift. Die Stadt Wolfstein selbst ist eine Gründung des 13. Jahrhunderts (in diese Zeit fällt vermutlich auch die Erbauung der Neu-Wolfstein).

Malerisch schmiegt sich das Städtchen in das Lautertal, und mehrere alte Fachwerkhäuser deuten auf die lange Geschichte hin. Nahe beim Aufweg zur Ruine Neu-Wolfstein steht die katholische **Zweikirche** mit mittelalterlichen Fresken. Von der Ruine **Neu-Wolfstein** genießt man eine herrliche Sicht auf die zu Füßen liegende Stadt. Von der Ruine **Alt-Wolfstein** stehen noch Teile der Umfassungsmauer, der Schildmauer und vor allem der Bergfried, den man besteigen kann. Auskünfte erteilt die Verbandsgemeindeverwaltung 67752 Wolfstein.

Auf der B 270 geht die Fahrt weiter über Oberweiler-Tiefenbach, mit seinem Kirchhügel, und Reckweilerhof nach

Weit reicht der Blick ins Pfälzer Bergland

Tiefenburg in Reipoltskirchen

Heinzenhausen.

Hier verlässt man die Bundesstraße und folgt dem Hinweisschild nach Einöllen (4 km). Die Straße zieht sich atemberaubend den Hang hinauf, und die Aussicht auf das Lautertal wird selbst den größten Landschaftsmuffel in Entzücken versetzen. Man erreicht nach 2 km Fahrt durch Weinberge den exponiert gelegenen Ort

Hohenöllen.

Hier zweigt links die Straße nach Reipoltskirchen ab. Steil abwärts verlässt die Straße Hohenöllen, um kurz darauf ebenso steil in Serpentinen wieder auf die Höhe zu klettern. Rückblickend kann man eine schöne Sicht auf Hohenöllen genießen, voraus öffnet sich der Blick weit ins Land hinein. Nach steiler Talfahrt erreicht man

Reipoltskirchen

Die kleine Gemeinde war früher Hauptort und Amtssitz der unmittelbaren Reichsherrschaft Hohenfels-Reipoltskirchen. Im Dorf stehen noch die Reste einer Tiefenburg, die bis zur französischen Revolution bewohnt war. Besonders gut erhalten ist der 18 Meter hohe Bergfried. In der katholischen Kirche befindet sich das sehenswerte Grabmal der Gräfin Amalie von Leiningen.

Die Fahrt führt nun das **Odenbachtal** entlang über **Hefersweiler** (4 km) und **Niederkirchen** (3 km; hier Abzweig rechts nach Wolfstein, 9 km) nach **Schallodenbach** (5 km). Auf halber Strecke zwischen Niederkirchen und Schallodenbach liegt rechts der Straße ein Steinbruch. Bald darauf kommt

Schallodenbach

mit seiner markanten Kirche in Sicht. Ähnlich wie Reipoltskirchen besitzt der Ort eine Tiefenburg, die gut erhalten ist. In der sehenswerten Kirche mit ihrer eigentümlichen Kirchturmspitze, die neben der Burg steht, sind Grabmale mehrerer Sickinger zu sehen, die durch Inschrifttafeln angezeigt sind.

Von Schallodenbach bis **Otterberg,** dem Ausgangsort der Tour, sind es noch 8 Kilometer auf guter Fahrstrecke.

Alternative: Landschaftlich reizvoller ist die Fahrt über Heiligenmoschel, Gehrweiler und Höringen nach Otterberg.

Von Schallodenbach fährt man Richtung **Schneckenhausen.** Kurz vor dem Ort biegt links eine Straße ab und verlässt das Odenbachtal hinauf zum 3 Kilometer entfernten **Heiligenmoschel.** Ab hier folgt die Straße dem Moschelbach abwärts nach **Gehrweiler.** Im Ort hält man sich rechts und fährt nach **Höringen.**

Abstecher: Auf etwas mehr als halber Strecke liegt der **Wingertsweilerhof**, bei dem scharf links ein Sträßchen über die Igelbornerhöhe nach Winnweiler abbiegt. Nach Durchqueren der bewaldeten Kuppe hat man eine gute Sicht auf den **Donnersberg,** den höchsten Berg der Pfalz.

Doch zurück zum **Wingertsweilerhof.** Von hier bis Höringen ist es noch 1 Kilometer.

Nach dem Ort steigt die Straße ein letztes Mal an, nach Durchfahren des Waldes zieht sie talwärts bis **Otterberg,** dem Ausgangspunkt der Tour. Links das Freibad der Stadt.

Rund um den Donnersberg, Stumpfwald und Leininger Land

Grünstadt – Neuleiningen – Ramsen – Enkenbach-Alsenborn – Imsbach – Donnersberg – Dreisen – Grünstadt

Grünstadt*

das bereits zur Zeit der Franken bestanden hat, ist Ausgangspunkt dieser Tour. 30 Kilometer nordwestlich von Ludwigshafen im Leininger Land gelegen, ist die Stadt Sitz der Verbandsgemeindeverwaltung für 16 Gemeinden, Schul- und Industriestadt, Zentrum des Unterhaardter Weinbaugebietes und anerkannter Fremdenverkehrsort.

In südlicher Richtung fährt man unter der Autobahn hindurch über den Stadtteil Sausenheim nach

Neuleiningen.

Imposant türmt sich das Dorf schon von weitem hoch zu der alles krönenden Burgruine.

1238 -1241 ließ hier Graf Friedrich III. von Leiningen die zweite Stammburg des Hauses Leiningen erbauen. 1508 bekam die Burg mit dem Hochstift Worms einen zweiten Besitzer, der Graf Reinhard I. von Leiningen trat dem Hochstift die südliche, zum Dorf hin reichende Hälfte der Anlage ab, den Rest behielt er für sich. Bauernaufstand und Dreißigjährigen Krieg überstand **Burg Neuleiningen** unversehrt, 1689 jedoch brannte die Feste aus und ging unter.

Schon bald nach dem Bau der Burg entstand in ihrem Bereich eine ansehnliche Siedlung, die 1374 urkundlich als Stadt erwähnt wird, versehen mit Mauern, Toren und Türmen. Mit dem Untergang der Festung begann auch der Niedergang der Stadt, die heute nur mehr ein kleines Dorf ist.

Oberes Stadttor in Neuleiningen

Noch heute wird der Ort zum großen Teil von den alten Stadtmauern und Türmen umgürtet und hat sich somit sein mittelalterliches Gesicht weitgehend bewahrt. Innerhalb des Berings drängen sich die Häuser eng aneinander. Der Burg vorgelagert steht die **gotische Kirche** aus dem 16. Jahrhundert mit ihrem wuchtigen viereckigen Turm. Im Inneren befinden sich mehrere Grabplatten der Leininger, außerdem die eines Freiherrn von Wachenheim und das Grabmal eines französischen Offiziers. Besondere Beachtung verdienen die Holzskulpturen der zwölf Apostel, die um 1500 und 1600 erschaffen wurden.

Auf der höchsten Stelle der Kuppe, auf der der Ort liegt, thront die **Burg Neuleiningen**. Deutlich erkennbar ist noch die Konstruktion der Anlage, die sich aus der Vierung der Hauptburg und der die Kirche mit einschließenden Vorburg zusammensetzt. Den zur Kirche hin stehenden Eckturm kann man besteigen und eine herrliche Sicht weit in das Rheintal genießen, außerdem lässt sich von hier oben sehr gut die Burganlage überblicken.

Abstecher nach Battenberg

Man fährt von Neuleiningen nach Kleinkarlbach, in dessen Ortsmitte eine Straße rechts abbiegt nach Bobenheim. Dieser Straße folgend, zweigt nach einigen hundert Metern rechts eine Straße nach Battenberg ab, das mit seiner gleichnamigen Burg hoch am äußersten Zipfel des Bannwaldes liegt. Die Burg wurde im 13. Jahrhundert erbaut und 1689 zerstört. Von der Anlage genießt man nicht nur eine herrliche Aussicht in das Rheintal, sondern auch hinüber nach Neuleiningen. Unterhalb der Burg finden sich zahlreiche Blitzröhren (Fulgurite), mineralogische Besonderheiten, die durch Blitzeinschlag entstehen und meist mehrere Meter lange Röhren aus geschmolzenen Sandkörnern bilden. Im Bereich des Dorfes wachsen die seltene deutsche Schwertlilie, das Leberblümchen und die Haselwurz, die den Ort so auch den Hobbybotanikern nahe bringen.

Von **Neuleiningen** führt die Straße entlang der Autobahn, bis sie diese unterquert und nach Tiefenbach zieht. 2,5 Kilometer entfernt liegt Hettenleidelheim, das wir Richtung Autobahn auf der B 47 durchfahren. Beim Ortsausgang (scharfe Linkskurve) biegt halb rechts ein Sträßchen ab dem wir folgen nach (6 km)

Ramsen.

Südlich von Ramsen liegen auf dem Hügel die Reste des ehemaligen Zisterzienserinnenklosters Ramosa, das 1146 gegründet, bereits 1490 verlassen war und sechs Jahre später durch den Bischof von Worms aufgelassen wurde. In Ramsen ist ein Grabmal sehenswert, auf dessen Stein ein Fisch mit einem Menschenkopf dargestellt ist.

Der **Stumpfwald** gilt als ein altes Siedlungsgebiet. Neben dem Burgstall in der Pfaffenheck und den Resten der Befestigungsanlage auf dem Schloßberg beim Kleehof findet man ein Grabhügelfeld, ein Hünengrab und vorgeschichtliche Eisenschlackenhalden.

Nördlich von Ramsen liegt der Weiler **Stauf** mit der gleichnamigen Burg, die schon von weitem herübergrüßt. Bei der mächtigen Dorflinde öffnet ein großes Tor den Weg in den Burgbereich, Von der nur noch wenige Reste vorhanden sind. Die Burg ist bewirtschaftet und lädt zu einer Pause ein.

Burg Stauf zählt zu den ältesten Burgen der Pfalz und existierte bereits um das Jahr 1000. Im Lauf der Zeit wechselte sie mehrmals den Besitzer, bis sie 1525 im Bauernkrieg unterging.

Von **Ramsen** geht die Fahrt über den Kleehof, vorbei am Forsthaus Stumpfwald mit dem Eiswoog nach

Enkenbach-Alsenborn,

Ortsteil Alsenborn, der nach 9 km erreicht wird. Auf dem Dieburg-Hügel stehen einige Mauerreste einer Burganlage, deren Geschichte weitgehend im Dunkeln liegt. Es handelt

sich vermutlich um die Burg der Edlen von Alsenzborn, die in einer Stiftung des Klosters Enkenbach 1190 erwähnt wird.

Wie der Name des Ortes besagt, entspringt hier die Alsenz, die in nördliche Richtung fließt und bei Bad Münster a. Stein in die Nahe mündet.

Die Sehenswürdigkeit **Enkenbachs,** die einstige **Klosterkirche** der Prämonstratenserinnen-Abtei, erreicht man über ein kurzes Stück Straße weg von der B 48. In der ersten Hälfte des 12. Jahrhunderts stiftete Graf Ludwig von Arnstein das Kloster, das 1148 von Nonnen bezogen wurde. Kurfürst Friedrich III. von der Pfalz hob das Kloster 1565 auf, nachdem es verödet war. Die Kirche geht in einigen wenigen Teilen auf die romanische Gründungskirche zurück, so sollte man dem romanischen Eingangstor mit seiner in Stein gemeißelten Bogenfüllung Beachtung schenken. Der Chor und das südliche Querschiff wurden 1903/4 neu erbaut und fügen sich stilgerecht in den Komplex ein. Sehr schön gestaltet sind die hohen Chorfenster.

Abteikirche Enkenbach

In nördlicher Richtung fährt man auf der B 48 am Rand des Stumpfwaldes entlang. Bald nach der Abzweigung nach

Blick auf Imsbach und den Donnersberg

Neuhemsbach tritt der Wald zurück, und man erreicht **Münchweiler.** In Alsenbrück-Langmeil verlassen wir die Bundesstraße und fahren 2,5 Kilometer weiter nach

Imsbach,

das nach Überfahren der Höhe, mit der Silhouette des mächtigen Donnersberges im Hintergrund im Blickfeld liegt.

Der Ort bildet den Beginn einer sehr reizvollen Streckenführung auf zwar schmalen, jedoch in gutem Zustand befindlichen Sträßchen um bzw. über den Donnersberg. Im Ort hält man sich links und erreicht über den **Langheckerhof** den Abzweig nach **Falkenstein,** in den wir rechts einfahren (schönes Hinweisschild zur Ruine Falkenstein). Nach kurzem Wegstück am Waldrand entlang bricht die Straße urplötzlich durch eine riesige Felsbarriere, die einen imposanten Eindruck hinterlässt.

Auf dem kleinen Parkplatz steht eine Hinweistafel auf mehrere Kurzwanderungen im Bereich der *Schönen Aussicht*.

Durch ein liebliches Tal führt das Sträßchen allmählich aufwärts, bis

Falkenstein

erreicht wird. Unvermittelt taucht der Burgberg vor uns auf, der mit der Ruine Falkenstein gekrönt ist.

Die **Burg,** Sitz der Falkensteiner, ward 1133 erstmals urkundlich erwähnt, sie wechselte nach Aussterben des Geschlechts in den Besitz des Herzog von Lothringen und dann an Österreich (durch Herzog Stephan, Gemahl der Kaiserin Theresia; das österreichische Amt Falkenstein mit insgesamt 15 Gemeinden bestand bis 1816). Im Dreißigjährigen Krieg wurde die Burg mehrere Male gestürmt und besetzt und blieb danach dem Verfall überlassen.

Erhalten sind Teile des Bergfrieds, des Ritterhauses und der Schildmauer. Von der Ruine hat man einen hübschen

Auf steilem Fels thront die Ruine Falkenstein

Blick auf das tief unten liegende Falkenstein mit seiner modernen Kirche sowie auf den gegenüberliegenden Hang mit dem einsamen Turm einer früheren Kirche und dem Friedhof. Vor dem Aufgang zur Burg liegt ein kleines Amphitheater, das im Sommer zu Schauspielaufführungen genutzt wird. Auf der Terrasse oberhalb steht eine bewirtschaftete Hütte, bekannt für gutes Essen und Vesper.

Die bereits steil aufwärts zur Ruine verlaufende Straße zieht sich weiterhin steil hoch bis zur Anhöhe. Von hier beginnen 3,5 Kilometer aussichtsreiche Talfahrt. Mal stürzt sich das Sträßchen regelrecht den Hang hinunter, dann zieht es wieder am Hang entlang, dies alles gemischt mit vielen Kurven. Auf der Strecke liegen der **Merzauerhof** und der **Fuchshof.** Auf dem letzten Stück, kurz vor der letzten Talfahrt, sieht man auf dem gegenüberliegenden Berg Ruppertsecken mit seiner Ruine.

Im Tal biegt man rechts ab nach

Marienthal,

das man bereits von der Anhöhe gesehen hat. Im Ort bestand früher ein Kloster, das 1145 vom Grafen Ludwig II. von Arnstein gegründet, im Bauernkrieg niederbrannte und nicht wieder aufgebaut wurde.

Die Fahrt geht weiter Richtung **Kirchheimbolanden/Dannenfels.** Beim Bastenhaus teilt sich die Straße, halb links

Eines der Stadttore von Göllheim

geht es nach Kirchheimbolanden, geradeaus nach Dannenfels, rechts hoch zum Gipfel des

Donnersberges

mit Pfälzer Waldhaus, Fernsehturm und Ludwigsturm, den man besteigen kann (bei klarem Wetter Fernsicht bis zu den Vogesen und bis nach Speyer).

Der Donnersberg war im Altertum ein strategisch wichtiger Punkt und man kann noch die Spuren einer germanisch-keltischen Befestigung erkennen, die aus dem 1. Jahrhundert v.Chr. stammt. Der gesamte Berg ist mit einem dichten Wanderwegenetz erschlossen, die reizvolle Punkte wie den Moltkefelsen, den Reißenden Fels, die Reste der Burg Wildenstein und das Wildenbachtal oder den Rehbockfelsen berühren.

Vom **Donnersberg** fährt man rechts haltend hinab nach **Dannenfels**. Oberhalb des Ortes stand früher eine nassauische Burg, die im Bauernkrieg völlig zerstört wurde.

Auf landschaftlich schöner Strecke mit guten Fernsichten in das Umland fährt man über **Bennhausen** und **Weitersweiler** nach Dreisen (6,5 km).

Der nächste Ort, den man auf der B 47 erreicht, ist

Göllheim

Göllheim wurde bereits 819 urkundlich erwähnt und erhielt im 14. Jahrhundert Stadtrechte. Von der ehemaligen Stadtbefestigung sind noch das Kerzenheimer Tor, das Dreisener Tor (beide zweite Hälfte des 18. Jahrhunderts) sowie der Ulrichsturm (15. Jahrhundert) erhalten. Im Stadtkern stehen mehrere stattliche Fachwerkhäuser und das Rathaus von 1796. Etwas außerhalb, im Gewann "Auf der Füllenweide", wurden Keltengräber gefunden.

Richtung Dreisen biegt am Ortsende eine Straße links ab nach **Ramsen,** auf der man durch den Göllheimer Wald fährt bis zum Abzweig

Rosenthalerhof

Beim Rosenthalerhof gründete Graf Eberhard von Eberstein Mitte des 13. Jahrhunderts ein **Zisterzienserinnenkloster,** das im Bauernkrieg niederbrannte. 1572 gab die letzte Äbtissin das Kloster dem Grafen Philipp II. von Bolanden zurück, der es auflöste. Die Konventgebäude sind heute noch bewohnt, von der Kirche stehen lediglich die Außenmauern des Schiffes, an deren Innenseiten mehrere Grabtafeln zu sehen sind. Die Anlage kann besichtigt werden (Eintritt).

Ein kurzes Wegstück zurück, fährt man über die Steinäcker-Siedlung nach Kerzenheim, wo man wieder auf die B 47 stößt. In

Eisenberg*

verlässt man die Bundesstraße und erreicht über **Ebertsheim** und **Mertesheim** wieder den Ausgangspunkt

Grünstadt.

Die Deutsche Weinstraße

Theoretisch gesehen ist die Deutsche Weinstraße nichts anderes als eine Art Werbung für den Pfälzer Wein. Ein Wein-Desinteressierter kann die 80 Kilometer lange Strecke von Schweigen an der französischen Grenze bis Bockenheim in der Unterhaardt ohne weiteres in zwei Stunden abfahren - oder?

Die Tour ist für den Autofahrer beschrieben, eignet sich jedoch in hohem Maße auch für Radwanderer, zumal kaum Höhenunterschiede zu bewältigen sind. Die Radfahrstrecke verläuft im Allgemeinen in unmittelbarer Nähe der Straße durch die Weinberge und ist mit dem Fahrrad-Zeichen ausgeschildert. Die einzelnen Anfahrpunkte sind für Autofahrer und Radfahrer identisch.

Unmittelbar nördlich schließt sich an die alte Reichsstadt **Weißenburg,** dem französischen **Wissembourg,** auf deutscher Seite

Schweigen-Rechtenbach

mit dem Bau des **Deutschen Weintores** an exponierter Stelle an. Hier auf der Bundesstraße 38, beginnt die **Deutsche Weinstraße.**

Das Deutsche Weintor

Über Oberotterbach, Dörrenbach links liegen lassend, erreicht man nach kurzer Fahrt

Bad Bergzabern*

Heilbad und heilklimatischer Kurort, landschaftlich sehr reizvoll am südlichen Rand des Naturparks Pfälzerwald gelegen. Die knapp 700 Jahre alte Stadt (Verleihung der Stadtrechte 1286 durch Rudolf von Habsburg) ist seit 1875 als anerkannter Luftkurort bekannt, 1964 bekam die Stadt mit der Anerkennung als Kneippheilbad den Titel "Bad" verliehen. Sehenswert sind neben dem Schloss die Bergkirche sowie die Stadtkirche, die engen Gassen im Stadtkern mit teilweise sehr schönen Fachwerkhäusern und das historische Gasthaus "Engel".

Abstecher nach Dörrenbach

Von Oberotterbach kommend, zweigt knapp ein Kilometer vor Bad Bergzabern links eine Straße ab nach Dörrenbach, das in seiner Mitte einen befestigten Kirchhof birgt, der ehemals nach der Zerstörung der Burg Gutenberg auf dem nahen Hohen Derst die Hauptfeste der Herrschaft Gutenberg bildete. Die Mauern des Hofes, die mit Schießscharten versehen sind, umschließen ein Viereck. An den Ecken erheben sich Türme, wobei die beiden nördlichen auf den ursprünglichen Grundmauern 1894 neu aufgebaut wurden. Die südlichen sind die Originaltürme. Inmitten dieses Gevierts erhebt sich die Kirche mit einem massigen Turm, der mit Spitzbogenfenstern und Rundbogengesimsen geschmückt ist. Diese eigenartige Festung wurde 1460 von den Kurpfälzern, etwas später von Speyer erfolglos bestürmt. Gegenüber dem Kirchhofeingang steht das frühere Amtshaus von 1590, ein reich gegliederter Fachwerkbau mit teilweise handgeschnitzten Verzierungen an den Holzbalken.

Wehrkirche in Dörrenbach mit zwei der vier Rundtürme

Elmstein
Gleisberg
Erfenstein
Esth.-Erfenstein
Spangenberg
Breitenstn.
Forsths.Breitenstn.
Röderthal
Grünberg
Kropfsberg
Elm-Iggelbach
Elmstein
Totenkopfstraße
Kanzelk
Totenkopf
Kalmit
Edenkob.-H.
Deutsch-Franz.
Touristikroute
Birkenkopf
Schafkopf
Erlenkopf
Forsths. Taubensuhl
Pfaffenkopf
Kesselberg
Schänzel-T.
W A L D
Großeck
Modenbach
Rietburg
Ludwigshöhe
Harzofenb.
Ramberg
Roßberg
Scharfeneck
Almersberg
St.Bernhard
Eußerthal
Dernbach (Pflaz)
Hl.Dreifk.
Deutsche Weinstr.
Gleisweiler
Burrweiler
Vogelstockerhof
Gräfenhausen
Albersweiler
St.Johann
Frankweiler
Rinnthal
Gr.Adelberg
Rindsbg.
Sarnstall
Annwlr.-Queichhamb.
Hohenbg.
Birkwlr.
Ranschb.
Siebel-dngn.
Annweiler
Wernersberg
Spirkelbach
Burg Trifels
A.-Bindersbach
Föhrlen
Neukastell
Scharfen-bg.
Rehbg.
Leinswlr.
Schafstall
Lug
Waldrohrbach
Eschbach
Völkerswlr.
St.Cyriacus
Gosserswlr.-Waldhambach
Stein
Dimbach
Darstein
Münchweiler
Silz
Lindelbrunn
Burg Landeck
Klingen-münster
Klosterk.
Klingbach
Vorderweidenthal
Bad B.-Blankenborn
Gleishorbach
Pleiswlr.
Oberhfn.
Birkenhördt
Ober er
Böllenborn
Bad Bergzabern
B.-Reisdorf
Dörrenbach
Schloß-B.
Guttenberg
Mundat-
Bobenthaler Knöpf
Deutsche Weinstraße
Oberotterbach
Otterbach
Rechtenbach
Schweigen-
Weintor
Schweighofen
Vogelsberg
Weiler
Kapsweyer
Steinfeld
Haftelhof
Schaidt
Nieder-otterbach
Vollmerswlr.
Freckenfeld
Minfeld
Dierbach
Deutschhof
Oberhsn.
Hergers-wlr.
Barbelroth
Winden
Kapellen-Druswlr.
Niederhorbach
Deutsch-Franz. Touristikroute
Roter B.
Ingenheim
Klingen
Heuchelhm.
Appenhfn.
St.Martin
Billighm.
Steinweiler
Erlenbach
Rohrbach
Insheim
Göcklingen
Impflingen
L.-Mörzhm.
L.-Wollmeshm.
Ilbesheim b.L. i.d.Pf.
L.-Arzheim
L.-Godramstn.
L.-Nußdorf
Landau i.d.Pf.
Böchingen
St.Stephan
Flemlngn.
Roschbach
Knöringen
Walshm.
Essingen
Hainfeld
Rhodt unter Rietbg.
Weyher i.d.Pfalz
Edesheim
Edenkoben
St.Martin
Sieges-Dkm.
Maikammer
St.Cosmas u. Damian
Diedesfeld
Hambacher Schloß (Maxburg)
St.Jakob
Waldmannsburg
N.-Hambach
Winzingen
Wolfsburg
U.l.Frau
Kirrweiler
Hl. Kreuzerhohu
Eden-koben
Landau-Mörlhm.
A 65

Ottersheim
Bubenheim (Pfalz)
Rüssingen
Kindenheim
Monsheim
Hohen-Sülzen
Worms
PFIFFLIGHEIM
W.-HEPPENHEIM
Bockenheim a.d.Weinstr.
Offstein
Biedesheim
Deutsche Weinstr.
Göllheim
Ob.-Mühlheim
Obrigheim (Pfalz)
W.-WIES-OPPENHEIM
Quirnheim
Gr.-Asselheim
Ob.-Albsheim
Klein-niedesheim
Lautersheim
Rodenbach
Obersülzen
Heuchelheim bei Frankenthal
Ebertsheim
Mertesheim
Grünstadt
Dirmstein
Eisenberg (Pfalz)
Laumersheim
Neuleiningen
Gr.-Sausenheim
Tiefenthal
AB-Kr.Frankenth.
Gerolsheim
Heßheim
Kleinkarlbach
Kirchheim a.d.Weinstr.
Bissersheim
Groß-Karlbach
Frankenthal
Battenberg (Pfalz)
Bobenheim a.Berg
Dackenheim
Weisenheim a.Sand
Wattenheim
Weisenheim a.Berg
Freinsheim
Altleiningen
Herxheim am Berg
Lambsheim
B.D.-Leistadt
A.-Höningen
Kallstadt
Erpolzhm.
Bismark-T.
Weilach
B.D.-Ungstein
Birkenheide
Maxdorf
Rahnfels
B.D.-Hardenbg.
Ringmauer
Am Feuerbg.
Hardenburg
St.Johannes
Ellerstadt
Fußgönheim
Klost. Limburg
Bad Dürkheim
Alte Schmelz
B.D.-Seebach
Isenach
Forsths. Kehrdichannichts
Wachenheim a.d.Weinstr.
Gönnheim
Schauernheim
Friedelsheim
Wachtenburg
Dannstadt-Schauernheim
Steinkopf 527
Pferchtal
Schau dich nicht um
Rödershm.
Gronau
Deutsche Weinstraße
Forst a.d.Weinstr.
Niederkrchn. b.Deideshm.
Assenhm.
Eckkopf 516
Kurpfalzpark Wachenheim
Marlach
Hochdorf-
Forsths. Rotsteig
Deidesheim
Hoheburg
Stoppelk. 567
Ruppertsberg
Meckenheim
Stabenberg 496
Neidenfels
St.Joh.Bapt. u.Seb.
Lindenberg
St.Cyriakus
N.-Königsbach
Haßloch
N.-Gimmeldingen
Heidenburg
Weinbiet 553
A 65
Lambrecht (Pfalz)
N.-Haardt
N.-Mussbach
AB-Dr. Neustadt a.d.W.
Winzingen
Wolfsburg
Neustadt a.d.W.
U.l.Frau
NEUSTADT A.D.WEINSTR.
Rennbahn
Waldmannsburg
N.-Hambach
Unterw
St.Jakob
N.-Speyerdorf
Hambacher Schloß (Maxburg)
Neust.a.d.W.-S.
Bruchhof
Kalmit 673
N.-Diedesfeld
N.-Lachen
Holiday-Park
Deut. Weinstr.
Speyerbach
Aumühle
St.Cosmas u.Damian
Maikammer
Kirrweiler
Das
N.-Geinsheim

Etwas nördlich von Bad Bergzabern liegt **Pleisweiler,** ein hübsches Winzerdorf mit alten schmucken Fachwerkhäusern. Am westlichen Ortsausgang zieht sich ein Tal in den Pfälzerwald, an dessen Ausgang eine alte Wappenschmiede liegt. Von hier ist es nicht mehr weit zur Marienlinde und zum Kurtal von Bergzabern.

Wer von Bad Bergzabern auf der B 38 Richtung Landau weiterfährt, erreicht bald **Billigheim-Ingenheim,** dessen Ortsteil Billigheim eine ehemals feste Stadt der Kurpfalz war, und mancherlei erinnert noch heute an die mittelalterliche Zeit, wie Reste der alten Stadtbefestigung und ein noch gut erhaltenes Stadttor mit Torturm. In Billigheim wird jedes Jahr im Herbst der **Purzelmarkt** abgehalten und dies schon seit 1450, als Kaiser Friedrich III. den Billigheimern die Stadtrechte verlieh.

Ab Bad Bergzabern folgt die Deutsche Weinstraße der B 48 bis

Klingenmünster,

einem stattlichen Weinort, an dessen Lagen zusammen mit dem etwas südlicher gelegenen **Gleiszellen** die besten Weine des oberen Gebirgsstocks wachsen.

Der Sage nach baute der Merowingerkönig Dagobert hier das Benediktinerkloster Blidenfeld (oder Klingen). Dieses Kloster wurde vor 800 urkundlich erwähnt und nach einem Brand 848 durch den Mainzer Erzbischof Rhabanus wieder aufgebaut. Um dieses Kloster entstand die Siedlung Klingenmünster.

Die **Kirche** wurde um 1100 neu erbaut, Reste sind noch in der heutigen Kirche enthalten, wie im Westbau eine romanische Säule, deren Basis etliches unter dem Fußboden der jetzigen Kirche liegt. Über dem Eingang, zwischen den ehemaligen Türmen befindet sich die romanische Nikolauskapelle, die neben dem Relief des namengebenden Heiligen architektonische Sammlerstücke aus dem früheren Klosterbereich birgt. In der Kirche sind sehenswert der Grabstein der Gräfin Loreda von Bitsch (gest. um 1430), an der Westseite eine steinerne Inschrift aus dem 12. Jahrhundert und eine schöne Holzplastik der Heiligen Anna aus dem Anfang des 18. Jahrhunderts.

Weitere Sehenswürdigkeiten im Ort sind das frühere **Stiftsschaffnei-Gebäude** unweit der Kirche mit einem Renaissance-Erker aus dem 16. Jahrhundert sowie das Geburtshaus des Heimatdichters August Becker (1829 - 1891). Etwas außerhalb des Ortes, bei der Landesklinik Landeck, steht der **Magdalenenhof** mit der romanischen Nikolauskapelle aus dem 13. Jahrhundert. Im gewölbten Chor finden sich Reste gotischer Wandmalereien.

Auf einem Vorberg des Treutelsberges stand der Sage nach eine Burg des Königs Dagobert (um 610 - 639) an der Stelle, wo heute die **Ruine Landeck** thront. Sie wurde vermutlich im 8. Jahrhundert anstelle einer kleineren geschleif-

Burg Landeck: Der Innenhof mit Eingangsportal

ten Festung erbaut und kam im 13. Jahrhundert als kaiserliches Lehen an die Grafen von Leiningen, später an die Herzöge von Pfalz-Zweibrücken, die sich jedoch den Besitz mit den Speyerer Bischöfen teilen mussten. Das Jahr 1689 brachte der Burg den Untergang.

Es stehen noch umfangreiche Mauerreste, die die Anlage noch heute als ein Meisterwerk der Burgenbaukunst gelten lassen, wie der schöne Bergfried mit seiner Zinnenbekrönung, Teile der Schildmauer und der innere Brückenkopf mit dem Rundbogen des Eingangtores. Alljährlich findet hier das **Landeckfest** statt, das **älteste Burgenfest der Pfalz.** Dass man von der Burg eine herrliche Fernsicht genießen kann, versteht sich fast von selbst.

Wanderung von der Burg Landeck rund um den Treutelsberg

Ausgangspunkt dieser Wanderung ist der Parkplatz vor der Ruine Landeck, den man mit dem Auto von einer Abbiegung unterhalb der Landesklinik erreichen kann. Von diesem Parkplatz gehen mehrere markierte Rundwanderungen ab, verschieden in Länge und Schwierigkeitsgrad. Gegenüber dem Eingang der Burg befindet sich eine große Tafel mit den Markierungen der einzelnen Wege.

Im Wald versteckt: Ruine Schlössel

Wir beginnen oberhalb des Parkplatzes mit der Markierung 6 im weißen Kreis. Es ist dies der untere Weg rechts ab. Anfänglich führt uns der Pfad durch Mischwald, stark durchwachsen mit Kastanienbäumen, um dann am Waldsaum oberhalb von Rebhängen allmählich sich talwärts zu neigen, hin zum Pfalzinstitut unterhalb der Landesklinik. Hier stoßen wir auf einen links abbiegenden steil aufwärtssteigenden Pfad, der ein erstes Hinweisschild "Zum Schlössel" neben der 6 im Kreis führt. Nur kurz sind die flacheren Wegstücke, meistens müssen wir steil bergwärts wandern. An jeder Wegebiegung ist unser Hinweis ***"Zum Schlössel"*** *zu finden. Endlich, nach einer guten Stunde Gehzeit, ist die Bergkuppe erreicht, auf der die* **Ruine** *einer im 11. Jahrhundert erbauten salischen Burg steht. Sie diente in der Folgezeit als Gefängnis, wurde bereits 1168 zerstört und dem Verfall preisgegeben. Die Vorburg datiert sogar auf ungefähr 900 zurück. Zu sehen sind noch Teile der Grundmauern, der Eingang und der Sockel des Bergfrieds.*

Vom Schlössel ein Stück des Weges zurück, folgen wir weiter bergauf dem Hinweisschild "Heidenschuh". Unterhalb der Spitze beginnt ein sehr steiler, mit Felsbrocken übersäter Hohlweg, durch den man hoch zum **Heidenschuh** *steigen muss. Oben auf der Sandsteinplatte angekommen, wird man mit einem herrlichen Ausblick hinüber zur Madenburg und guter Fernsicht ins Rheintal belohnt.*

Auf schmalem Pfad wandern wir auf dem Bergrücken zwischen Heidekraut und Fliegenpilzen mit der 6 im Kreis weiter mit schönen Ausblicken hinüber zum Trifels und zum Luitpoldturm, der gemauert stolze 30 Meter auf dem Gipfel des 614 Meter hohen Weißenberg in den Himmel ragt. Nach 10 Minuten gelangen wir an eine Wegegabelung, bei der wir halb rechts bergaufwärts dem Hinweisschild Martinsturm

0,5 km folgen. Der Weg mündet in eine Waldlichtung wenige Meter unterhalb des Turms, auf der noch einige Mauerreste früherer Bauwerke zu erkennen sind. Ein Trampelpfad führt schließlich zum 1886 erbauten ***Martinsturm****, ein auf sechseckiger Grundmauer errichteter 12 m hoher steinerner Rundturm, dessen Plattform erst kürzlich mit einem Kupferdach restauriert worden ist. Von hier hat man einen herrlichen Rundblick in das weite Umland.*

Zurück zur Wegegabelung folgt man nun der 6 und 5 im Kreis stetig talwärts am Hang des Treutelberges entlang hinab bis zum ***Parkplatz der Burg Landeck,*** *unserem Ausgangspunkt.*

Der nun hungrige und durstige Wanderer kann auf der Burg gut einkehren, wo ihn ein deftiges Vesper und andere einfache Speisen erwarten. Die Burggaststätte ist das ganze Jahr über bewirtschaftet.

Der Martinsturm mit neuem Schutzdach

Etwas nördlich von Klingenmünster, bei der Kaiserbachermühle, verlässt die Deutsche Weinstraße die B 48 und zieht am Waldrand weiter nach

Eschbach.

Vom Ort führt ein Sträßchen (beschildert) hoch zur **Madenburg**. Die Madenburg zählte zu den größten Burganlagen der Pfalz, umfangreiche Überreste lassen die frühere Größe ahnen. Die beiden Treppentürme mit Steinwappen sowie das Eingangstor zur unteren Burg, das ausgezeichnet erhalten ist, sind der Renaissancezeit zuzurechnen. Im Westteil der Anlage steht das malerische Brunnenhaus, das teilweise zerstört ist.

Die Madenburg (früher auch Maidenburg oder Eschbacher Schloß) existierte bereits im 11. Jahrhundert. Sie wechselte in der Folgezeit mehrere Male den Besitzer, bis sie schließlich 1516 vom Hochstift Speyer aufgekauft wurde. Im Bauernkrieg brannten 1525 rebellierende Bauern die Burg nieder. Bis 1550 war die Festung wieder voll aufgebaut und nur zwei Jahre später erlitt sie neuerlich Zerstörungen durch Markgraf Albrecht von Brandenburg. Nach erneutem Aufbau gelangte das Bischofsschloss im Dreißigjährigen Krieg in den Besitz der Franzosen. Die endgültige Zerstörung der Madenburg erfolgte im Pfälzischen Erbfolgekrieg (1689). 1848 fand auf der Burg eine Kundgebung für die Freiheit und Einheit Deutschlands mit Robert Blum als Hauptredner statt (der am 9. 11. 1848 in Wien wegen der Teilnahme an

Ruine Madenburg

den Barrikadenkämpfen standrechtlich erschossen wurde). Auf der Burg befindet sich eine Gaststätte (gutes Essen und Trinken).

Von der Madenburg auf gleicher Wegstrecke zurück nach Esbach, fahren wir mit der Weinstraße über Leinsweiler und Ranschbach weiter nach Birkweiler. Hinter Leinsweiler liegt der Neukasteller Hof, hoch oben im Wald die **Ruine Neukastell**.

In Birkweiler stößt man auf die B 10, auf der man links ab **Alberweiler** erreicht. Die Bundesstraße verlassend, durchquert man den Ort und fährt Richtung Frankweiler weiter. Etwas außerhalb liegen die Gebäude des Weilers und des ehemaligen Schlosses **St. Johann**. 1222 bestand hier ein Nonnenkloster der Reuerinnen, das im Bauernkrieg unterging. 1550 hob es der Graf von Löwenstein auf und wandelte die Bauten in ein Schloss um. Heute befindet sich in dem Gebäude eine Erholungsstätte.

Mitten durch Weinberge geht die Fahrt weiter über Frankweiler, Gleisweiler, Burrweiler und Hainfeld nach

Rhodt

unter Rietburg. Hier lohnt es sich, statt in Ortsmitte rechts nach Edenkoben zu fahren, links abzubiegen hoch zur **Villa Ludwigshöhe**, die schon von weitem zu sehen ist.

Das Schloss mit seiner doppelstöckigen Säulenreihe liegt unterhalb der Ruine Rietburg. Es wurde zwischen 1846 und 1852 vom ehemaligen bayerischen Königshaus der Wittelsbacher erbaut, in dessen Besitz es sich bis 1975 befand. 50 Meter oberhalb des Parkplatzes hinter der Villa steht die Talstation eines Sesselliftes, der hoch zur **Ruine Rietburg** schwebt. Im 12. Jahrhundert erbaut, wurde sie bereits hundert Jahre später bei einer Fehde gestürmt. Nach ihrem Wiederaufbau kam die Burg an das Hochstift Speyer, in dessen

Weithin sichtbar: Villa Ludwigshöhe

Besitz sie bis zu ihrem Untergang im Dreißigjährigen Krieg verblieb. Lange war die Anlage durch die Schuttmassen fast gänzlich verschüttet. Bei der Freilegung baute man die Umfassungsmauer zum großen Teil aus den alten Steinen wieder auf, hierbei fanden auch steinerne Geschützkugeln, die zum Vorschein kamen, Verwendung. Die Anlage ist restauriert, ein Restaurant und eine große Terrasse laden zum Rasten ein.

Von Rhodt unter Rietburg nach

Edenkoben*

ist es nur ein "Katzensprung". Im Westen der Stadt steht das ehemalige **Zisterzienserinnenkloster Heilsbruck,** heute ein stattliches Weingut. Entlang der Klosterstraße finden sich schöne alte Winzerhäuser, in der Stadtmitte auf dem Markt, ein Standbild König Ludwig I. von Bayern, dem Erbauer der Villa Ludwigshöhe.

Am Ausgang von Edenkoben verlässt man die Hauptstraße und biegt links ab nach

St. Martin,

das einer der bekanntesten Weinorte entlang der Deutschen Weinstraße ist und in seiner Lage zu Füßen der Kropsburg und mit vielen alten Winzerhäusern und engen Gäßchen eine besondere Attraktion darstellt. Hervorzuheben sind die **gotische Pfarrkirche** aus dem ausgehenden 15. Jahrhundert mit einem interessanten Sakramenthäuschen, einem Steinrelief Grablegung Christi, einer herrliche gotische Madonna (1490) und dem Grabmal der Ritter von Dalberg. Am Kirchenaufgang steht das Standbild des Hl. Martinus in barockem Stil.

Hoch oben über dem Ort liegt die Ruine der **Kropsburg**, die im 13. Jahrhundert erbaut, ursprünglich eine Gemeinschaftsburg war, dann ab 1439 in den Besitz der Ritter von

Viele stattliche Fachwerkhäuser geben St. Martin sein Flair

Dalberg gelangte. Zerstört wurde die Festung 1689 im Verlauf des Pfälzischen Erbfolgekrieges. In neuerer Zeit erbaute man hier ein Weinhaus und eine Gaststätte. Von der Burgterrasse hat man eine herrliche Fernsicht weit in die Oberrheinische Tiefebene hinein (Privatbesitz).

Von St. Martin fährt man durch die Rebstockfelder nach

Maikammer.

Der stattliche Weinort, auf halber Strecke zwischen Edenkoben und Neustadt gelegen, kann seinen Weinbau bis in die Zeit der Römer zurückverfolgen. Neben schmucken Winzer- und Fachwerkhäusern sollte man die Alsterweiler Kapelle mit einem wertvollen spätgotischen Altarbild eines rheinischen Meisters und einem Tryptichon aus altdeutscher Schule besuchen. Beachtung verdient noch die Gefallenen-Gedächtnisstätte mit einem barocken Kreuz von 1717.

Jenseits der Autobahn liegt

Kirrweiler,

Winzerdorf des Jahres 1998, ein historischer Weinort und ehemalige Sommerresidenz der Fürstbischöfe von Speyer. Vom fürstbischöflichen Schloss ist die Schaffnerei, genannt Schlössel, erhalten, ferner sind noch Teile der früheren Ortsummauerung zu sehen. Im Ort stehen zahlreiche Winzerhöfe aus dem 16. bis 18. Jahrhundert mit den typischen imposanten Hofportalen jener Zeit.

Der nächste Ort heißt **Diedesfeld,** bereits Stadtteil von

Neustadt an der Weinstraße*,

dann erreicht man den Stadtteil **Hambach**, bekannt vor allem durch das **Hambacher Schloß** (auch Maxburg oder Kästenburg genannt). Im 11. Jahrhundert erbaut, wurde es während des Dreißigjährigen Krieges zerstört. Die katholische **Pfarrkirche** in Hambach zählt zu den Sehenswürdig-

Das Hambacher Schloß

keiten Neustadts. Hambach ist mit **Neustadt an der Weinstraße** völlig zusammengewachsen.

Die früheste Besiedlung im Stadtbereich liegt im Stadtteil **Winzingen,** hier bestand bereits 774 ein Weiler. Die "Neustadt" war eine planmäßig angelegte Siedlung der Pfalzgrafen um 1200. Die durch die Eingemeindungen mit über 55000 Einwohnern größte deutsche Weinbaugemeinde birgt eine Vielzahl von Sehenswürdigkeiten, auf die bei der Ortsbeschreibung ausführlich eingegangen wird.

Auf der B 271 fährt man weiter nach

Deidesheim,

ein staatlich anerkannter Luftkurort zwischen Neustadt und Bad Dürkheim. Die erste Erwähnung erfährt der Ort im Jahr 699 (in diesem Zusammenhang steht auch eine befestigte Bergsiedlung nahe der Michaels-Kapelle). In der zweiten Hälfte des 14. Jahrhunderts erhält Deidesheim Stadtrechte, wird befestigt und bischöflicher (speyerischer) Verwaltungssitz. Die Loslösung vom Hochstift erfolgte 1801 durch französische Revolutionstruppen, als Speyer sein linksrheinisches Herrschaftsgebiet verlor.

Historischer Mittelpunkt der Stadt ist der **Marktplatz** mit seinem **Rathaus** und der beherrschenden **gotischen Kirche** aus dem 15. Jahrhundert. Auffallend ist der schiefe Turm; im Inneren sind Glasmalereien und Skulpturen zu erwähnen. Weitere Attraktionen stellen der Andreasbrunnen und vor allem das Hospital mit gotischer Kapelle dar, das 1494 als Pfründnerheim von Ritter von Böhl, "Übelhirn" gestiftet wurde. Sehenswert sind auch der **Gasthof "Zur Kanne",** der 1160 schon als Pilgerherberge bekannt war, sowie das **bischöfliche Schloß** mit Gräben und Türmen und Reste der ehemaligen Stadtbefestigung. Im Stadtbereich finden sich mehrere alte stattliche Anwesen bekannter Weingüter.

Karte Seite 102

Nordwestlich der Stadt erhebt sich der Kirchberg mit der Michaels-Kapelle. Hier liegt die einzige gut erhaltene befestigte Bergsiedlung aus der Karolingerzeit in Deutschland. Die Siedlung, die vermutlich nur in Notzeiten als Zufluchtsort gedacht war, umfasst 80 Häuser, die von einer 450 Meter langen Ringmauer umgeben sind.

In der Stadt wird alljährlich eine **Geißbockversteigerung** (Pfingstdienstag) veranstaltet, deren Brauch bis zurück in das Jahr 1404 reicht (Tributbock der Tuchmacherstadt Lambrecht für zugestandene Weiderechte) und die noch von Napoleon bestätigt wurde.

Nach Durchfahren von **Forst,** einem Ort mit typischem Charakterbild eines "Straßendorfes", gelangt man nach

Wachenheim,

das sich zu Füßen der Ruine Wachtenburg erstreckt. Der Ort wurde 765 in Zusammenhang mit dem Wein erstmals

Die Wachtenburg

urkundlich erwähnt und erhielt Mitte des 14. Jahrhunderts von den Pfalzgrafen am Rhein Stadtrechte verliehen. Wachenheim ist bekannt wegen seiner erstklassigen Weinlagen wie "Goldbächel", "Gerümpel", "Altenburg", "Königswingert", "Mandelgarten", "Luginsland" oder "Schenkenböhl".

In Wachenheim gibt es mehrere historische Bauwerke wie den Dalberghof, Münzhof und einige Patrizierhäuser aus dem 16. und 17. Jahrhundert sowie Reste der ehemaligen Stadtbefestigung. Sehenswert ist die frühgotische **Kirche,** die im 18. Jahrhundert teilweise umgebaut, im Inneren drei Altäre aus der Barockzeit birgt. Weitere Attraktionen sind die spätgotische Ludwigskapelle, das Heimatarchiv mit einer Wappen-, Urkunden- und Siegelsammlung und eine bekannte Sektkellerei, die aus einem mittelalterlichen Adelssitz hervorging. Im Hof steht ein Brunnendenkmal mit dem Erfinder der Sekt-Zubereitung, dem Benediktinermönch Dom Perignon.

Gleich einem mahnenden Finger: Der Turm der Ruine Limburg

Die am Ausgang des Wachenheimer Bachtales liegende **Wachtenburg** stammt aus dem frühen Mittelalter und wurde im Bauernkrieg 1525 schwer beschädigt, weitere Zerstörungen folgten während des Dreißigjährigen Krieges und endgültig 1689. Den Bergfried kann man besteigen, und es bietet sich eine herrliche Fernsicht bis zum Schwarzwald und den Vogesen sowie weit in die Oberrheinische Tiefebene hinein.

Bad Dürkheim*

liegt nur noch einem "Steinwurf" von Wachenheim entfernt, das nicht nur wegen seines **Dürkheimer Wurstmarktes** Beachtung verdient. Die schön gelegene Stadt weist eine Fülle von Sehenswürdigkeiten in ihrem Bereich auf, wie z.B. die Ruinen Hardenburg und Limburg, einen keltischen Ringwall, eine römische Kelteranlage oder im Stadtkern die Schloßkirche St. Johannis und vieles mehr (siehe Ortsbeschreibungen).

Über den Stadtteil Ungstein geht die Fahrt weiter nach

Kallstadt,

das zu den besten Weinorten der Pfalz zählt. Beachtung verdient das Kriegerehrenmal der Gemeinde. - Knapp 2 Kilometer westlich liegt der Bad Dürkheimer Stadtteil Leistadt mit teilweise berühmten Weinlagen. Auch die Grafen von Leiningen-Hardenburg besaßen hier Weingüter.

Säulenreihe der römischen Kelter von Ungstein

Römische Kelter Ungstein

Von Kallstadt kann man rechts abbiegen zum 3 Kilometer entfernten

Freinsheim,

das einen zurückversetzt in das ausgehende Mittelalter. Bereits in der Lorscher Handschrift im 8. Jahrhundert bekundet, war das Städtchen 1406 bis 1802 kurpfälzisch. Sehenswert sind die gut erhaltene frühere **Stadtbefestigung,** vor allem das **Eiserne Tor** mit Flankierungstürmen, das barocke **Rathaus** mit überdachter Freitreppe, sowie die in der zweiten Hälfte des 15. Jahrhunderts erbaute spätgotische **Kirche** mit einer steinernen Kanzel (17. Jh.) und einem Renaissanceportal. Auf dem Friedhof steht ein Turm aus der Hohenstauferzeit, von dem man eine gute Aussicht hat. In Freinsheim wurde der Komponist Gottfried Weber geboren, am Geburtshaus, früher kurpfälzisches Hofgericht, ist eine Gedenktafel angebracht.

Auf gleicher Strecke aus dem Stadtzentrum biegt man am Ortsausgang scharf rechts ab nach Herxheim a. Berg, womit man sich wieder auf der Deutschen Weinstraße befindet. Über Kirchheim und unter der Autobahn hindurch gelangt man nach

Grünstadt*

Durch den Stadtteil Asselheim erreicht man den Endpunkt der Deutschen Weinstraße, das Winzerdorf

Bockenheim,

was allerdings nicht heißen soll, dass es weiter nördlich keinen Weinbau mehr gibt, sondern Bockenheim gilt als Hauptort der hier auslaufenden Unterhaardt.

In Neustadt a.d. Weinstraße – auf dem Rathausplatz (oben) und der Elwedritsche Brunnen (unten)

Die Stadtkirche in Eisenberg

ANNWEILER

Auskünfte:
Büro für Tourismus
Hauptstraße 20
D-76855 Annweiler
am Trifels
Tel. 06346/2200
Fax 06346/791

Die Stadt Annweiler ist mit fast 8000 Einwohnern Mittelzentrum der Region Südpfalz und staatlich anerkannter Luftkurort im Queichtal zu Füßen des Trifels. Als Sitz der Verbandsgemeinde hat Annweiler eine Realschule, Aufbaugymnasium, Kreisberufsschule, Handelsschule und Volkshochschule sowie eine Schule für Lernbehinderte, außerdem liegt hier ein Kreiskrankenhaus. Hauptträger der Wirtschaft sind viele hier angesiedelte Klein- und Mittelbetriebe verschiedenster Branchen sowie der Tourismus.

Touristisches

Der Urlauber findet hier viele Möglichkeiten der Erholung, Unterhaltung und der Freizeitgestaltung, wie einen Naturlehrpfad, Waldsportpfad, Wassertreten, Freischach und Boccia, Tennis, Minigolf sowie ein beheiztes Freibad. Ein Museum und regelmäßige Konzertveranstaltungen runden das Angebot ab.

Geschichte

Annweiler wird erstmals im Jahr 1009 urkundlich erwähnt. Im Besitz des Bischofs von Straßburg, gelangt der Ort 1116-1118 im Tausch an Herzog Friedrich II. von Schwaben, der erste Befestigungsanlagen errichten ließ. 1138 wird Annweiler Königsgut und erhält knapp hundert Jahre später (1219) Stadt- und Marktrechte. 1330 verpfändet Kaiser Ludwig (der Bayer) die Stadt an die Kurpfalz, von 1440 bis 1793 gehörte sie zum Herzogtum Zweibrücken; 1816 gelangte Annweiler an Bayern. Im letzten Krieg erlitt die Stadt schwere Zerstörungen, deren Spuren jedoch schon längst wieder beseitigt sind, und der Stadtkern erstrahlt wieder in seiner historischen Pracht.

Innenstadt

evangelische Pfarrkirche

Besichtigung
Sehenswert sind im Zentrum schöne alte **Fachwerkhäuser** und Reste der ehemaligen **Stadtbefestigung.** Der mächtige Turm der 1788 erbauten **evangelischen Pfarrkirche** stammt aus dem 14. Jahrhundert. Herrliche Freskenmalereien von Adolf Kessler schmücken die **katholische Kirche,** den **Hohenstaufensaal** und den **Rathaussaal,** in dem Nachbildungen der Reichsinsignien zu besichtigen sind.

Burg Trifels
Seit jeher spielte der Trifels mit seiner Feste eine dominierende Rolle in der Geschichte der Stadt. Am Ortsausgang Richtung Sarnstall beginnt eine Fahrstraße zum Trifels hoch, die in einen Parkplatz vor der Waldgaststätte unterhalb der Burg mündet. Nach 15 Minuten Gehzeit erreicht man auf schmalem Pfad die Mauern der Burg, der vornehmsten Königsfeste zur Zeit der Staufer, Aufbewahrungsort der Reichsinsignien, Schatzkammer und Staatsgefängnis. Die Anfänge des Trifels reichen in die Zeit Kaiser Konrads II. (990-1039), der vermutlich als Ersatz der Limburg (bei Bad Dürkheim), die er 1025 dem Benediktinerorden als Kloster schenkte, auf dem exponierten dreiteiligen Felsen mit dem

Stolze Feste Trifels

Bau der Burg beginnen ließ. Die erste urkundliche Erwähnung stammt jedoch aus dem Jahr 1081, als die Anlage von einem Gegenspieler Kaiser Heinrichs IV. an Hermann von Salm übergeben wurde. **Kaiser Heinrich V.** *holte die Feste im Handstreich zurück, indem er 1113 den Erzbischof Adalbert von Mainz kurzerhand auf der Burg festsetzte und ihn zur Rückgabe zwang. Heinrich V. war es auch, der die Reichsinsignien zur Aufbewahrung auf den Trifels brachte, wo sie mit kurzer Unterbrechung von 1125 bis 1274 verblieben. Mit Heinrich V: starb das Geschlecht der Salier aus, für die Feste begann die glorreiche Zeit der* **Staufer.** *Heinrich VI., Sohn Kaiser Friedrichs I., setzte hier* **König Richard Löwenherz** *1193/4 fest, der erst nach Zahlung eines riesigen Lösegeldes freikam. Mit dem Geld finanzierte der Kaiser einen erfolgreichen Feldzug gegen die Normannen in Süditalien. Den umfangreichen Staatsschatz der Normannen sowie zahlreiche sizilianische Adlige ließ er als Geiseln auf den Trifels bringen. Für den Transport des Schatzes waren angeblich 150 Saumtiere notwendig. - Mit Erzbischof Bruno von Köln schließt 1205 die Reihe prominenter Gefangener auf dem Trifels, den König Philipp festsetzte, weil der Erzbischof Hauptförderer des Gegenkönigs Otto IV. war.*

Mit der Übergabe an die Pfalzgrafen verlor 1330 die Burg ihren Vorrang als vornehmste Königsfeste, 1410 ging sie als Erbe an die Herzöge von Zweibrücken, in deren Besitz sie bis zur französischen Revolution verblieb.

Nur wenige Überreste in der Vorburg zeugen von der salischen Anlage. Die Staufer ließen den Turm, den Palas, die Ringmauern und den 62 Meter tiefen Brunnen anlegen. 1602 brannte der Palas nach Blitzeinschlag nieder, 1635 schließlich gaben die Herzöge von Zweibrücken die Feste auf und sie verfiel allmählich, wurde teilweise als Steinbruch missbraucht. **Professor Rudolf Esterer** *errichtete zwischen*

1937 und 1966 in Anlehnung an staufische Bauwerke, besonders in Süditalien (Castel del Monte und Bari), wieder Teile der Burg, vor allem den Palas, die somit keine Rekonstruktion der alten Burg darstellen.

Blick vom Burgberg

Der Trifels wurde durch die beiden Nebenburgen Anebos und Scharfenberg geschützt, der **Anebos** verfiel jedoch schon früh und man findet kaum noch Reste. Die **Burg Scharfenberg**, genannt auch die Münz, wurde bald nach dem Trifels auf nacktem Fels erbaut. 1440 gelangte sie zusammen mit der Reichsfeste zur Herrschaft der Herzöge von Zweibrücken und wurde 1525 während der Bauernkriege zerstört. Erhalten sind noch der 21 Meter hohe Bergfried, ein Teil des nördlichen Palas und einige in den Fels gehauene Kammern und Gänge.

Im Stadtzentrum

Umgebung

Im Bereich der Burgen ragt die hohe Nadel des ***Asselsteins*** mit ca. 50 Metern in den Himmel. Dieser weithin sichtbare Steinriese wurde das erste Mal um die Jahrhundertwende bestiegen, bei dieser Gelegenheit erhielt er die Wetterfahne auf seiner Spitze. Heute noch dient er Bergsteigern als Übungsfels, und man sollte das Wagnis einer Besteigung ruhig erfahrenen und entsprechend ausgerüsteten Leuten überlassen. Am Fuß des Asselsteins steht mit hervorragender Sicht hinüber zum Trifels ein bewirtschaftetes Rasthaus.

Katholische Kirche Annweiler mit sehenswerten Freskenmalereien

Wanderungen

Rundwanderungen des Verkehrsvereins Annweiler, markiert mit rotem Kreis auf weißem Grund und den Ziffern ① bis ⑨.

① *Zum Rothenfelsen (397 m): Altenstraße – Keyserkanzel – Rothenfels – Markertsruhe (ca. 2 Std.)*

② *Zum Ebersberg (456 m): Altenstraße – Nachtweide – Drei-Eichen-Bank – Wasgaublick – Kletterhütte (ca. 2 Std.)*

③ *Zum Rehberg (596 m): Hauptstraße – Heimschule Trifels – Bannenberg – Asselstein – Rehbergturm – Rehbergquelle – Kurhaus (ca. 2 1/2 Std.)*

④ *Dreiburgenwanderung: Markward-Anlage – Windhof – Ruine Scharfenberg – Ruine Anebos – Burg Trifels – Schloßäcker (ca. 2 Std.)*

⑤ *Zum Förlenberg (529 m): Markward-Anlage – Aalmühle – Weinstraßenblick – Förlenberg – Aalmühle – Schloßäcker (ca. 2 1/2 Std.)*

⑥ *Zum Hohenberg (553 m): Naturfreundehaus – Jägerplätzel – Hagweiher – Zollstock – Hohenberg – Trifelsbach (ca. 3 Std.)*

⑦ *Zum Kl. Adelberg (459 m): Bahnhofstraße – Turnerheim – Kleiner und Großer Sommerfelsen (ca.2 Std.)*

⑧ *Zum Gr. Adelberg (567 m): Bahnhofstraße – Turnerheim – Krappenfelsen – Holderquelle – Kleiner Sommerfelsen (ca. 2 1/2 Std.)*

⑨ *Zum Buchholzfelsen (382 m): Stadtteil Sarnstall – Buchholzfelsen – Sarnstall (ca. 2 Std.)*

Wanderwege des Pfälzerwald-Vereins
berühren einige Annweiler Verkehrsvereinswege oder haben hier ihren Ausgang.

- *Eschbach – Trifelssattel – Annweiler – Gräfenhausen – Eußerthal – Taubensuhl – Hofstetten – Leimen*
- *Helmbach – Taubensuhl – Almersberg – Annweiler – Trifelssattel – Lindelbrunn – Wegelnburg*
- *Annweiler – Wernersberg – Dimbach – Schwanheim – Erfweiler – Dahn*
- *Klingenmünster – Treutelsberg – Waldhambach – Annweiler*

BAD BERGZABERN

Auskunft:
Büro für Tourismus
Kurverwaltung
Postfach 1273
D-76887
Bad Bergzabern
Tel. 06343/934015
Fax 06343/934040

Das **Kneippheilbad** und **heilklimatischer Kurort** (8300 Einwohner) liegt in idyllischer Lage am Eingang des Wasgaus und am Rand des Naturparks Pfälzerwald.

Die **Heilanzeige** empfiehlt sich bei Herz-, Gefäß- und Stoffwechselerkrankungen, Rheuma, Frauenleiden, Erkrankung der Luftwege und der Verdauungsorgane. Die Stadt besitzt ein modernes Thermalbad mit einem Hallen- und zwei Freibecken, Sauna und Solarium, eine Kurmittelabteilung sowie Einrichtungen für Trinkkuren.

Im hübsch angelegten **Kurpark** mit Wandelhalle und Kurpark-Café werden von März bis Oktober Kurkonzerte veranstaltet. Man bietet dem Kurgast vielerlei Abwechslung und Zerstreuung durch Kunstausstellungen, Kurgasttanz- und Begrüßungsabende, Kurgastwanderungen und organisierte Weinproben. In der malerischen Innenstadt laden viele Cafés und Lokale nach einem gemütlichen Bummel durch die historischen Gassen und Straßen mit ihren teilweise herrlichen Häuserfassaden zur Einkehr ein.

Bergkirche (Schloßkirche)

Das herzogliche Schloß

Touristisches

Die Stadt bietet dem Gast eine Vielzahl an Unterhaltungs- und Freizeitvergnügen, wie Kunstausstellungen, Konzerte, Tanzabende, Theatergastspiele sowie organisierte Weinproben und Kurgastwanderungen mit Führung. Tennishalle, Tennisplätze, ein Sportbadezentrum und eine Minigolfanlage stehen zur Verfügung, ein Fahrradverleih ist ebenfalls vorhanden.

Geschichte:

Bereits die Römer hatten den Reiz dieser Landschaft erkannt und gründeten hier die Siedlung "Tabernae montanae". Kaiser Rudolf von Habsburg verlieh 1286 Bergzabern die Stadtrechte. Ab 1410 bis Ende des 18. Jahrhunderts gehörte die Stadt zum Herzogtum Pfalz-Zweibrücken. Ein sichtbares Zeugnis hierfür stellt das ehemals herzogliche Schloss mit seinen runden Flankentürmen dar. Von 1793 bis 1815 französisch, kam der Ort 1816 zusammen mit der linksrheinischen Kurpfalz zu Bayern. Ausgang des letzten Jahrhunderts begann man früh dem Pfarrer Kneipp nachzueifern, man lud ihn auch in die Stadt ein, wo er Vorträge und Sprechstunden abhielt. Die Anerkennung als Kneippkurort erfolgte allerdings erst 1953, elf Jahre später erhielt die Stadt das Recht, den Titel "Bad" zu führen.

Blankenborn, Geburtsort des Botanikers und Arztes Jakobus Theodorus sowie von Karl Cullmann, dem Begründer der Technischen Hochschule in Zürich, wurde in die Stadt eingemeindet.

Besichtigung

Bad Bergzabern kann auf eine Reihe von Sehenswürdigkeiten hinweisen, so auf das **Schloss** der Herzöge von Pfalz-Zweibrücken, einen Renaissance-Bau mit zwei Rundtürmen, der 1543-1569 erstellt, 1720-1725 durch den schwedischen Baumeister J. E. Sundahl sein heutiges Aussehen erhielt. Das historische Renaissancegasthaus **„Zum Engel"** in der Fußgängerzone besitzt herrliche Renaissance-Erker. Das wohl markanteste Bauwerk der Stadt ist der alleinstehende **Turm** der protestantischen **Marktkirche,** der mit seiner außergewöhnlichen Kuppel ein weithin sichtbares Wahrzeichen darstellt, ebenso ist die katholische **Pfarrkirche** sehenswert. Einen Besuch lohnt auch die **Bergkirche** in der gleichnamigen Gasse, die zwischen 1720 und 1730 in barockem Stil als Schloßkirche erbaut wurde. Von der ehemaligen Stadtbefestigung sind noch Überreste zu sehen, so der **Dicke Turm** und der **Storchenturm,** beide aus dem 13. Jahrhundert. Das **Heimatmuseum** und das **Zinnfigurenmuseum** sind mit ausgezeichneten Exponaten bestückt.

Überall in der Altstadt finden Sie schöne Fachwerkhäuser

Bad Bergzabern ist Ausgangspunkt vieler Spaziergänge und Wanderungen in die nähere und weitere Umgebung. Die Verbandsgemeinde Bad Bergzabern bietet für Interessierte eine Wanderkarte 1:15 000 an mit vielen beschriebenen Wanderungen und übersichtlicher Karte.

Spaziergänge

Auf dem Philosophenweg und dem Martinspfad zum Böhämerbrunnen;

über den Martinspfad, das Kastaniengärtchen, Kurhaus zum Bismarckturm und weiter zur Pfälzer Weinstube.

Beliebt ist auch der Weg über die Kneippstraße zum Schmackenhof, Dörrenbach und Philosophenweg,

oder zu den Drei Eichen.

***Wanderungen**:*

Neben einem rund 80 km lang ausgebauten örtlichen Wegenetz (ausgeschildert) ist die Stadt Treffpunkt mehrerer markierter

vom Pfälzerwald-Verein betreute Wanderwege:

August-Becker-Wanderweg: Klingenmünster – Bad Bergzabern – Drei Eichen – Erlenbach – Berwartstein – Lindelbrunn – Dimbach – Asselstein – Rehberg – Neukastel – Leinsweiler – Magdalenenhof – Klingenmünster.

Der Verein Südliche Weinstraße Bad Bergzabern e.V. hat eine Broschüre über den Wanderweg in Bezug auf den Dichter August Becker herausgegeben.

***Weg „Deutsche Weinstraße"**, Markierung Weinrebe im Kreis: Schweigen – Rechtenbach – Oberotterbach – Dörrenbach – Bad Bergzabern – Pleisweiler – Gleishorbach – Gleiszellen – Klingenmünster – Eschbach – Leinsweiler;*

Bad Bergzabern** – Birkenhördt – Lauterschwann – Seehof – Erlenbach – **Drachenfels;

Bienwaldmühle** – Schweighofen – Schweigen – Drei Eichen – Kohlbrunnberg – Bad Bergzabern (Kurtal) – Karlsplatz – Klingbachhof – Burg Landeck – Madenburg – Trifels – Hohenberg – **Albersweiler;

Nothweiler** – Niederschlettenbach – Erlenbach – Vorderweidenthal – Lindelbrunn – Völkersweiler – Rehberg – **Annweiler;

St. Germanshof** – Mundatwald – Drei Eichen – Bad Bergzabern – Silzer Linde – Lindelbrunn – Dimbach – Lug – Spirgelbach – **Wilgartswiesen;

Bad Bergzabern** – Reisdorf – **Niederschlettenbach;

Bad Bergzabern** – Birkenhördter Linde – Seehof – **Erlenbach;

***Bad Bergzabern** – Stäffelsberg – Drei Eichen – Hohe Derst – **St. Germanshof**;*

Bad Bergzabern** – Schulzenberg – Hühnerfelsen – Buchenkehl – Kanonenhäuschen – **Bobensohl

BAD DÜRKHEIM

Kreisstadt mit den Stadtteilen Leistadt, Hardenburg, Grethen und Ungstein (rd. 19000 Einwohner), liegt an der Deutschen Weinstraße, umgeben von sanften Rebhügeln und am Rand des Naturparks Pfälzerwald.

Bad Dürkheim ist empfohlenes **Mineralbad** mit Heilanzeigen bei Rheuma, chronischen Katarrhen der oberen Luftwege, Bronchitis, chronischen Magenkatarrhen und Darmträgheit. Es werden **Kneippkuren** und im Herbst zur Zeit der Lese **Traubenkuren** verordnet, beim Kurpark steht dem Kurgast mit einem über 300 Meter langen **Gradierwerk** ein ausgezeichnetes **Freiluftinhalatorium** zur Verfügung. Das Kurzentrum des staatlichen Kurbads ist mit seinen Einrichtungen neu gestaltet und somit ganz auf zeitgemäße Ansprüche wie Wellness, Fitness und aktive Regeneration ausgerichtet, so findet der Erholungssuchende hier ein **„Vitalis"-Wellnesszentrum,** ein Türkisches Badehaus und das Kurzentrum mit den klassischen Bereichen einer traditionellen Kur.

Auskünfte:
Tourist-Information
Bad Dürkheim
Mannheimer Str. 24
67098 Bad Dürkheim
Tel. 06322/935-156
Fax 06322/935-159

Touristisches

Stadt und Kurverwaltung bieten dem Gast eine reichhaltiges Programm an Erholungs- und Unterhaltungsmöglichkeiten wie Tennis, Minigolf, Freischach, Hallenbad und zwei Freischwimmbäder, Sauna und vieles mehr. Das Kurzentrum umfasst ein breit gefächertes Angebot, das weit über die landläufige Vorstellung einer Kur hinausreicht.

Das Kurhaus

Evangelische Schloßkirche

Geschichte

Im Stadtgebiet haben bereits Kelten gesiedelt, lange bevor sie von den Römern vertrieben wurden. Während an die Kelten nur noch der riesige Ringwall erinnert, haben die Römer schon deutlichere Spuren hinterlassen, so wurden im Laufe der Flurbereinigung am Weilberg 1981 eine Tretkelteranlage und der wohl größte Herrenhauskomplex der Pfalz ausgegraben und neu errichtet (Besichtigung ist möglich). Im Stadtteil Ungstein hat man unterhalb der Kirche ebenfalls Mauerreste aus der Römerzeit gefunden. Ungstein wird auch als erste Gemeinde als "Unchesstagni" 714 im Weißenburger Codex genannt, Bad Dürkheim selbst findet eine erste Erwähnung 946 als "Thuringeheim". Dürkheim erhält im 14. Jahrhundert die Markt- und Stadtrechte. 1471 erobert Friedrich I. von der Pfalz die Stadt und die Befesstigungsanlagen werden anschließend völlig geschleift. 1689 erleidet die Stadt die völlige Zerstörung durch französische Truppen. Bereits 1847 eröffnet ein Solebad seine Pforten, die Anerkennung als Bad erfolgte 1905.

Besichtigung

Die Stadt besitzt mehrere baulichen Sehenswürdigkeiten wie die evangelische **Schloßkirche St. Johannes,** die um 1300 in gotischem Stil begonnen, 1335 vollendet wurde. Der Westturm entstand 1865/66 auf dem Unterbau eines mittelalterlichen Turmes. Westlich schließt sich die **Renaissance-Grabkapelle** der Leininger aus dem Jahr 1504 an,

Der Dürkheimer Wurstmarkt

Weit über die regionalen Grenzen hinaus ist Bad Dürkheim bekannt wegen seines **Dürkheimer Wurstmarktes,** dem größten Weinfest der Welt, das alljährlich im September stattfindet und Tausende von Besuchern aus aller Herren Länder anlockt. Eine lange Tradition hat dieses Fest, denn bereits im 15. Jahrhundert rollten Winzer am Michaelistag Ende September ihre Weinfässer auf den Michelsberg, um dort den Durst der Wallfahrer zu löschen, die an diesem Tag zu der kleinen gleichnamigen Kapelle pilgerten. Den Kirchenoberen wurde das Treiben jedoch zu bunt und sie verlegten den Michaelismarkt kurzerhand auf die Brühlwiesen am Fuße des Michelsberges. Der Wurstmarkt war geboren. Das Herzstück des Wurstmarktes stellt das **Dürkheimer Faß** mit einem Fassungsvermögen von 1,7 Millionen Litern dar.

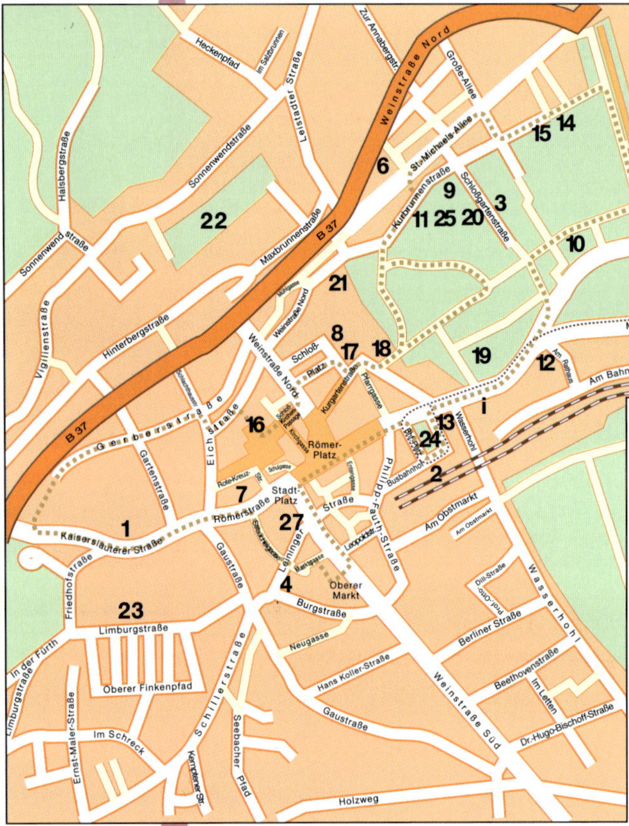

1 Ältestes Haus
2 Bahnhof
3 Brunnenhalle
4 Burgkirche
5 Gradierbau (Saline)
6 Dürkheimer Fa
7 Kulturzentrum Haus Catoir, Heimatmuseum
8 Kurhaus
9 Kurzentrum
10 Minigolfanlage
11 Psychosomati Fachklinik
12 Rathaus (Tourist-Info)
13 Rhein-Haardtb (Verkaufsst.)
14 Salierhalle (Sta halle)
15 Salinarium, Freizeitbad
16 Schloßkirche St. Johannes
17 Spielbank
18 St.Ludwig Kirche
19 Tennisplätze am Kurpark
20 Thermalbad
21 Vitalis Wellness-zentrum
22 Vigilientürmchen
23 Vier Jahreszeiten Winzer e.G.
24 Wurstmarkt-brunnen
25 Hamam, Türkisches Bad
26 Park-Klinik
27 Skulptur Feuer-vogel, Stadtplatz
28 Eichhaus

mit einem schmiedeeisernen Eingangsgitter von 1608. An der Leininger Straße liegt die **Burgkirche,** die 1726 auf den Ruinen der 1471 zerstörten Leiningerburg errichtet wurde. Die Kirche wurde nach dem letzten Krieg als Gemeindezentrum wieder aufgebaut, lediglich der Turm befindet sich im Originalzustand. Ecke Eichstraße steht das historische **Eichhaus,** in das früher die Winzer ihre Fässer zum Eichen brachten. Heute finden hier Kunstausstellungen statt. Links, Richtung Innenstadt, steht wenig weiter das **älteste Haus** Bad Dürkheims aus dem Jahr 1559 (Hausnummer 30), ein imposantes Fachwerkhaus mit Torbogen.

Unweit des Kurhauses steht die katholische **Pfarrkirche St. Ludwig,** 1828 im klassizistischen Stil der Weinbrenner-Schule (Karlsruhe) erbaut. Ebenso wie die Pfarrkirche zählt auch das langgestreckte klassizistische **Kurhaus,** errichtet auf den Grundmauern des 1794 abgebrannten Leininger Residenzschlosses, zur Weinbrenner-Schule. Im Erdgeschoss befinden sich ein Restaurant und die Spielbank.

Umgebung
Außerhalb des Stadtkerns liegen im **Stadtteil Ungstein** auf dem Weilberg die 1981 ausgegrabene und restaurierte **römische Kelteranlage.**

Oberhalb von **Grethen** erstreckt sich die **Klosterruine Limburg,** ursprünglich eine Wehrburg der Salier, deren Alter und Entstehung nicht mehr bekannt sind. Um 1025 begann man mit dem Umbau zu einem Kloster, Konrad II. legte 1030 den Grundstein zum Dom der Benediktiner-Abtei. Erste ernsthafte Beschädigungen werden dem Kloster 1470 zugefügt, als Kurfürst Friedrich von der Pfalz das leiningische Dürkheim erobert und die Limburg geplündert wird. 1504 verhängt Kaiser Maximilian während der bayerischen Fehde die Reichsacht über den Kurfürsten, die Leininger schließen sich seinen Gegnern an, und am 30. August plündern Leininger Söldner die Abtei und stecken sie in Brand. Nach dem Versuch eines Neubeginns wird das Kloster 1571 vom

Ruine Limburg: der Turm und die Krypta

Restaurierung des römischen Herrenhauses bei der Kelter

Kurfürsten säkularisiert. 1847 erwirbt die Stadt Dürkheim das Gelände und lässt die Klosterruine restaurieren und konservieren.

Im **Stadtteil Seebach** bestand ein Benediktinerinnenkloster, das vom Ritter von Seebach gestiftet, 1591 aufgelöst wurde. Erhalten ist noch die **Klosterkirche,** an der noch der Chor, die Vierung mit dem sechseckigen Turm und die Hauptteile der Querschiffe im ursprünglichen Zustand zu sehen sind. In der früheren, 1136 erbauten Äbtissinenwohnung war im 16. Jahrhundert die Zehntstelle untergebracht, heute beherbergt das Gebäude die weit bekannte Gaststätte “Käsbüro”.

Im schönen **Isenachtal** thront beim gleichnamigen Stadtteil eine der großen Burganlagen der Pfalz, die **Ruine Hardenburg.** Die Anfänge der Bauten reichen zurück in das 13. Jahrhundert, als die Leininger Grafen, ursprünglich widerrechtlich, auf limburgischem Besitz mit dem Bau ihrer Burg begannen. Zu Beginn des 16. Jahrhunderts erweiterte Graf Erich VIII. die Anlage zu einer starken Festung. Den Dreißigjährigen Krieg überstand die Burg ohne größere Zerstörungen, sie wurde jedoch 1690 von Mélacs Soldaten besetzt, die bei ihrem Abzug 1692 Teile der Festung sprengten. Die Leininger Grafen wohnten auf ihr noch bis 1725, bevor sie in ihr Schloss nach Dürkheim übersiedelten. Französische Revolutionstruppen eroberten 1794 die Stadt und brannten das Schloss der Leininger nieder. Auf der Hardenburg sprengten sie das Westbollwerk, die nun völlig verlassene Burg verfiel. Die Anlage wurde 1952 und 1970 restauriert und steht dem Besucher gegen Entgelt zur Besichtigung frei.

Der **Ringwald-Teufelsstein** ist ein oberhalb der Stadt liegendes **Naherholungsgebiet** mit einem ausgezeichneten **Rundwanderwegenetz** und einem **Kelten-Ringwall** mit

gewaltigen Ausmaßen. Der Wall hat an der Basis eine Stärke von 15-20 Metern und eine Höhe von bis zu 10 Metern. Die größte Nord-Süd-Ausdehnung beträgt rund 750 Meter, von Ost nach West 600 Meter. Im Osten wird der Ringwall durch eine 6 Meter breite Toranlage mit Vorbefestigung unterbrochen. Die Anlage wird der frühen La-Tène-Zeit um 500 v. Chr. zugeordnet. Vor dem Eingang des Walls liegt der **Krimhildenstuhl,** ein römischer Steinbruch, in dem heute noch die Zeichen der römischen Steinmetze zu erkennen sind.

Blick vom oberen Turm auf die Ruine Hardenburg

Blick von der römischen Kelter nach Ungstein

Wanderungen

Rundwanderwege in und um Bad Dürkheim

Die Tourist-Information hat eine Broschüre herausgebracht mit einer Vielzahl von markierten Wanderwegen. Nachstehend einige Vorschläge:

Weinwanderweg Honigsäckel: *Der Weg führt über den Spielberg, von dem man eine gute Fernsicht ins Rheintal genießen kann, ostwärts zur Römischen Kelter und zum Herrenhaus, wo anschaulich der Weinbau und das Leben vor 2000 Jahren dargestellt sind. Am Rebenmuseum bei der Kelter können 44 Rebsorten besichtigt werden.*

Weinwanderweg Spielberg - Herrenberg: *Der Wanderweg verläuft über den Spielberg. Interessant sind hier geologische Formationen aus dem Miozän und eiszeitliche Erdschichten. Lohnend ist auch ein Abstecher hoch zur St. Michaelskapelle mit herrlichem Blick über die Stadt.*

Weinwanderweg Hochmeß: *Der Weg verläuft westlich des Weges Spielberg - Herrenberg durch Rebhänge und Wald. Interessant die Anlagen der Rebenhänge in Kleinstterrassen.*

Weinlehrpfad Leistadt: *Entlang des 2 Kilometer langen Rundwegs werden die einzelnen Weinberge beschrieben, die ein Leistungsbild der ortsansässigen Weinbauern verdeutlichen.*

Grünes Eichblatt

Naturkundlicher Lehrpfad: *Biologie, Geologie und Geschichte sind die Themen des Rundweges um den keltischen Ringwall. Auf den Schautafeln werden die verschiedenen Themen ausführlich beschrieben.*

Zur Klosterruine Limburg: *Mit der Markierung schwarzer Punkt im weißen Balken führt der Weg vom Bahnhof über den Luitpoldweg zur Klosterruine Limburg. Die Benediktinerabtei, 1025 von Konrad II. gestiftet, war zur Zeit der Salier Aufbewahrungsort der Reichsinsignien. Im Kirchenschiff befindet sich noch heute das Grabmal von Gunhild, der Gattin Heinrichs III. Über den Treppenweg nach Grethen geht es mit dem blauen Balken zurück in die Stadt.*

Ruine Limburg - Hardenburg: *Anfangs ist die Markierung schwarzer Punkt im weißen Balken über den Luitpoldweg bis zu den "Drei Eichen" der Begleiter des Weges, dann bis zur "Dicken Eiche" der gelb-rote Balken. Ab hier folgt man dem weiß-blauen Balken zur Ruine Hardenburg, der Festung der streitbaren Leininger Grafen. Für die Besichtigung der Anlage wird Eintrittsgeld verlangt. - Am Stadtteil Hausen vorbei, geht der Weg mit der Markierung blauer Balken zurück zur Klosterruine Limburg.*

Wanderwege des Pfälzer Wald-Vereins
berühren Bad Dürkheim oder haben hier ihren Ausgangspunkt.

Bad Dürkheim – Seebach – Wachenheim – Königsbach – Gimmeldingen – Kaiserweg – Haardt – Neustadt

Neustadt – Haardt – Forsthaus Silbertal – Forsthaus Rotsteig – Weißer Stein – Drei Eichen – Bad Dürkheim

Hardenburg – Ruine Hardenburg – Forsthaus Kehrdichannichts – Lambertskreuz – Luhrbach – Lambrecht

Bad Dürkheim – Seebach – Poppental – Burgtal – Hinterbrunnen – Michaelskapelle – Mühltal – Klausentalkapelle – Gimmeldingen

DAHN

Dahn, im Kreis Pirmasens gelegen, ist ein staatlich anerkannter Luftkurort mit rund 5300 Einwohnern und Mittelpunkt des **Dahner Felsenlandes.** Das Städtchen bietet sich ideal als Ausgangspunkt vieler Radwanderungen und Fußwanderungen an, hin zu den sagenumwobenen Felspartien und Burgruinen des Wasgaus. Inmitten der Stadt erhebt sich der mächtige Fels des **Jungfernsprungs,** um den sich eine rührende Sage rankt.

Auskünfte:
Tourist-Information Dahner Felsenland, Schulstraße 29, 66994 Dahn, Tel. 06391/5811 Fax 06391/1362

Geschichte

Dahn entstand im 11./12. Jahrhundert im Schutz der Burg Alt-Dahn als Runddorf um eine kleine Kirche, deren Schicksal bis in das 17. Jahrhundert auf das engste mit den inzwischen vier Burgen verknüpft war.

Besichtigung

In Dahn selbst, das von dem sagenumwobenen Jungfernsprung überragt wird, ist die **katholische Pfarrkirche** mit ihrem Zwiebelturm aus dem 18. Jahrhundert zu erwähnen. Die **Äußermühle** reicht in ihren Ursprüngen wie die St. Michaelskapelle in das 16. Jahrhundert zurück

Katholische Pfarrkirche in Dahn

Der Jungfernsprung

Dort am Vogelsberg stand das Haus des Köhlers und seiner Familie. Er hatte eine achtzehnjährige Tochter, die weit bekannt war für ihre Schönheit und ihren Liebreiz. Die jungen Männer buhlten untereinander um die Gunst der Schönen. Droben auf dem Alt-Dahn wohnte ein Jägerbursche, der schon manches brave Mädel in Nöte gebracht hatte, und er begehrte mit seinem lüsternen Wesen das Rösel, so hieß die Köhlerstochter. Sie wollte jedoch nichts von ihm wissen und ängstigte sich ob seiner gierigen Art. Nichts Böses ahnend sammelte sie eines Tages dürres Holz auf der Platte, als der Jäger sich leise anpirschte. Sein Gruß und seine Fratze erschreckte sie so, daß sie losrannte wie ein gehetztes Wild, der Bursche dicht auf ihren Fersen. Am Rand der Platte gab es kein Entrinnen mehr. Mit einem Stoßgebet sprang sie in den Abgrund. Der Jäger sah dies und der fromme Einsiedler bei der St. Michaelskapelle am Fuß des Hochsteins, dessen händeringendes Gebet wohl dazu beigetragen hatte, dass das Mädel 75 m tiefer wohlbehalten auf der Talsohle ankam. Seitdem hat der Fels den Namen Jungfernsprung, und oben am Fels kann man ausgewittert noch die Fratze sehen, drüben am Hochstein das wohlwollende Gesicht des Einsiedlers.

Die Dahner Burgentrilogie

Auf langgestrecktem mächtigem Felsblock erheben sich die Ruinen **Alt-Dahn, Grafendahn und Tanstein.** Die im 12. Jahrhundert erbaute Burg **Alt-Dahn,** der älteste Teil der Anlage, weist noch die meisten Mauerreste auf. Neben dem mit Buckelquadern verkleideten Bergfried sind noch mehrere in den Fels gehauene Treppen, Kammern und Durchgänge sichtbar und begehbar. **Grafendahn** und **Tanstein** verdanken ihre Entstehung durch die damals übliche Praktik der Erbteilung. Die Burg Grafendahn, von der noch Mauerreste des Ritterhauses und des Bergfrieds stehen, der sich über einem tiefen Brunnen erhebt, steht auf dem mittleren und größten Felsteil. Die beiden Burgen sind durch einen Steg miteinander verbunden. Auf dem vorderen schmalen Felsblock ragte mit dem Tanstein die kleinste Burg in den Himmel. Sie stand, getrennt durch den breiten Felsspalt, separat ohne Verbindung zu den zwei anderen Burgen.

Heute kann man nur noch einige wenige Mauerreste sehen. Zerstört wurde die Anlage endgültig 1689 von französischen Truppen, denen die meisten der Pfalz-Burgen zum Opfer fielen. Im Burgenmuseum, auf der Grafendahn direkt an den Fels gebaut, kann man die Geschichte der Trilogie noch einmal nachvollziehen und mehrere bei Ausgrabungen zutage geförderte Fundstücke sehen.

Nicht weit von den Burgen entfernt steht beim Hochstein die **St. Michaelskapelle** aus dem 16. Jahrhundert, zu deren Füßen sich der Soldatenfriedhof erstreckt.

Richtung Hinterweidenthal ragt links am Hang die **Ruine Neu-Dahn** über die Tannen hinaus. Schon von weitem sieht man die mächtigen Mauern, die von einstiger Wehrhaftigkeit erzählen. Um 1230 von Heinrich von Tanne erbaut, wurde die Burg 1689 von den Franzosen geschleift. Zu sehen sind noch zwei starke Batterietürme mit der Vorburg und die etwas höher gelegene Hauptburg. Eine starke Wehrmauer verbindet die beiden Türme, in der sich die Eingangspforte zum Untergeschoss befindet. Von der Hauptburg sind nur noch wenige Mauerreste erhalten, die jedoch die Art der Anlage gut veranschaulichen.

Die abendliche Sonne lässt den Fels mit der Ruine in rötlichem Glanz erscheinen.

Blick auf die Waldhügel des Wasgaus

Wanderungen

Dahn bietet sich als Ausgangspunkt vieler Wanderungen auch in die weitere Umgebung geradezu an, man kann sich die grandiose Felsenlandschaft und vielen Burgruinen wunderbar erwandern. Der Radwanderer findet hier ein umfangreiches ausgezeichnetes Wegenetz bis weit in den Wasgau hinein.
Die Touristinformation Dahner Felsenland hält eine Vielzahl an Rad- und Wandervorschlägen für Sie bereit.

Dahner Rundwanderweg (DRW),

Markierung Grüne Tanne mit den Buchstaben DRW auf weißem Grund: Ausgangspunkt ist die katholische Pfarrkirche, von der man hoch zum Ehrenfriedhof mit der St. Michaelskapelle und den Kreuzwegstationen wandert. Weiter steil ansteigend erreicht man den Hochstein mit herrlicher Sicht in das Wieslautertal. Ein Stück zurück führt unsere Wanderung stetig abwärts zum Philosophenweg, der zu den ***Dahner Burgen*** *führt. Vom Parkplatz steil aufwärts erreicht man die Ruinen der Alt-Dahn, Grafendahn und Tanstein aus dem 12. Jahrhundert. Hier besteht auch eine Einkehrmöglichkeit zum Vespern und Trinken. Auf abschüssigem Pfad (61) erreicht man beim Zimmerfelsen die Markierung, deren Weg nach kurzem Stück beim Umsetzer in die Landstraße nach Erfweiler mündet. Links der Straße entlang biegt man bei dem Feldkreuz scharf rechts ab, um nach ungefähr 50 Metern halb links einem Wiesenrain entlang zum "Wöllmersberg-Weg" über wechselt. Der Balken begleitet uns auf dem oberhalb des Krankenhauses vorbeiführenden Höhenweg zum städtischen Friedhof, wo man mit der (5) zum Vogelsberg hoch marschiert. Von hier oben hat man eine gute Sicht auf die Stadt zu unseren Füßen und hinüber zu den Wasgaubergen. Das Felsmassiv mündet in das Wahrzeichen Dahns, in den sagenumwobenen Jungfernsprung. Ein kurzes Stück zurück, gelangt man mit der (5) hinunter zur Pirmasenser Straße (B 427). Hier kann man die Rundwanderung beenden, weiterführen oder aufteilen.*

Für den ***zweiten Teil*** *der Wanderung überquert man die Bahnlinie in die Äußermühlstraße, von der man nach ca. 150 Metern links auf dem "Nonnensteg" über die Wieslauter zur anderen Talseite wechselt. Bei dem freistehenden Fachwerkhaus (rechts, ehemals Mütter-Genesungsheim) beginnt auf einem Serpentinenweg der Anstieg zum "Sängerfelsen", von dem man eine herrliche Rundsicht auf das durch den Jungfernsprung geteilte Städtchen erleben kann. Die Markierung* ***DRW*** *bringt uns weiter zur* ***Ruine Neu-Dahn****, die um 1230 erbaut, ebenso wie die Burgentrilogie 1689 von französischen Truppen zerstört wurde. - Nach kurzem Abstieg erreicht man das Moosbachtal mit dem Neudahner Weiher. Durch das Naturschutzgebiet talaufwärts geht es vorbei an mehreren Weihern hoch zur Dahner Hütte vom Pfälzerwald-Verein und weiter über den Otto-Eisel-Weg hoch zum Bergrücken. Nach einigen hundert Metern stößt der Weg auf die (13), die bald darauf als Teil des Waldsportwegs über den "Schwabenfelsen" zurück nach Dahn führt.*

Als reizvolle ***Variante*** *kann man auf der Höhe weiter geradeaus bis zum Fahrweg wandern, hier halb rechts einige Meter mit dem grün-blauen Balken, dann weiter links den Weg ansteigend bis zu Kurve. Folgt man nun dem Wegweiser "Ortsteil Büttelwoog" auf dem links abfallenden Pfad,* erreicht man kurze Zeit später einen Felsvorsprung, auf dem man für die Mühen reichlich durch eine herrliche Aussicht belohnt wird. Zu Füßen liegt das langgestreckte Büttelwoogtal mit Schwimmbad und Sportanlagen, dahinter ragt der Büttelfelsen in den Himmel; östlich erheben sich der Wachtfelsen, Hochstein und Sorgenberg.

Ein Serpentinenweg führt hinunter zur Büttelwoogstraße. Linker Hand ragt der "Büttelwoogfelsen" empor. Rechts am Sport- und Campingplatz vorbei, gelangt man zu einer Klamm und den Felsen "Braut und Bräutigam", hier wieder rechts direkt an der "Braut" vorbei, beginnt nach 50 Metern auf einem Serpentinenpfad der Einstieg zum "Wachtfelsen". Die Treppenstufen empor zum Plateau des Felsblocks wird mit einem imposanten Rundblick auf Dahn und die umliegende Landschaft belohnt.

Trutzig ragen die Mauern Neu-Dahns über die Tannen

Vom Wachtfels steigt man hinab zur Stadt und über die Goethestraße zum Ausgangspunkt.

Radwandervorschläge:

Burgruine Neudahn, Naturschutzgebiet Moosbachtal, Dahner Hütte, die Aussichtsfelsen "Wachtfelsen" und "Braut und Bräutigam" (ca. 18 km)

Naturdenkmal "Hegerturm", Bärenbrunnerhof, Jüdischer Friedhof, Geologischer Lehrpfad "Fladensteine", Wehrkirche Bundenthal, Wieslautertal (ca. 28 km)

Wieslautertal, Burgruine "Drachenfels", Kapelle St. Gertraut, Burg Berwartstein (ca. 28 km)

Burg Berwartstein, Seehof-Weiher, Rappenfelsen, Besucherbergwerk Eisenerzgrube Nothweiler (ca. 28 km)

Wanderwege des Pfälzerwald-Vereins

- Dahn - Schindhard - Ruine Drachenfels - Drachenfelshütte - Erlenbach - Burg Berwartstein - Seehof - Lauterschwan
- Dahn - Hinterweidenthal - Ruine Gräfenstein - Leimen; Dahn - Bruchweiler - Rumbach - Wegelnburg - Schönau - Blumensteiner Hals
- Dahn - Römerfelsen - Vierbuchen - Hauenstein - Nedingfelsen - Rauhberg - Wilgartswiesen - Freischbachtal - Wellbachtal - Dahn - Schindhard - Oberschlettenbach - Lindelbrunn
- Dahn - Erfweiler - Wanderheim Dicke Eiche - Wolfshorn - Wasgauhütte - Schwanheim - Dimbach - Annweiler
- Dahn - Erfweiler - Vierbuchen - Hauenstein - Hermersbergerhof - Wellbachtal
- Dahn - Durstigfels - Spitzfelsen - Schäckersloch - Wappenschmiede - Fischbach.

EDENKOBEN

Auskunft:
Büro für Tourismus
Poststraße 23
67480 Edenkoben
Tel. 06323/959222
Fax 06323/959288

Die Stadt liegt im Kreis Südliche Weinstraße, hat 6650 Einwohner und ist staatlich anerkannter **Luftkurort.** In der Stadt sind mehrere Schulen angesiedelt, Realschule, Sonderschule für Lernbehinderte, Handelsschule und mehr.

Touristisches

Dem Erholungssuchenden stehen Sportplätze, Tennisplätze, Minigolf, Wald- und Weinlehrpfad, Kneipp-Anlagen an der Triefenbachanlage, Hirschweiher mit Bootsverleih, Stadtführungen und Gruppenprogramme zur Verfügung.

Neben den **örtlichen Festen** veranstaltet Edenkoben alljährlich am 4. Sonntag im September das **Weinfest** der "Südlichen Weinstraße" (Fr. - Mo.).

Geschichte

Die erste urkundliche Erwähnung erfolgte 769, um 1100 kam der Ort an das Bistum Speyer, nach dem Dreißigjährigen Krieg wurde es kurpfälzisch. 1818 erhielt Edenkoben Stadtrechte, und seit 1962 ist die Gemeinde anerkannter Luftkurort.

Besichtigung

Sehenswert sind das frühere **Kloster Heilbruck,** heute Weingut. 1263 als Zisterzienserinnenkloster erbaut, wurde es im Bauernkrieg 1525 niedergebrannnt, 1560 aufgelöst. Mehrere schöne alte **Winzerhäuser** entlang der Klosterstraße, das Standbild König Ludwigs I. von Bayern auf dem Marktplatz sowie die **evangelische Kirche** mit einer Barock-Kanzel und der Orgel im Zopfstil verdienen Beachtung. Am **Stadthaus** ist zur Erinnerung an den in der Stadt geborenen Johann Adam Hartmann, den J. F. Coopers in seinem Roman "Lederstrumpf" verewigt hat, eine Gedenktafel angebracht.

Der Innenraum der evangelischen Pfarrkirche

Weithin sichtbar steht zu Füßen der Ruine Rietburg die **Villa Ludwigshöhe,** die zwischen 1846 und 1852 von dem Münchner Baumeister Fr. v. Gärtner als Sommerresidenz König Ludwigs I. von Bayern erbaut wurde. Der an und für sich schlicht gehaltene Bau besticht durch seine zum Rheintal hin doppelstöckige Säulenreihe und die damit verbundene offene Bauweise. Im Schloss wurde die sehenswerte ständige **„Slevogt-Ausstellung"** untergebracht. Außerdem finden regelmäßig wechselnde Ausstellungen und Kulturveranstaltungen statt. An der Rückseite der Villa schließt sich ein Parkplatz an, von dem aus ein Sessellift über 250 Meter hoch zur **Ruine Rietburg** führt. In der Burgruine ist eine Burggaststätte eingebaut, die zu deftigem Vesper und kleinen Speisen einlädt.

Villa Ludwigshöhe vor dem Rietberg

Umgebung

5 Kilometer südwestlich von Edenkoben liegt **Hainfeld**. Im Ort können Sie hübsche Fachwerkhäuser, imposante Torbögen und mehrere Heiligenstatuen besichtigen. - 7 Kilometer südwestlich liegt **Burrweiler**. Hier sind sehenswert das Ofenmuseum, das alte Hoftor des früheren Amtshauses der Grafen von der Leyen (heute Winzergaststätte), das reich mit Tierzeichen geschmückt ist, die Wallfahrtskapelle auf dem Annaberg und nicht zuletzt die Grabmäler aus dem 17. Jahrhundert in der Dorfkirche.

3 Kilometer südliche von Edenkoben liegt **Edesheim**, ein traditionsreicher Weinbauort mit sehenswerten Winzerhäusern und Hoftoren aus der Barock- und Rokokozeit.

5 Kilometer südöstlich liegt **Kleinfischlingen**, in dem die evangelische Kirche mit ihrem historischen Kirchturm aus dem 13. Jahrhundert und restaurierten Fresken erwähnenswert sind.

8 Kilometer südöstlich liegt **Freimersheim**. Sehenswert in dem Ort sind das alte Rathaus, ein Wehrturm der früheren Befestigung, Fachwerkhäuser und historische Torbögen sowie Grabsteine der Herren von Weingarten.

Wanderungen

Örtliche ***Rundwanderungen*** *führen in die nähere Umgebung, z. B. zum Bismarckplatz, zum Friedensdenkmal oder zur Villa Ludwigshöhe und der Ruine Rietburg.*

Zwei ***Wanderwege des PWV*** *berühren den Ort.*

Fernwanderweg der Deutschen Weinstraße, beginnend am Deutschen Weintor in Schweigen bis nach Bockenheim (Gesamtstrecke 110 km)

Speyer – Edenkoben – Hüttenbrunnen – Schänzel – Heldenstein – Taubensuhl

EISENBERG

Auskunft:
Verbandsgemeindeverwaltung Eisenberg
Hauptstraße 86
67304 Eisenberg
Tel. 06351/40765

Eisenberg liegt 25 Kilometer nordöstlich von Kaiserslautern nahe der Autobahn A 6 im Eistal, dessen Bach quer durch das Nordpfälzer Bergland zum Glan hinfließt. Die 7900 Einwohner zählende Stadt ist Sitz einer Realschule, Berufsschule und Fachoberschule für Maschinenbau. Im Ort sind Schamotte- und Tonindustrie ebenso heimisch wie eine Eisengießerei und ein Ziegelwerk.

Geschichte

Der Raum wurde schon in der Römerzeit besiedelt, Eisenberg selbst wird 763 erstmals urkundlich erwähnt. Die Eisenverhüttung, die man Ende des letzten Jahrhunderts zugunsten der Eisenverarbeitung aufgab, spielte bereits bei den Römern eine wichtige Rolle.

1963 erhielt Eisenberg Stadtrechte.

Besichtigung

Nahe der Stadt liegt beim gleichnamigen Ort die **Burg Stauf,** die vermutlich von den Staufern erbaut, im Bauernkrieg ihren Untergang erlebte. An das **Kloster in Ramsen** erinnert noch der Klosterhof, heute befindet sich hier das Forstamt.

Über die Kerzenheimer Straße Richtung Göllheim gelangt man zum **Rosenthalerhof** mit der Ruine des **Klosters St. Maria.** 1241 stiftete Graf Eberhard II. von Eberstein, der Besitzer der Herrschaft Stauf, die Zisterzienserabtei. Die Kirche wurde im frühgotische Stil erbaut und 1261 geweiht. Das Nonnenkloster besaß manche Privilegien, da viele Töchter des Landadels hier in den Orden eintraten. Ende des 15. Jahrhunderts wurde die Kirche in spätgotischem Stil umgebaut. Im Bauernkrieg zerstört, hat Graf Philipp IV. von Nassau-Saarbrücken 1572 die Abtei aufgelassen. Erhalten sind von der **Abteikirche** noch Reste der Seitenmauern sowie der westliche Giebel mit dem Turm. An den Seitenmauern kann man noch Grabplatten von Äbtissinnen und Stiftern des Klosters sehen. In Eisenberg liegt das SOS-Kinderdorf Pfalz.

Touristisches

Regelmäßige Konzert- und Theaterveranstaltungen sorgen für Unterhaltung, Richtung Höningen liegt ein Freibad mit ausgezeichnetem Restaurant.

In der Fußgängerzone erinnern zwei Brozefiguren an das alte Handwerk der Eisenverhüttung

ENKENBACH-ALSENBORN

Die Gemeinde ist 1969 durch den Zusammenschluss der bis dahin selbstständigen Teile Alsenborn und Enkenbach entstanden. Der 7500 Einwohner zählende Ort liegt 10 Kilometer nordöstlich von Kaiserslautern am Ausgang des Stumpfwaldes.

Geschichte

Prähistorische und römische Bodenfunde im Alsenborner Becken deuten auf eine frühe Besiedlung der Landschaft hin, Alsenborn allerdings wird erst 872 urkundlich genannt, das Kloster "Ynkebach" wird 1148 von Graf Ludwig von Arnstein gegründet, die um das Kloster entstandene Siedlung 1219 erwähnt. Beide Dörfer kamen im 16. Jahrhundert an die Kurpfalz, nach 1816 an Bayern.

Auskunft:
Verbandsgemeindeverwaltung
Hauptstraße 18
67677 Enkenbach-Alsenborn
Tel. 06303/8020
Fax 06303/4888
oder beim
Verkehrsverein
Burgstraße 33
67677 Enkenbach-Alsenborn,
Tel. 06303/6066

Besichtigung

Im Stadtteil **Alsenborn** stehen auf dem Dieburg-Hügel einige Mauerreste einer Burganlage, deren Geschichte weitgehend im Verborgenen liegt. Es handelt sich vermutlich um die Burg der Edlen von Alsenborn, die in einer Stiftung des Klosters Enkenbach 1190 erwähnt wird.

Rundbogen mit Steinrelief über dem Eingang

Wie der alte Name des Ortes besagt (Alsenzborn), entspringt hier die Alsenz, die in nördliche Richtung fließt und bei Bad Münster a. St. in die Nahe mündet.

Die Sehenswürdigkeit **Enkenbachs**, die einstige **Klosterkirche** der Prämonstratenserinnen-Abtei, erreicht man über ein kurzes Stück Straße von der B 48 weg. In der ersten Hälfte des 12. Jahrhunderts (1148) wurde das Kloster von Nonnen bezogen. Nach schweren Zerstörungen im Bauernkrieg löste Kurfürst Friedrich III. 1565 die Abtei auf. Die Kirche reicht in einigen wenigen Teilen zurück auf die romanische Gründungskirche aus dem 13. Jahrhundert, so sollte man dem romanischen Eingangstor mit seiner gemeißelten Bogenfüllung Beachtung schenken. Der Chor und das südliche Querschiff wurden 1903/4 neu erbaut und fügen sich stilgerecht in das Bauwerk ein. Sehr schön sind die hohen Chorfenster gestaltet.

Mittelschiff zum Altarraum

FRANKENTHAL

Auskunft:
Tourist-Information der Stadtverwaltung Frankenthal
Rathausplatz 2
67227 Frankenthal
Tel. 06233/890
Fax 06233/89400

Frankenthal ist eine aufstrebende Industriestadt im Wirtschaftsraum Rhein-Neckar, Sitz vieler Behörden und zählt 48000 Einwohner.

Geschichte

Als Franconodal erfährt die Gemeinde 772 eine erste urkundliche Erwähnung im Lorscher Codex. 1119 wurden hier ein Augustiner-Chorherren-Stift und 20 Jahre später auch ein Augustiner-Chorfrauen-Stift gegründet, in deren Schatten der Ort bald zu einem bedeutenden Marktflecken anwuchs. Nach Auflösung des Chorherren-Stifts im Jahr 1562 (das Chorfrauenstift wurde bereits 1431 aufgelassen) und der damit verbundenen Glaubensreformation, siedelten sich hier niederländische Glaubensflüchtlinge an. 1577 erhielt Frankenthal Stadtrechte und Kurfürst Friedrich IV. baute die Stadt zwischen 1608 und 1620 zur Festung aus. 1623, im Verlauf des Dreißigjährigen Krieges und 1689 erlitt die Gemeinde Verwüstungen und Zerstörungen. Mit der Regierungszeit des Kurfürsten Carl Theodor von der Pfalz begann eine Blütezeit der Stadt, in diese Epoche (1755) fällt auch die Gründung der Porzellanmanufaktur, die sehr bald zu einem bedeutenden Wirtschaftsunternehmen wurde und der Stadt zu weiterem Ansehen verhalf.

Letzte große Zerstörungen erlitt die Stadt 1943, von deren Schäden man jedoch längst nichts mehr sieht.

Besichtigung

Historische Gebäude sind restauriert und erstrahlen in altem Glanz, wie das **Wormser** und das **Speyerer Tor**, beides Reste der ehemaligen Stadtbefestigung des Kurfürsten Carl Theodor aus dem Jahr 1772/73. Die **Dreifaltigkeitskirche** wurde 1732 im Barockstil erbaut, die **Zwölf-Apostel-Kirche** von 1822 stilisiert den Baucharakter des Karlsruher Baumeisters Weinbrenner. Neben dem Rathaus stehen noch heute Reste des **Augustiner-Chorherren-Stiftes** aus dem 12. Jahrhundert. Im modernen **Rathaus** findet sich eine Sammlung auserlesener Stücke Frankenthaler Porzellans, weitere Raritäten befinden sich im Erkenbert-Museum, in dem auch das Heimatmuseum untergebracht ist. Das **Erkenbert-Museum** liegt im Bereich der Überreste des ehemaligen Augustinerklosters und ist benannt nach dem Kämmerer Erkenbert von Worms, der 1119 das Chorherren-Stift gegründet hatte.

Touristisches

Frankenthal bietet seinen Gästen ein reichhaltiges Unterhaltungs- und Sportprogramm. Regelmäßige Theateraufführungen, Konzertveranstaltungen und Ausstellungen werden von der Stadt angeboten, ferner gibt es ein Hallen- und ein Freibad, eine Reithalle, Minigolf, außerdem kann man man auf einer der Bootsportanlagen seinem Freizeitvergnügen nachgehen.

GRÜNSTADT

Grünstadt liegt im Kreis Bad Dürkheim am Schnittpunkt der Deutschen Weinstraße mit der Autobahn Ludwigshafen – Saarbrücken. Mit den Stadtteilen Asselheim und Sausenheim zählt die Stadt 11000 Einwohner und ist wirtschaftlicher und kultureller Mittelpunkt des Unterhaardter Weinbaugebietes.

Geschichte

Entstanden aus einem fränkischen Hofgut, standen 875 (erste urkundliche Erwähnung in einem "königlichen Brief" des Königs Ludwig dem Deutschen) auf Grünstadter Gemarkung ein Herrenhof und 14 Bauernhöfe, die sich im Besitz des Klosters Weißenburg befanden. Kaiser Karl V. verlieh dem Ort 1556 Marktrechte, nachdem Grünstadt unter die Herrschaft der Grafen von Leiningen gelangte. Nach dem Pfälzischen Erbfolgekrieg wählten die Leininger Grünstadt als ihre Residenz, die bis 1801 bestand.

Besichtigung

Sehenswert ist die ehemalige **Residenz,** im Unterhof befindet sich heute eine Steingutfabrik, der Oberhof mit sehr schönem Barockportal dient als Schule. Das heutige **Rathaus** in barockem Stil stammt wie die Martinskirche aus dem 18. Jahrhundert. Das Wahrzeichen der Stadt bildet die **Martinskirche,** die 1727-1735 aus einer älteren gotischen Kirche barock umgestaltet wurde. Der Stadtteil **Asselheim** hat sich durch mehrere altehrwürdige **Winzerhäuser** und Teile der mittelalterlichen **Befestigungsmauern** ein romantisches Flair erhalten. In der evangelischen Kirche in **Sausenheim** steht ein kunstvoller Taufstein der Wormser Schule.

Touristisches

Grünstadt veranstaltet jährlich am 3. Wochenende im Juli den historischen Jakobimarkt und am 1. Wochenende im Oktober den "Weinwettstreit der Unterhaardt".

Umgebung

Vor der "Haustür" Grünstadts liegt ein mittelalterliches Kleinod besonderer Art, der **Festungsort Neuleiningen**, der von der Ruine der leiningischen Burg und der Burgkir-

Auskunft:
Tourist-Information
Stadtverwaltung
Grünstadt
Turnstraße 7
67269 Grünstadt
Tel. 06359/937320
Fax 06359/937325
oder bei der
Verbandsgemeindeverwaltung
Grünstadt-Land
67269 Grünstadt
Tel. 06259/943313
Fax 06259/943325

Blick von der Ruine auf den Turm der Burgkirche

Ruine Battenberg mit Jugendherberge

che überragt wird. Der an rebenbewachsenem Berghang sich hochziehende Ort wird noch heute fast vollständig von der alten Befestigungsanlage mit Wehrtürmen umgürtet. Einen herrlichen Ausblick auf Neuleiningen kann man von der Abzweigung der Straße nach Battenberg genießen. **Battenberg**, das auf dem gegenüberliegenden Berghang liegt, geht ebenfalls auf eine Gründung der Leininger zurück. Imposant erhebt sich die restaurierte und dem alten Burgstil nachempfundene Fassade der Burg Battenberg auf steilem Fels vor dem Ort. In die Ruine wurde im Burgenstil hervorragend eine moderne Jugendherberge eingebaut.

Weitere lohnende **Ausflüge** führen nach **Altleiningen,** an den **Ungeheuersee,** oder die Deutsche Weinstraße weiter nach **Bockenheim** mit Emichsburg und Wehrkirche.

HASSLOCH

Auskunft:
Tourist-Information Haßloch
Rathausplatz 1
67454 Haßloch
Tel. 06324/935225
Fax 06324/935300

Haßloch liegt im Kreis Bad Dürkheim und ist mit 19000 Einwohnern das größte Dorf der Pfalz.

Geschichte

Bodenfunde aus der Steinzeit und der Zeit der Römer deuten auf eine frühe Besiedlung hin, ebenso Reihengräber aus der Merowingerzeit. Erste urkundliche Erwähnung findet Haßloch 902 als "Hasalaha" (= am fließenden Wasser unter Haselbüschen). Im Mittelalter war der Ort Königsgut, kam dann an die Leininger Grafen und in kurfürstlichen Besitz.

Besichtigung: Heimatmuseum mit Sammlung bäuerlicher und handwerklicher Kultur, Spiegelbild der Jahrhunderte.

Bekannt ist Haßloch vor allem durch seinen **Holiday-Park** mit vielen Shows, Erlebnis- und Unterhaltungsmöglichkeiten für Jung und Alt. Veranstaltungen finden statt von April bis Oktober. Gute Restaurants und Imbissstände.

Touristisches: Ein besonderes Badevergnügen wartet auf den Gast im Badepark Haßloch mit schön gestalteten Innen- und Außenbereichen, Solarien und Ruheflächen.

Ein Highlight stellt das alljährlich am Himmelfahrtstag ausgetragene überregionale Pferderennen dar.

KAISERSLAUTERN

Kaiserslautern hat über 100 000 Einwohner und zählt mit den Stadtteilen Dansenberg, Erfenbach, Erlenbach, Hohenecken, Mölschbach, Morlautern und Siegelbach zu Deutschlands Großstädten. Die Barbarossastadt liegt im nördlichen Teil des Naturparks Pfälzerwald und bietet mit ausgebauten Naherholungsgebieten, Wildgehegen, markierten Wald-, Lehr- und Wanderpfaden, Bädern und ausgezeichneten Gaststätten und Beherbungsstätten die ideale Voraussetzung für Ferienaufenthalte.

Die Stadt ist ein blühendes Wirtschaftszentrum mit mehreren Groß- und Einzelhandelsunternehmen, einem Opel-Zweigwerk, Industriemaschinen, Firmen der Eisen verarbeitenden Industrie, Textil- und Möbelindustrie. Beherrscht wird die Stadt jedoch von den ausgedehnten Anlagen der US-Streitkräfte, die hier stationiert sind (große Wohnanlagen im Stadtteil Vogelweh, großflächige militärische Anlagen Richtung Hochspeyer, im Norden der Stadt Richtung Ramstein-Miesenbach ebenfalls militärisches Sperrgebiet mit der größten militärischen Flugbasis der Amerikaner in Europa).

Auskunft:
Tourist-Information
im Rathaus
Willy-Brandt-Platz 1
67653 Kaiserslautern
Tel. 0631/3652316
oder 2317 oder 2325
oder 19433
Fax 0631/3652723

Blick in eine der Einkaufstraßen

Geschichte:
Anfang des 7. Jahrhunderts gründete hier der Frankenkönig Dagobert I. einen Königshof, genannt "Lutra" (erste urkundliche Erwähnung 850), in dessen Nähe um 985 ein Dorf Lautern bestand. Kaiser Friedrich I. Barbarossa ließ hier eine Pfalz erbauen (nach 1158), um 1186 stiftete er ein Hospital, das von Prämonstratensern geführt wurde. Rudolf von Habsburg verlieh dem Ort 1276 Stadtrechte, Kaiserslautern wurde freie Reichsstadt, fiel jedoch hundert Jahre später an die Kurpfalz. Pfalzgraf Casimir bestimmte die Stadt zu seiner Residenz (1576-1592). Während des Dreißigjährigen Krieges wurde Kaiserslautern von Kaiserlichen und Franzosen erobert und gebrandschatzt. 1796 marschierten französische Revolutionstruppen ein, die Gemeinde war von 1801 bis 1814 Sitz einer Unterpräfektur. 1816 kam sie an Bayern.

Touristisches

Kaiserslautern bietet seinen Gästen eine Vielzahl an Unterhaltungs- und Erholungsmöglichkeiten. Fußballfans kennen den Betzenberg und die "Roten Teufel", den 1. FCK, der bei Heimspielen immer Tausende von Fans anlockt. Selbst kann man sich sportlich betätigen beim Boccia, Minigolf oder Tennis und selbstverständlich im Hallenbad (Pirmasenser Straße), beheizten Freibad oder im Strandbad "Gelterswoog". Zur Unterhaltung dienen Aufführungen im Pfalztheater (Oper, Operette und Schauspiel) sowie regelmäßige Konzertveranstaltungen, Kinos sind ebenfalls vorhanden. Freunde von Kabaretts, Stripteaselokalen und ähnlichen einschlägigen Lokalen finden nördlich außerhalb der Stadt ihr Vergnügen.

Das moderne Hochhaus der Stadtverwaltung

Besichtigung

Im Stadtzentrum steht die dreitürmige **Stiftskirche** aus dem 13. Jahrhundert, eines der bedeutendsten gotischen Bauwerke und die älteste Hallenkirche der Pfalz. Im Chor (Baubeginn 1260) sind auf harmonische Weise romanische und gotische Elemente miteinander vermischt. In der nördlichen Vorhalle befindet sich ein Denkmal zur Einigung zwischen Lutheranern und Reformierten 1818. Nahebei in der Klosterstraße steht die **St.-Martin-Kirche**, ein schlichtes Bauwerk aus dem 14. Jahrhundert mit barocker Innenausstattung. Sehenswert ist außerdem am Markt der schöne **Brunnen** aus dem 16.

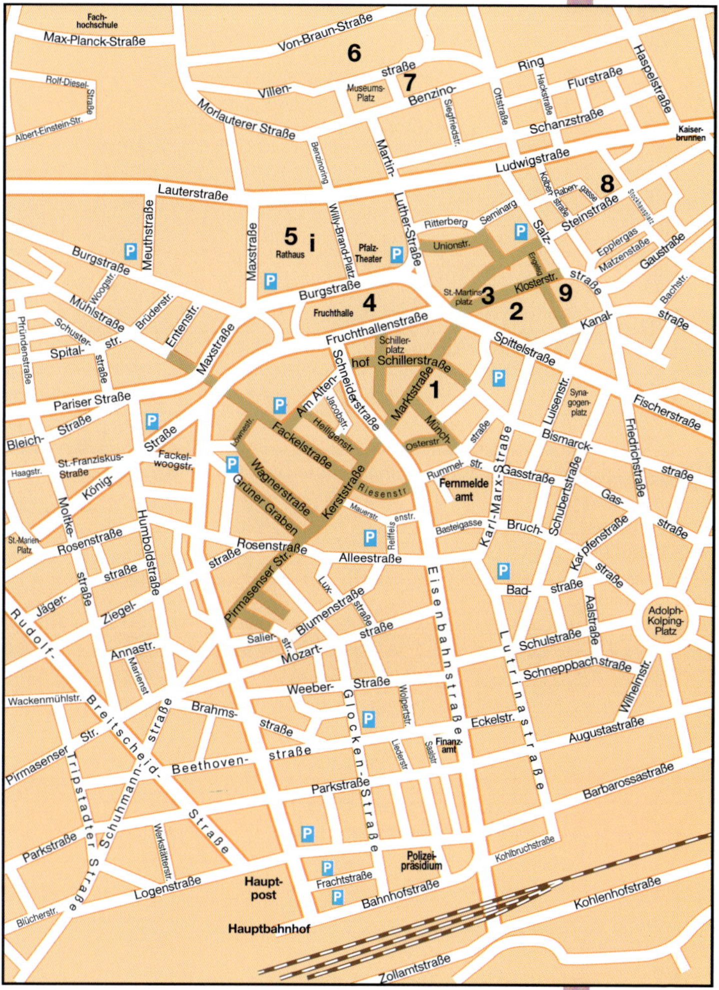

Jahrhundert sowie am Schillerplatz die **Städtische Fruchthalle**, die 1843-46 erbaut, als Produktenbörse gedacht war, heute aber als großer Fest- und Konzertsaal dient. Unweit steht das alles überragende 84 Meter hohe moderne **Rathaus**, ein architektonisch eindrucksvolles Bauwerk. Nördlich der Lauterstraße, einer der wichtigsten Verkehrsachsen der Stadt, liegt die **Pfälzische Landesgewerbeanstalt**, ein großartig ausgelegter Bau im italienischen Renaissancestil. Untergebracht sind hier u. a. Sammlungen der Pfalzgalerie (Werke bedeutender Maler des 19. und 20. Jh.).

Kaiserslautern

1 Stiftskirche
2 Kirche St.Martin
3 Brunnen 16. Jh.
4 Fruchthalle (Fest- und Konzertsaal)
5 Rathaus und Tourist-Info
6 Pfalzgalerie
7 Institut für Pfälzische Geschichte
8 Th.Zink-Museum
9 Stadtbibliothek

Casimir-Schloß mit Heimatmuseum Barbarossaburg

1934-36 wurde die Stätte der ehemaligen **Kaiserpfalz** ausgegraben, wobei zahlreiche Bauteile, wie unterirdische Gänge, Gewölbe und Gräben aufgedeckt wurden, außerdem stellte man einen Teil des **Casimir-Schlosses** wieder her, das 1689 gesprengt wurde (Heimatmuseum Barbarossaburg). Sehenswert sind noch an der Mainzer Straße (Kreuzung mit der Autobahn) sieben vorgeschichtliche Rundgräber, das Theodor-Zink-Museum, und als modernes Bauwerk neben dem Rathaus im Norden der Stadt die 263 Meter lange und 32 Meter hohe Waschmühltalbrücke.

Umgebung

Im Stadtteil **Hohenecken** thront auf einem Bergvorsprung die **Ruine Hohenecken,** die im 12. Jahrhundert erbaut, nach Beschädigungen im Bauernkrieg (1525) um 1560 erneuert wurde, um dann 1689 der Zerstörungswut französischer Truppen zum Opfer zu fallen. Im Ort ist noch sehenswert die **Rochuskapelle** aus dem Jahr 1748.

Südwestlich von Hohenecken liegt das sehr reizvolle **Waldstrandbad "Gelterswoog",** ein beliebtes Naherholungsziel.

Wanderungen/Spaziergänge

Man kann viele hübsche **Spaziergänge** in die Umgebung der Stadt unternehmen, so zur **Galgenschanze** im Westen der Stadt, weiter zum **Blechhammer** mit einem Weiher, auf dem man rudern kann (nahe der Autobahn) oder auf dem **Waldlehrpfad** am Pfaffen-Berg.

Lohnende **Wanderziele** sind der **Große Humberg** südlich, das Strandbad **"Gelterswoog"** südwestlich oder das nördlich gelegene **Eselsfürth** mit dem nahen Barbarossapark.

KIRCHHEIMBOLANDEN

Kirchheimbolanden liegt im Donnersbergkreis am Eingang zum Nordpfälzer Bergland und ist mit 6100 Einwohnern ein Erholungsort in waldreicher Umgebung und ehemalige Residenz der Fürsten von Nassau-Weilburg.

Auskunft:
Donnersberg-Touristik-Verband
Uhlandstraße 2
67292 Kirchheimbolanden
Tel. 06352/1712.

Geschichte

Erstmals 774 im Lorscher Codex erwähnt, besteht die Gemeinde noch um die Jahrtausendwende lediglich aus einigen Häusern und einer Kirche, die im Schutz der Burg von Bolanden erbaut wurden. Bis 1368 muss die Bedeutung und auch der Ort gewaltig gewachsen sein, denn Kaiser Karl IV. verleiht Kirchheimbolanden die Stadtrechte. Von 1574 bis 1797 befindet sich die Stadt im Besitz des Fürstentums Nassau-Weilburg und erlebt im 18. Jahrhundert unter den Fürsten Karl August und Karl Christian ihre Blütezeit.

Besichtigung

Aus der Epoche des Fürstentums Nassau-Weilburg stammt das **Barockschloss** mit **Schlossgarten.** Die **Paulskirche,** früher die Schlosskirche, wurde zwischen 1739 und 1744 im Barockstil erbaut. Im Inneren befinden sich eine dreifache Fürstenloge unter einem Rokokobogen und eine kostbare Orgel, auf der 1778 Mozart der Fürstin Karoline vorgespielt

Das Obertor, Teil der früheren Stadtbefestigung

Die Peterkirche

Teil der restaurierten Stadtmauer

hat. Die 1214 erbaute **Peterskirche** gilt als eine der ältesten der Pfalz - interessant ist die Sonnenuhr an der Südwestecke des Gotteshauses. Markante Fixpunkte der Stadt sind die umfangreichen Überreste der alten **Stadtbefestigung,** die großenteils restauriert sind, neben Mauern stehen auch noch etliche Türme. Sehenswert sind außerdem die ehemals fürstliche **Hofapotheke** (Barock) sowie einige Amts- und Patrizierhäuser aus dem 18. Jahrhundert. Westlich des Zentrums liegt der **Schillerhain** mit Schillerdenkmal, Kurhaus und einem alten Wartturm, von dem man eine schöne Aussicht genießen kann.

Umgebung

Nur 3 Kilometer südlich liegt das Dorf **Bolanden** mit den Resten des **Klosters Hane,** das zuerst Mönchs-, später dann Nonnenkloster war und 1129 gestiftet wurde. Bereits 1182 siedelten die Mönche nach Rothenkirchen über, die dortigen Nonnen wechselten nach Hane und blieben hier bis 1564, als das Kloster von den Herren von Bolanden aufgelassen wurde. Außer den Resten des Klosters finden sich hier die Ruinen der Burg **Neu-Bolanden,** die in der ersten Hälfte des 12. Jahrhunderts erbaut, 1525 während der Bauernaufstände in Flammen aufging.

4 Kilometer nordwestlich der Stadt liegt **Rothenkirchen**, erst Nonnenkloster, dann aber durch den Austausch mit den Mönchen von Hane 1182 ein Prämonstratenserkloster, das 1552 aufgelassen wurde.

Wanderungen

Vom Zentrum aus führen sieben beschilderte Rundwanderwege von 2,5 bis 8 Kilometer Länge in die Umgebung der Stadt.

Touristisches

Am zweiten Wochenende im August finden alljährlich die "Drei Sommertage in der Kleinen Residenz" statt. Für Wasserratten steht das Freibad Thielwoog zur Verfügung.

Kusel

Als Mittelpunkt des nordwestlichen Gebiets des Nordpfälzer Berglandes liegt die Kreisstadt Kusel mit 6700 Einwohnern in reizvoller Umgebung.

Geschichte

Um 850 wird erstmals eine "curtis Cosla" als Kernpunkt erwähnt, in dem 902 die erste Mutterkirche des Landstrichs errichtet wird. Mit dem Bau der Benediktinerprobstei auf dem Remigiusberg (um 1100) und der Erbauung der Burg Lichtenberg von 1210 bis 1214 wächst die Bedeutung der kleinen Ansiedlung, und um 1350 erhält Kusel Stadtrechte, damit einhergehend eine Befestigung mit Mauern und

Auskunft:
Tourist-Information Verbandsgemeinde Kusel
Marktplatz 1
66869 Kusel
Tel. 06381/42050
Fax 06381/420568

Die Stadtkirche

Türmen. 1444 geht die Stadt in den Besitz der Grafen von Pfalz-Zweibrücken über. Im Verlauf des Dreißigjährigen Krieges ermordeten marodierende Kroaten im Jahr 1635 fast alle Einwohner im Schlaf, die wenigen Überlebenden verließen den Ort. 1677 durch die Truppen Ludwigs XIV. und 1794 durch französische Revolutionstruppen erfolgten weitere Zerstörungen, so blieben 1794 lediglich 3 Wohnhäuser und 2 Scheunen stehen, was erklärt, warum Kusel trotz 1200-jähriger Geschichte keine historischen Bauwerke besitzt.

Besichtigung

Einen Besuch lohnen der **Hutmacherbrunnen** am Marktplatz und das **Heimatmuseum** mit Ausstellungsstücken von der Vorgeschichte bis zur Neuzeit.

Umgebung

In der Umgebung der Stadt gibt es vor allem zwei lohnende Ausflugsziele, zum einen den **Remigiusberg** bei dem 3 Kilometer entfernt liegenden Ort Haschbach und die **Burg Lichtenberg** beim stark 2 Kilometer entfernten Thallichtenberg. Die Reimser Kirche, der das Remigiusland schon im 9. Jahrhundert gehörte, begann um 1100 mit dem Bau einer **Benediktinerprobstei**, die 1127 bestätigt wurde, den Pfalzgrafen von Veldenz bestellte man als Schirmherrn. Das Kloster wurde 1550 aufgehoben, während des Dreißigjährigen Krieges von den Spaniern wieder intakt gesetzt. - 1697 war das Kloster dann endgültig eingegangen. Sichtbarer Überrest ist

Weit reicht der Blick von der Michelsburg in die Umgebung von Kusel

die Kirche, von der noch das Mittelschiff steht (1967-69 renoviert). Im Inneren finden sich mehrere Grabdenkmäler, so auch von dem 1327 verstorbenen Grafen Friedrich von Veldenz. Die Gruft, in der die Tochter des Schwedenkönigs Gutav Wasa, die Pfalzgräfin Anna Maria, beigesetzt war, ist leider zerstört. Unweit der Kirche steht die Ruine der **Michelsburg**, die 1260 anstelle einer hölzernen Befestigungsanlage erbaut wurde. Die Burg geriet in den Besitz der Grafen von Veldenz, später an die Kurpfalz, 1689 wurde sie zerstört. Weithin sichtbar ist die ca. 20 Meter hohe Schildmauer der Burg.

Westlich von Kusel liegt die Gemeinde Thallichtenberg, die weithin sichtbar von der **Burg Lichtenberg**, einer der größten Burgruinen Deutschlands, überragt wird. Um 1200 begann Graf Gerlach III. von Veldenz mit dem Bau der

Anlage, die laut einem Urteil des Baseler Hofgerichts von 1214 wieder abgerissen werden sollte, da sie widerrechtlich auf klösterlichem Besitz des Hl. Remigius erbaut war. Die Veldenzer vollendeten die Anlage trotzdem, von einem Abbruch kann keine Rede sein. 1444 gelangte nach Aussterben der Veldenzer die Feste an Pfalz-Zweibrücken, die letzten Bauten wurden erstellt, als letztes 1755-58 die heutige Burgkirche. Durch ihre strategisch sehr günstige Lage gelang es während des Dreißigjährigen Krieges und auch später den französischen Truppen nicht, die Burg einzunehmen und zu zerstören. Am 26. Oktober 1799 fiel sie einem Brand zum Opfer, der Lichtenberg vollkommen in Asche legte. Heute befinden sich in der Anlage ein Standesamt, eine Jugendherberge und eine Gaststätte sowie im Keller der ehemaligen Amtmannwohnung ein Burgmuseum.

Eingang zur inneren Burg

Engelskulptur an der Hausfassade des Standesamtes

Ein hübscher Ausflug führt nach Reichweiler, westlich der Stadt, wo das so genannte **"Mithrasdenkmal"** steht (Richtung Schwarzerden). Es handelt sich um eine Sandsteinwand mit einem eingehauenen Relief, die einst die Rückwand eines Mithras-Tempels bildete. Der Kult war im 2./3. Jahrhundert von Persien her zu uns gelangt. In unmittelbarer Nähe der Anlage liegt ein Weiher mit einer 2 ha großen Wasserfläche, der als Naherholungsgebiet genutzt wird.

LAMBRECHT

Auskunft:
Verbandsgemeinde Lambrecht
67466 Lambrecht
Postfach 1109
Tel. 06325/181-110
Fax 06325/181-200

Lambrecht hat 4500 Einwohner, liegt im Kreis Bad Dürkheim im weiten Tal des Speyerbachs, am Ausgang des romantischen Elmsteiner Tals inmitten des Naturparks Pfälzerwald und eignet sich schon aus diesem Grund hervorragend als Ausgangspunkt für Wanderungen in die waldreiche Umgebung.

Geschichte

Die Gemeinde geht auf die Gründung eines Benediktinerklosters zurück (977 von Graf Otto von Worms gestiftet), das Mitte des 13. Jahrhunderts von Dominikanerinnen übernommen und 1553 aufgehoben wurde. Zwischen 1567 und 1569 siedelten sich hier aus Frankreich und den Niederlanden vertriebene reformierte Tuchmacher an, die Lambrechts Ruf als Tuchmacherstadt begründeten (bis 1967 bedeutende Tuchindustrie). Das kleinere Grevenhausen verblieb beim Hochstift Speyer, die Folge waren dauernde Streitigkeiten konfessionaler und territorialer Art. So wurde z.B. 1753 wegen des Baus eines Wirtshauses in Grevenhausen sogar ein neun Tage dauernder Feldzug zwischen der Kurpfalz und dem Fürstentum geführt. Nach dem Zusammenschluss mit Grevenhausen wurde Lambrecht 1887 zur Stadt erhoben.

Besichtigung

Ein baukunstliches Kleinod stellt die 1320-1343 gebaute ehemalige **Klosterkirche St. Lambrecht** dar, ein einschiffiges Bauwerk in reiner Reduktionsgotik. Die Chorwände sind mit Fresken ausgemalt, die 1955 freigelegt und restauriert wurden. Zu den Darstellungen gehört auch eine Bildfolge mit der Quirinus-Legende aus dem 14. Jahrhundert. Die 1777 von J. G. Geib gebaute Barock-Orgel ist nahezu original erhalten. Die katholische Kirche an der Hauptstraße stammt in ihrem Ursprung aus dem Jahr 1750. Neben einem Patrizierhaus von 1607 gibt es noch einige schöne Fachwerkhäuser.

Klosterkirche St. Lambrecht

Touristisches

Alle fünf Jahre findet in der Stadt das traditionelle Geißbockfest statt, das in seinem Ursprung bis in das beginnende 15. Jahrhundert zurückreicht (1404 urkundlich nachgewiesene Geißbocklieferung an die Stadt Deidesheim als Entgelt für Weiderechte).

Wanderungen

Lambrecht hat insgesamt **9 Rundwanderungen** ausgewiesen, die in der Regel 10 Kilometer Länge haben. Neben den nachstehend beschriebenen Rundwanderungen bietet die Verbandsgemeinde Lambrecht eine Vielzahl weiterer Wanderungen an, eine entsprechende Broschüre mit ausführlichen Beschreibungen wird von der Tourist-Information angeboten.

(11) *Wegemarkierung: Lambrecht (Bergstr.) - Eichelberg - Soppelkopf - Teufelsfelsen - Lambrecht*

(12) *Wegemarkierung: Lambrecht (Marktstr.) - Friedhof - rund um den Schauerberg - Stadter Bank - Runder Tisch - Schindelteich - Beerental - Lambrecht*

(13) *Wegemarkierung: Lambrecht (Bergstr.) - Fuchsenacker - Aspenkehle - rund um den Eichelberg - Luhrbachtal - Lambrecht*

Wegemarkierung gelbes Kreuz und gelber Punkt: Lambrecht - Luhrbachtal - Lellebebbelsweg - Lambertskreuz - Stoppelkopf - Wolkenbruchweg - Lambrecht

(13) *Wegenmarkierung, rot-grüne Scheibe: Lambrecht (Gartenstr.) - Altenheim - Krankental - Gutenbrunnen - um den Stenzelberg - Fischertal - Neustadter Naturfreundehaus - Stadter Bank - Lambrecht*

(13) *Wegemarkierung rot-grüne und weiß-schwarze Scheibe: Lambrecht (Bergstr.) - Fuchsenacker - Aspenkehle - Neidenfels - Schlangental - Frankeneck - Lambrecht*

Wegemarkierung blau-gelber Strich und blauer Punkt: Lambrecht (Stadtwerke) - Bahnpfad - Dörrental - Lindenberg - Weinbiet - Steinerner Hirsch - Wolfsburg - Nonnental - Krankental - Lambrecht

Wegemarkierung blau-gelber Balken, Variante Rückweg weiß-roter Strich: Lambrecht (Marktstr.) - Friedhof - Kaisergarten - Hellerhütte - Brandweg - Beerental - Lambrecht; - Alternative: Hellerhütte - Höllischtal - Erfenstein - Iptestal - Haspeln - Lambrecht

Wegemarkierung weißes Dreieck, blau-gelber Strich, blauer Strich, rote Scheibe: Lambrecht (Marktstr.) - Stadter Bank - Kaisergarten - Hellerhütte - Totenkopf - Hüttenhohl - Felsenmeer - Kalmit - Hahnenschritt - Bürgermeisterstein - Bildbaum - rund ums Hohe Loog - Bildbaum - Sternbergquelle - Kaltenbrunnertal - Kleine Ebene - Neustadter Naturfreundehaus - Stadter Bank - Lambrecht

LANDAU

Auskunft:
Büro für Tourismus
Marktstraße 50
76829 Landau/Pfalz
Tel. 06341/13181
und 13182
Fax 06341/13195

Landau hat 43000 Einwohner mit den Stadtteilen Arzheim, Dammheim, Godramstein, Mörlheim, Mörzheim, Nußdorf, Queichheim, Wollmesheim und liegt am Rande des Pfälzerwaldes. Bekannt als Wein- und Gartenstadt mit künstlerisch gestalteten Parkanlagen ist die Stadt wirtschaftlicher und kultureller Mittelpunkt der Südpfalz. Landau beherbergt Amts-, Land- und Arbeitsgericht sowie die Kreisverwaltung des Landkreises Südliche Weinstraße und viele andere Behörden. Mehrere Schulen wie Gymnasien und naturwissenschaftliches Technikum haben hier ebenso ihren Platz wie Industriebetriebe der Mineralöl-, Gummi-, Maschinen- und Elektro-, Textil- und Druckereibranche. Landau gilt als Schwerpunkt des südpfälzischen Wein-, Obst-, Gemüse- und Tabakhandels.

Geschichte

Der Ort wird erstmals 1106 urkundlich erwähnt und erhält bereits 1274 Stadtrechte, verliehen von Rudolf v. Habsburg. 1291 wird Landau zur Freien Reichsstadt erhoben, war aber schon ab 1324 bis 1511 an das Hochstift Speyer verpfändet. Nach dem Dreißigjährigen Krieg gehörte die Stadt zu Frankreich, zwischen 1688 und 1691 wurde sie von Vauban zu einer starken Festung ausgebaut. Während des Spanischen Erbfolgekrieges (1702-1713) wechselte die Festungsstadt viermal den Besitzer, hundert Jahre später fiel Landau wieder an das Reich zurück und ein Jahr später, 1816, wurde die Stadt bayerisch. Nach dem Deutsch-Französischen Krieg 1870/71 wird die Festung geschleift und die Stadt kann sich ausdehnen.

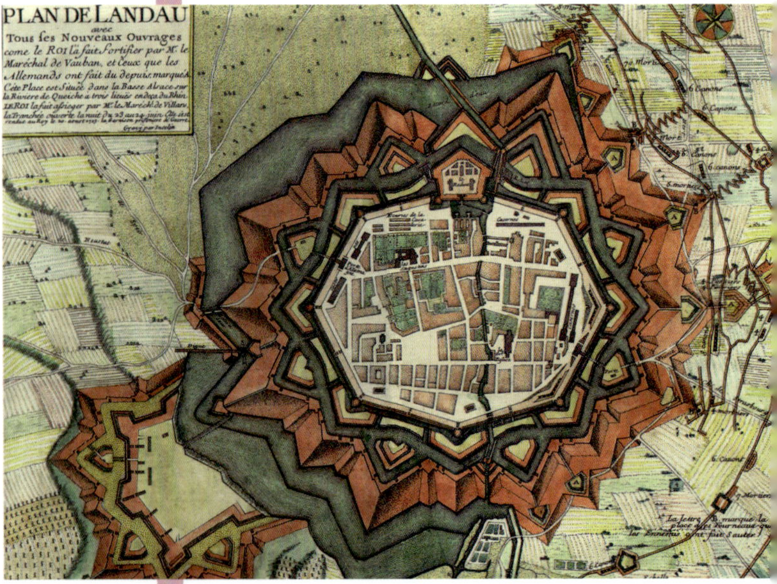

Stiftskirche nahe des Rathausplatzes und die historische Meerweibchenstraße mit Blick zur Stiftskirche

Besichtigung

Die **Stiftskirche**, eine dreischiffige gotische Basilika, deren Baubeginn auf das Jahr 1281 datiert. Der Turm stammt aus den Jahren ab 1349, im Tympanon am Turmportal sind Skulpturen von 1340 mit Szenen aus dem Marienleben zu sehen. Im Inneren verdeutlichen die kunstvollen spätgotischen Netzgewölbe den himmelstrebenden Baustil jener Epoche. Beachtung verdienen die prachtvolle barocke

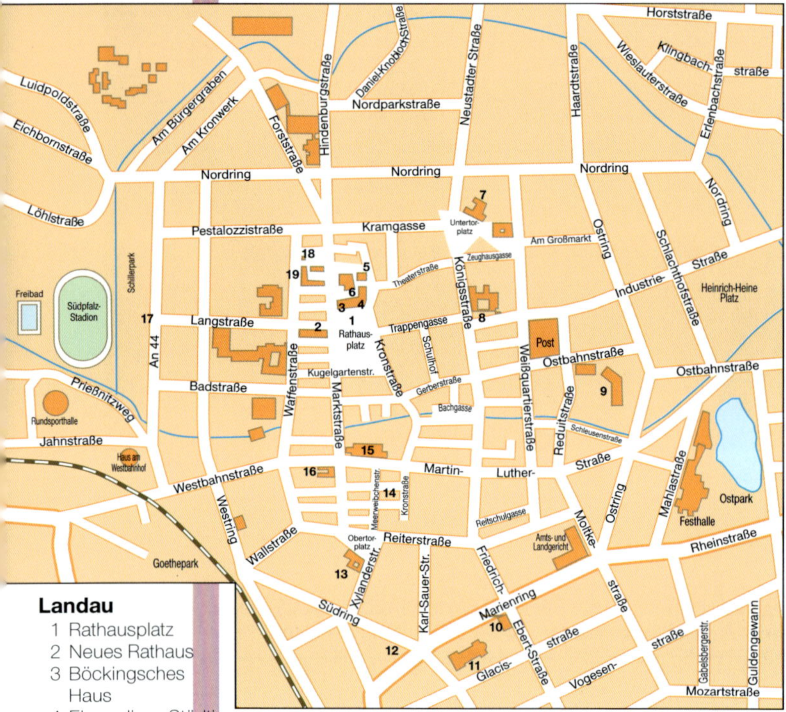

Landau

1 Rathausplatz
2 Neues Rathaus
3 Böckingsches Haus
4 Ehemaliges Städtisches Kaufhaus
5 Katharinenkapelle
6 Frank-Loebsches Haus
7 Deutsches Tor
8 Augustinerkirche, Kreuzgang
9 Schleusenstraße mit Resten der Vauban-Festung
10 Haus Mahla
11 Kath. Stadtkirche St. Maria
12 Villa Streccius
13 Französisches Tor
14 Meerweibchenstraße
15 Prot. Stadtkirche Stiftskirche
16 Haus Zum Maulbeerbaum
17 An 44 mit angrenzendem Goethe- und Schillerpark
18 Galeerenturm
19 Rote Kaserne

Orgel (1772) und die Tauf- und Traukapelle (ehemaliger Augustiner-Kapitelsaal) mit restaurierten Wandmalereien aus der Gründungszeit der Kirche. Das Bauwerk zählt zu den bedeutendsten gotischen Kirchen der Pfalz.

Die katholische **Augustinerkirche** mit einer herrlichen Fensterrose an der Westfront wurde im frühen 15. Jahrhundert anstelle einer baufällig gewordenen Bettelordenskirche der Augustiner-Eremiten als dreischiffige gotische Basilika errichtet. Nach der Vertreibung der Mönche 1794 profaniert, diente die Kirche als Magazin, Konzert- und Ausstellungshalle. 1893 wurde das Gotteshaus an die katholische Gemeinde zurückgegeben und dient seitdem wieder als Pfarrkirche. Angrenzend an das Gotteshaus die Reste eines im 12. Jahrhundert gegründeten ehemaligen **Klosters** mit einem gotischen Kreuzgang.

Nahe dem Rathausplatz steht die gotische **Katharinenkapelle**, eine vom Rat und der Bürgerschaft 1344 für die Gemeinschaft der Beginen (Frauen, die sich der Krankenpflege widmeten) erbaute dreischiffige Kapelle mit quadratischem Chor. Zur Reformationszeit profaniert, diente sie als Gefängnis, Wachhaus, Pulvermagazin, Weinkeller und Getreidemagazin, seit 1872 wieder Kirchenbau. Im Chor kann man freigelegte Wandmalereien aus der Gründungszeit sehen, an der Ostwand der Seitenschiffe befinden sich die Grabdenkmale zweier kaiserlicher Feldherren.

Am Marienring ragt die 1911 in romanischem Stil fertig gestellte **Marienkirche** empor mit seiner eindrucksvollen Zweiturmfassade, erbaut im Stil französischer Kathedralen. Im Inneren sind beachtenswert spätgotische Holzplastiken "Beweinung Christi" und "Heilige Sippe". Das Bauwerk ist nach dem Dom in Speyer die zweitgrößte Kirche der Pfalz.

Von der früheren **Festung** sind noch erhalten das **Deutsche Tor** im Barockstil, nordöstliches Tor der Vauban-Festung und identisch mit dem Französischen Tor. Anbei steht das Gemeinschaftsdenkmal der Gefallenen der Garnison Landau. Im Nordwesten der ehemaligen Festung wurde zu deren Schutz und Verstärkung 1700 eine Zitadelle erbaut, getrennt durch einen Überschwemmungskessel. Der Hauptwall ist noch vollständig erhalten, Trockengräben, vorgelagerte Grabenscheren und Halbmonde zum Großteil. Im Inneren des Forts liegen heute die Gebäude der 1960/64 erbauten Universität.

Im rückseitigen Kessel erstreckt sich der aus einem Tiergarten hervorgegangene Landauer **Zoo**.

Im Südwesten der Stadt erhebt sich das **Französische Tor**, dessen Außenfront auffallend an einen römischen Triumphbogen erinnert. Beiderseits der Durchfahrt stehen zwei auf hohem Sockel ruhende Pilaster, im Torbogen sieht man das plastisch hervorgehobene Wappen der Bourbonen und im dreieckigen Flachgiebel mit Ornamenten verziert das Sonnenantlitz Ludwig XIV. mit dem Spruchband "Nec pluribus impar" (auch mehreren gewachsen).

Der Rathausplatz mit dem ehemaligen städtischen Kaufhaus

Zu nennen sind noch der **Ostpark** mit Weiher und Festhalle, erbaut 1905/07, die einen großen Konzertsaal birgt.

In der Villa Streccius, Südring 20, ist die **Städtische Galerie** mit wechselnden Ausstellungen untergebracht.

Schräg gegenüber der Stiftskirche steht das Haus **"Zum Maulbeerbaum"**, bis 1322 ein Adelshof, dann bis 1488 Eigentum des Klosters Klingenmünster. Bis 1671 diente das Gebäude als städtische Herberge, in der sich 1522 die Ritterschaften von Schwaben, Franken und Rhein gegen Kaiser und Reich im "Landauer Bund" zusammenschlossen. Die 1888 neu gestaltete Fassade zeigt 17 Kopfreliefs bedeutender Gäste wie Kaiser Karl V., Franz v. Sickingen, dessen Freund Ulrich von Hutten, Götz von Berlichingen u.v.a.

An der Meerweibchenstraße, benannt nach der Figur am Haus Nr. 8, stehen mehrere Bürgerhäuser des 18. Jahrhunderts.

Entlang des Schillerparks verläuft die **An 44**, eine denkmalgeschützte Straße mit Bürgerhäusern des späten 19. und frühen 20. Jahrhunderts.

Ecke Marienring und Freidrich-Ebert-Straße steht das **Haus Mahla**, in dem das Historische Stadtmuseum mit Stadtarchiv untergebracht ist. Kernpunkt ist die Geschichte der Vauban-Festung mit einem Stadtmodell von 1700, daneben Exponate der bürgerlichen und bäuerlichen Wohnkultur jener Zeit, eine Porzellan-Sammlung und eine 17000 Bände umfassende wissenschaftliche Bibliothek.

Der **Galeerenturm**, er hat seinen Namen von Sträflingen, die von hier auf die Galeeren geschickt wurden, ist vermutlich der Bergfried einer 1315 abgetragenen Reichsburg.

Nahebei die **Rote Kaserne**, letzter erhaltener Kasernenbau aus der Festungszeit und Geburtshaus von Thomas Nast (1840-1902), dem Vater der amerikanischen Karrikatur.

Unterhaltung

Landau bietet seinen Besuchern eine Vielzahl an Unterhaltungsmöglichkeiten wie Museum und Städtische Galerie (Villa Streccius), im Sommer Kunst- und Konzertveranstaltungen auf dem Marktplatz und im ehemaligen Städtischen Kaufhaus, das 1995/97 zum Kulturzentrum der Stadt umgebaut wurde, ganzjährig Konzerte in der Festhalle im Ostpark oder Gemäldeausstellungen im Strieffler-Haus mit dem Nachlass des bedeutenden pfälzischen Landschaftsmaler Heinrich Strieffler und seiner Tochter Marie. Ein Highlight besonderer Art erwartet Freizeitaktivisten nahe der Autobahn-Abfahrt Landau-Zentrum mit dem Freizeitbad LA OLA, das als eines der besten Freizeitbäder Deutschlands bewertet wird. In der Stadt werden über das Jahr verteilt mehrere große Feste gefeiert, beginnend mit dem Maimarkt, dem Herbstmarkt, dem "Fest des Federweißen" und dem Thomas-Nast-Nikolausmarkt, einem kunsthandwerklichen Weihnachtsmarkt.

Wanderungen

Im Stadtbereich gibt es ein gut ausgebautes Wanderwegenetz mit örtlich markierten Wegen. Im Büro für Tourismus kann man gegen eine Schutzgebühr einen "Kleinen Wanderführer" erwerben.

LANDSTUHL

Landstuhl liegt im Kreis Kaiserslautern am Nordrand der Sickinger Höhe und hat 12000 Einwohner. Der Ort ist seit 1972 Sitz einer Verbandsgemeindeverwaltung und hat Amtsgericht, mehrere Schulen und Gymnasium. Bekannt ist die Kristallporzellanmanufaktur (Rosenthal), die hier ihren Sitz hat, daneben gibt es noch Betriebe der elektrotechnischen Industrie.

Auskunft:
Verbandsgemeinde-verwaltung Landstuhl
Kaiserstraße 49
66849 Landstuhl
Tel. 06371/830
Fax 06371/83101

Geschichte

Der Ort entstand lange vor der Burg Nanstein, die 1160 erbaut wurde. Erste Erwähnung findet ein Königshof Nannenstuhl im Jahr 822. Bereits 1326 wird Landstuhl als Stadt genannt, und es erlebte wegen seiner verkehrsgünstigen Lage im ausgehenden Mittelalter eine erste Blütezeit. Mit dem Dreißigjährigen Krieg begann eine Zeit der kriegerischen Besitzwechsel und damit verbunden Not und Drangsal für die Bevölkerung. Im 19. Jahrhundert schließlich entwickelte sich Landstuhl zu einem kommunalpolitischen Mittelpunkt für das gesamte Umland.

Landstuhl zu Füßen der Burg Nanstein

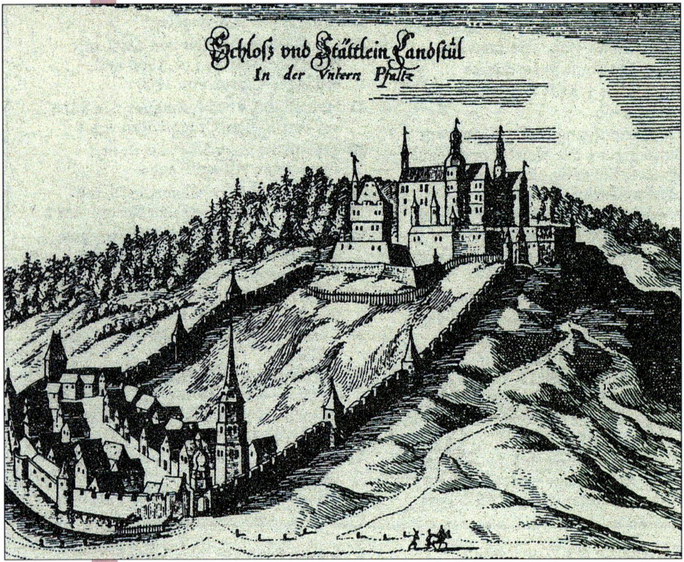

Merian: Stadt und Burg Landstuhl um 1620

Besichtigung

Sehenswert sind in der Stadt die **Alte Kapelle** mit Wandmalereien aus dem 14. Jahrhundert, Reste eines **römischen Grabdenkmals** am Alten Markt, **Zehntenscheuer** und **Rentei** aus dem 18. Jahrhundert sowie Reste der ehemaligen Stadtbefestigung. In der St.-Andreas-Kirche aus dem 18. Jahrhundert befindet sich das Grabmal des Franz von Sickingen.

Überragt wird Landstuhl von der Ruine der **Burg Nanstein**, die 1160 als starke Feste von Kaiser Friedrich Barbarossa zum Schutz seiner Residenz in Kaiserslautern erbaut wurde. Nach mehreren Besitzwechseln kam die Anlage durch Kaufverträge 1507 an den berühmten Ritter Franz von Sickingen, der den Versuch unternahm, die Ritterschaft und die kaiserliche Reichsgewalt zu retten und zu erneuern. Er befehdete in kurzer Zeit Worms, Landau und Metz sowie mehrere Herzöge und Grafen - und er ging als Sieger hervor. Mit dem Tod Kaiser Maximilians im Jahr 1519 begann der Abstieg des Ritters, der inzwischen der mächtigste Mann im Reich war. Obwohl Karl V. ohne die Hilfe Franz von Sickingens niemals Kaiser geworden wäre, brachte dieser ihn letztlich durch eine diplomatische Intrige um Ansehen und Vermögen. In seiner Enttäuschung verließ den Ritter seine strategische Einfühlsamkeit, er zog gegen den Trierer Kurfürsten, dem daraufhin der Kurfürst von der Pfalz und der Landgraf von Hessen zu Hilfe eilten. Nun musste sich Franz von Sickingen selbst in Sicherheit bringen, er zog sich auf

Burg Nanstein zurück. Bei der anschließenden Belagerung wurde er so schwer verletzt, dass er nach einigen Tagen starb. Vorher hatte er jedoch noch mit seinen Feinden eine Übergabe der fast völlig zerstörten Burg ausgehandelt, um wenigstens das Leben seiner Getreuen zu retten. Das Dokument wurde noch von ihm selbst unterschrieben. Am 7. Mai 1523 zogen die Sieger auf der Burg ein, wenige Stunden später war der Ritter tot. Man bestattete ihn am gleichen Tag in der am Fuß gelegenen Marienkapelle.

Wuchtig erhebt sich das Gemäuer der Burg Nanstein

Die Söhne Franz von Sickingens bauten die Feste wieder auf. Ende des 17. Jahrhunderts wurde sie jedoch endgültig zerstört. Ausgang des 19. Jahrhunderts ließ der damalige Besitzer, Freiherr von Stumm, einige Teile wieder aufbauen, man kann die Anlage, die auf einem Fahrsträßchen zu erreichen ist, schöner noch zu Fuß über einen romantischen Pfad, gegen Entgelt besichtigen.

Touristisches

Landstuhl bietet seinen Besuchern eine Reihe von Freizeit- und Unterhaltungsmöglichkeiten, so kann man Minigolf, Tennis spielen, angeln und schießen oder im Allwetterbad mit Sauna relaxen. Von Juni bis August werden im Burghof der Ruine Nanstein **Freilichtspiele** veranstaltet.

In der Kaiserstraße steht die **Stadthalle,** das moderne **Kultur- und Kongreßzentrum** der Stadt. Hier gibt es regelmäßige Theater- und Opern- oder Operettenaufführungen, ferner stehen Räumlichkeiten für Kongresse, Tagungen bis hin zu Vereinsveranstaltungen zur Verfügung.

__Infos bei:__ Stadthalle, Kultur- und Kongreßzentrum Landstuhl Tel. 06371/9234-0

Radwanderer und Wanderer zu Fuß

Die Gemeinde ist Ausgangspunkt des **Saarpfalz-Wanderwegs** und des **Mühlenwanderwegs,** der über 23 Kilometer vorbei an 13 Mühlen durch Täler der Sickinger Höhe führt.

Der große **Westpfalz-Wanderweg** geht ebenfalls über Landstuhl.

Außerdem sind vom **Pfälzerwald-Verein** und der **Gemeinde** mehrere Wanderungen markiert.

Von **Bann** aus gibt es einen ausgeschilderten **Radrundweg** um den großen und kleinen Hausberg, ferner wird Landstuhl vom **Westpfalz Radwanderweg** (Markierung Fahrrad im grünen Kreis, die große Westpfalz-Tour) und vom **Westpfalz Randwanderweg** (Markierung Fahrrad im roten Kreis, Wasgau-Westrich, Pfälzer Berglandtour) tangiert.

LAUTERECKEN

Auskunft:
Verbandsgemeindeverwaltung Lauterecken
67742 Lauterecken
Tel. 06382/7910
oder
Stadthaus Lauterecken
Tel. 06382/1300

Lauterecken liegt am Knotenpunkt der Bundesstraße 270 und 420 und ist Sitz der Verbandsgemeindeverwaltung. In dem Städtchen leben 2500 Einwohner und als Mittelzentrum besitzt es neben Hauptschule auch ein staatliches Gymnasium. In den Industriebetrieben der Bekleidungs-, Kunststoff- und Folienverarbeitungsbranche finden nahezu 1000 Menschen Arbeit.

Geschichte

Die Geschichte Lauterreckens wird über mehrere Jahrhunderte hinweg von den Grafen von Veldenz geprägt. Sie errichteten in der Stadt (Stadtrechte um 1350) zwei Schlösser, um die rasch eine ansehnliche Siedlung entstand. In diese Zeit fällt auch die sehenswerte fünfbogige steinerne Brücke über die Lauter. Im 16. und 17. Jahrhundert war Lauterecken ein selbstständiges Fürstentum, konnte sich jedoch wegen der vielen kleinen umliegenden Herrschaften und deren Grenzen kaum ausdehnen. Nach Aussterben des Adelsgeschlechts Ende des 17. Jahrhundert gelangte 1694 der Besitz an die Kurpfalz und wurde Amtssitz. Erst um 1800 sprengte die Stadt ihre Befestigungsmauern und ermöglichte damit eine Ausdehnung des Stadtgebietes.

Der restaurierte Turm des Alten Schlosses

Die mittelalterliche steinerne Bogenbrücke über die Lauter

Besichtigung

Das Stadtzentrum weist einen mittelalterlichen Kern auf, in dessen Bereich auch die Reste des **Alten Schlosses** gehören, von dem neben mehreren Mauerresten auch noch der Turm steht. Reizvoll angelegt ist die **Roseninsel**, von deren Spitze man einen romantischen Blick auf die mittelalterliche fünfbogige steinerne **Lauterbrücke** hat.

Wanderungen

Die Stadt eignet sich hervorragend als Ausgangspunkt mehrerer Wanderungen in die reizvolle Umgebung, überall findet man Wegweiser mit Entfernungsangaben.

*In nördlicher Richtung geht über das Veldenzköpfchen und Medarduskopfchen eine **Wanderung** zum **Aussichtsplatz Karl-Keller-Ruhe,** von dort weiter zum Sulzhof und zurück zur Stadt (ca. 2 Std.).*

*Ein anderer **Spaziergang** führt über Windhof und Löllbach zum **Römerstein** (bei Scheinschied).*

*Für geschichtlich Interessierte ist der Weg nach **Offenbach-Hundsheim** (das man bereits auf dem Herweg durchfahren hat) ein Leckerbissen, denn der alte Marktflecken birgt neben seiner frühgotischen Klosterkirche (13. Jh.), die unbedingt einen Besuch lohnt, die sehenswerte Hirschauer Kapelle aus dem Jahr 1289.*

*Für die gleiche Gruppe bietet sich auch ein Ausflug glanabwärts über Medard und Odenbach nach **Meisenheim** an, einem malerischen alten Städtchen mit Stadtmauer, Fachwerkhäusern und der Schlosskirche, die vermutlich bereits im 10. Jahrhundert gegründet wurde und eine der schönsten spätgotischen Hallenkirchen des süddeutschen Raumes ist.*

NEUSTADT an der Weinstraße

Auskunft:
Tourist-Information Exterstraße 2 (neben Treff-Page-Hotel) 67433 Neustadt an der Weinstraße Tel. 06321 926892 Fax 06321/926891 Interessenten für Gruppenreisen, Arrangements Stadtführungen oder Weinproben wenden sich an Tel. 06321/926860 Fax 06321/926862

Neustadt an der Weinstraße, schön gelegen am Fuß der Haardtberge, gilt als Mittelpunkt der Deutschen Weinstraße und Weinmetropole der Pfalz und zählt mit den Stadtteilen Geinsheim, Gimmeldingen, Haardt, Hambach, Diedesfeld, Königsbach, Mußbach und Lachen-Speyerdorf 53000 Einwohner.

Geschichte

Bereits um 774 wurde im Stadtbereich das Dorf Winzingen genannt, das schon lange eingemeindet ist. Die "Nüwestad" war eine planmäßige Gründung der Pfalzgrafen um 1220, erste urkundliche Erwähnung 1245. Rudolf von Habsburg verlieh dem Ort 1275 Stadtrechte, die 1525 wegen der Beteiligung am Bauernkrieg wieder entzogen, jedoch 1543 erneut gewährt wurden. 1688 nahmen französische Truppen im Pfälzischen Erbfolgekrieg die Stadt ein, sie wurde jedoch von Zerstörungen verschont. Bis 1801 gehörte Neustadt zur Kurpfalz, dann bis 1815 zu Frankreich und anschließend zu Bayern. Am 27. Mai 1832 zogen rund 30000 Menschen auf den Burgberg des Hambacher Schlosses und feierten mit den Initiatoren Dr. Wirth und Dr. Siebenpfeiffer das Hambacher Fest, die "erste Volksversammlung der neueren deutschen Geschichte", wie es Theodor Heuss nannte. Geprägt von den Ideen der Französischen Revolution forderten sie demokratische Rechte und den freien Handel ein. Heute ist die Stadt Sitz der Bezirksregierung der Pfalz mit zahlreichen Behörden und Wirtschaftsorganisationen.

Besichtigung

Die **Altstadt** rund um den Marktplatz, mit ihren schmalen Gassen, vielen historischen Bauten und malerischen Winkeln ist allein schon einen Besuch wert.

Mittelpunkt und Wahrzeichen ist die **Stiftskirche** mit ihren beiden ungleichen Sandsteintürmen. 1368 wurde der Grundstein für das Gotteshaus gelegt, 1383 der Chor geweiht und 1489 die Doppeltürme vollendet. Der Nordturm

Das barocke Rathaus von Neustadt

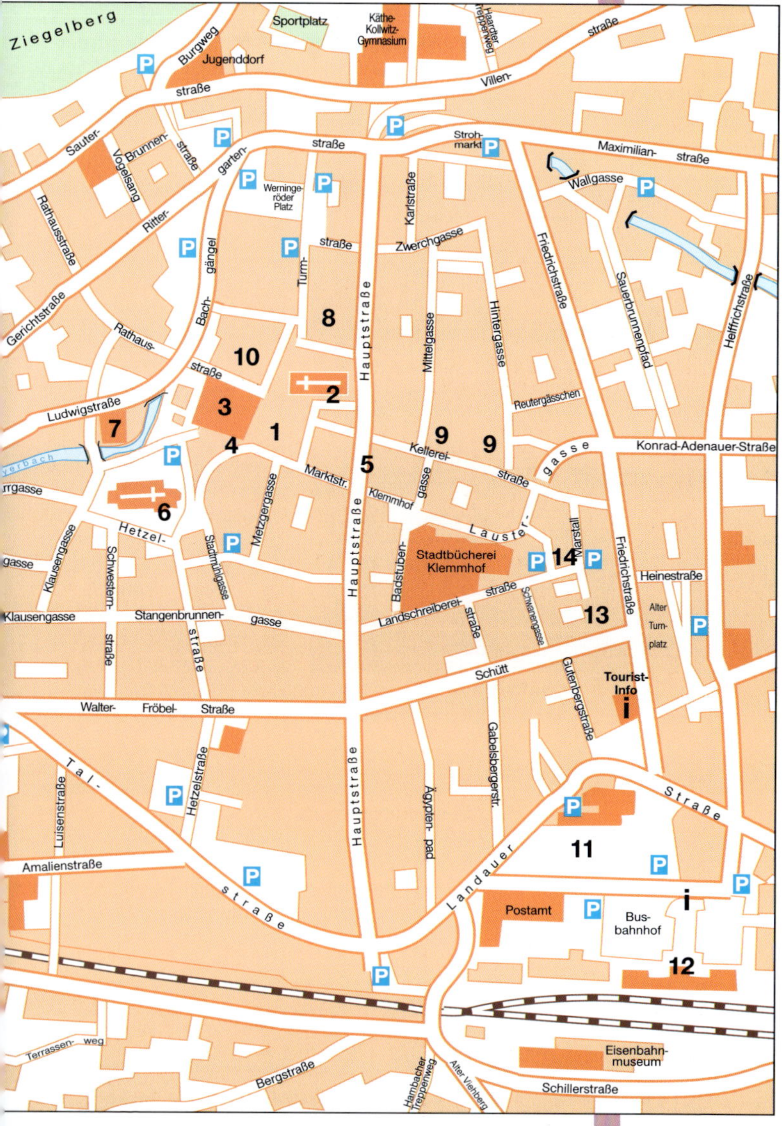

Neustadt an der Weinstraße

1 Historischer Marktplatz
2 Stiftskirche
3 Rathaus
4 Mittelalterliche Metzgergasse
5 Hauptstraße
6 Pfarrkirche St. Marien
7 Casimirianum
8 Kartoffelmarkt
9 Historische Mittel- und Hintergasse
10 Haus des Weines
11 Saalbau, Kongreß- und Tagungszentrum
12 Der denkmalgeschützte Hauptbahnhof
13 Rest der mittelalterlichen Befestigungsanlagen: der Storchenturm
14 Der Elwetritschebrunnen

(64 m) beherbergt übrigens die größte Gussstahlglocke der Welt. 1707 unterteilte man die Kirche durch eine Mauer in einen katholischen und einen protestantischen Teil. Die Pfalzgrafen Rudolf II. (1353) und Ruprecht I. (1390) fanden hier ihre letzte Ruhe.

Das „Giebelhaus, das jeder kennt" gegenüber der Stiftskirche

Das **Rathaus** gegenüber den Türmen der Stiftskirche wurde 1729 als Jesuitenkolleg im Barockstil erbaut und dient seit 1838 als Rathaus. Vor dem Gebäude wacht der mächtige Neustadter Löwe.

Rechts des Rathauses liegt in der Rathausstraße das **Haus des Weines**, mit gotischem Stufengiebel aus dem ausgehenden 13. Jahrhundert. Hier präsentieren zahlreiche Neustadter Winzergüter ihre Produktpalette.

Zurück zum Marktplatz. Nr. 4 steht das **"Giebelhaus, das jeder kennt",** So besang Victor von Scheffel das um 1580 im Renaissance-Stil erbaute Haus. Das **Scheffelhaus** zählt zu den schönsten der Stadt.

Nr. 8 steht die **Vizedomei**, ein 1737 erbautes Barock-Gebäude, in dem der ranghöchste Vetreter des Kurfürsten residierte.

Nr. 11, ein herrliches Fachwerkgebäude, ist das **Ordenshaus der Weinbruderschaft**. Vor dem Jahr 1600 beherbergte es das Gasthaus "Zum zwartzen Lewen", wurde in dem Jahr neu aufgebaut und diente zeitweilig als Gerichtsgebäude, später wieder seiner ursprünglichen Bestimmung als Gasthaus. Der Innenhof mit schönem Fachwerk und

Fachwerkhäuser rund um den Marktplatz

Die berühmte Metzgergasse mit Blick auf den Turm der Stiftskirche

historischem Treppenturm führt zum Ordenshaus der Weinbruderschaft, die sich ganz dem Kulturgut Wein verschrieben hat.

Vom Marktplatz aus ziehen enge malerische Gassen in die Altstadt, gesäumt von herrlichen Fachwerkhäusern, von denen man das ein oder andere Mal glauben möchte, sie wollten sich über die Gasse hinweg berühren. Die bekanntesten sind die **Metzgergasse** und die **Kunigundenstraße.** An der Rückseite des Chores der Stiftskirche führt die **Hauptstraße** mit vielen Fachwerkbauten und schönen schmiedeeisernen Fassadenschildern vorbei, die wie die **Friedrich-** und die **Kellereistraße** zum Bummeln und Einkaufen einladen. In dem Reigen der malerischen Gassen dürfen die **Mittel-** und **Hintergasse** mit ihren restaurierten Fachwerkhäusern und vielen idyllischen Innenhöfen nicht fehlen, die vielen kleinen Geschäfte und Restaurants schaffen eine Atmosphäre besonderer Art.

Am Juliusplatz ragt die Pfarrkirche **St. Marien** mit ihrem hohen Turm empor, die 1862 in neugotischem Stil fertig gestellt wurde. Sehenswert sind die 1974 neu gestalteten Fenster des Langhauses.

Nahebei steht das **Casimirianum,** das durch Bauelemente der Gotik und Renaissance beeindruckt. Hier gründete Pfalzgraf Johann Casimir 1578 eine calvinistisch-theologische Hochschule, in der allerdings nur bis 1583 gelehrt wurde.

Unweit des Hauptbahnhofs, der auch Startpunkt des historischen **"Kuckucksbähnel"** durch das malerische Elmsteiner Tal ist, erhebt sich majestätisch der **Saalbau**, der 1871 bis 73 erbaut, 1980 bis auf die Grundmauern niederbrannte. Die Fassade wieder im alten Stil liebevoll aufgebaut, birgt der Bau im Inneren modernste Technik und dient als Kongress- und Tagungszentrum, als Konzert-, Theater- und Ballhaus. Hier werden unter anderem die Pfälzischen und Deutschen Weinköniginnen gekürt.

Einkaufen und Bummeln in der Altstadt wie hier auf der Hauptstraße

Umgebung

Im Stadtteil **Geinsheim**, der am Rand des Weinanbaugebiets liegt, wird neben Wein auch Tabak und Spargel angebaut. Das Wahrzeichen des Ortes ist die Kirche mit dem Storchenturm. Unweit liegt ein Golfplatz.

Gimmeldingen ist ein typisches Winzerdorf mit alten Sandsteinhäusern, engen Gassen und Torbögen. Einmalig sind die vielen Mandelbäume, die im März in voller Blüte stehen.

Im benachbarten **Mußbach** steht der **Herrenhof**, ein ehemaliges Johannitergut, mit einem Getreidespeicher von 1589, den ein gotisches Treppenhaus ziert und dem Storchenturm. Die renovierten Gebäude dienen heute als Kulturzentrum mit überregional bedeutenden Ausstellungen und Veranstaltungen.

Der Stadtteil **Haardt** dürfte der älteste Teil Neustadts sein. Die **Burg Winzingen,** deren Zinnen schon von weitem grüßen, wurde im 11. Jahrhundert erbaut und ging durch Zerstörung französischer Truppen 1696 unter. 1875 wurden Hauptteile der nun in Privatbesitz befindlichen Anlage wieder aufgebaut.

Richtung Lambrecht thront oberhalb der Sauloog-Siedlung die Ruine der **Wolfsburg**, die im 13. Jahrhundert zum Schutz des Weges nach Kaiserslautern erbaut, im Dreißigjährigen Krieg zerstört wurde. Erhalten sind noch der Palas und Teile der Ringmauer. In der Anlage ist eine Burgschenke eingebaut, die an Wochenenden geöffnet hat.

Oberhalb von Hambach thront auf dem Burgberg das **Hambacher Schloß**, ursprünglich "Kästenburg", im 11. Jahrhundert als salische Reichsfeste erbaut. Schon bald kam die Burg an das Hochstift Speyer. Erste größere Zerstörungen erlitt die Feste im Bauernkrieg 1525, dann nochmals 1552. Der Dreißigjährige Krieg und 1689 französische Truppen vollendeten das Zerstörungswerk. Berühmt wurde die Burg durch das **Hambacher Fest,** das am 27. Mai 1832 rund 30000 Menschen anzog, auf dem Redner den Zusammenschluss aller deutschen Stämme zu einem Deutschen Reich, Pressefreiheit und

Aufgang auf das Hambacher Schloß. Unverkennbar der venezianische Baustil

Partie am Chor der Stiftskirche (Hauptstraße)

freien Handel forderten. Hier wurde zum ersten Mal die schwarz-rot-goldene Fahne mitgeführt. Danach wollte der damalige Prinz Maximilian von Bayern das Schloß im gotisch-venezianischen Stil wieder errichten lassen, es wurde jedoch nie vollendet (Maxburg). 1982 wurde das Hambacher Schloss zur Dokumentations-, Tagungs- und Begegnungsstätte ausgebaut.

Touristisches

Das Unterhaltung- und Sportprogramm der Stadt ist breit gefächert, es finden regelmäßig Konzerte und Gastspiele bekannter Orchester und Bühnen statt, das Hambacher Schloß lädt zu verschiedenen Veranstaltungen ein. Man kann schwimmen im Hallenbad und mehreren Freibädern in den einzelnen Stadtteilen, Tennis spielen, kegeln, reiten (nur nach Voranmeldung), Minigolf spielen und mehr. Mehrere Fahrradverleihmöglichkeiten sind ebenfalls vorhanden.

Wandern

Einige Vorschläge für Radwanderer:

Auf den Spuren des ***„Kuckucksbähnel"*** *durch das romantische Elmsteiner Tal. Die Route führt entlang des Speyerbaches, hat folglich kaum Steigungen. Unterhalb der Wolfsburg radelt man nach Lambrecht und weiter zum angrenzenden Frankeneck, wo man links abbiegt in das Elmsteiner Tal. Über Erfenstein, vorbei an den Ruinen Spangenberg und Erfenstein, erreicht man das Forsthaus Breitenstein. Über Helmbach (lohnend ein Abstecher zum Waldbadesee Helmbachweiher) gelangt man nach Elmstein (einfache Strecke 20 km).*

Durch **das Rheintal nach Speyer***. Hinter dem Gelände des Reitclubs Neustadt am Ordenswald beginnt der Radwanderweg weißes Rad auf grünem Grund, der den Fahrradfahrer durch die Rheinebene direkt bis nach Speyer geleitet (einfache Strecke 25 km).*

Nur für geübte Radfahrer ist die Tour ***rund um das Weinbiet,*** *da starke Steigungen zu überwinden sind. Beginnend Richtung Lambrecht, biegt man hinter der Papierfabrik rechts ab Richtung Lindenberg/Wachenheim. Vorbei an Lindenberg steigt die Straße Richtung Wachenheim sehr steil an. Dafür werden Sie nach dem höchsten Punkt der Tour mit einer Einkehrmöglichkeit ins Forsthaus Silbertal belohnt. Etwas unterhalb des Forsthauses radelt man rechts ab nach Gimmeldingen, das man bergab bald darauf erreicht. Im Ort führt rechts ab die Straße nach Neustadt (Länge 18 km).*

Wanderungen:

Neustadt wird von drei Fernwanderwegen des Pfälzerwald-Vereins tangiert:

vom Wanderweg Deutsche Weinstraße (Markierung grüne Traube),

vom Wanderweg gelb-grünes Kreuz: Waldmohr - Ohmbach-Stausee - Hauptstuhl - Mittelbrunn - Weselberg - Schmalenberg - Trippstadt - Johanniskreuz - Erlenbach - Iggelbach/Helmbachweiher - Totenkopf (PWV-Hütte) - Kaltenbrunnertal - Neustadt - Haßloch - Schifferstadt - Rehhütte - Neuhofen - Ludwigshafen/Rheingönheim;

vom Wanderweg weiß-blauer Balken: Battenberg - Forsthaus Lindemannsruhe - Bismarckturm - Bad Dürkheim/Hardenburg - Dicke Eiche - Kupferbrunnertal - Forsthaus Benjental - Weinbiet - Neustadt - Haßloch - Waldhaus an den Steinen - Schwegenheim - Germersheim - Leimersheim - Wörth.

Markierte örtliche Wanderwege

führen in den nahen Pfälzerwald oder in die Umgebung. Im Folgenden werden vier Kurzwanderungen beschrieben.

1. ***Zum Hambacher Schloß** (ca. 4 km): Der Weg beginnt oberhalb des Bahnhofs hinter der Gleisüberquerung "Zwockelsbrücke". Mit der Markierung roter Balken wandert man wie weiland der Demonstrationszug von 1832 die Hambacher Höhe entlang zum Hambacher Schloß, eine kleine Erweiterung (2 km) wäre über die Andergasse zur Klausentalhütte.*

2. ***Ins Kaltenbrunnertal** (ca. 5 km): Wie zuvor beginnt die Tour an der "Zwockelsbrücke. Man folgt dem weiß-roten Balken westwärts in das Kaltenbrunnertal und hinaus zur Kaltenbrunnerhütte.*

3. ***Zur Wolfsburg** (ca. 3 km): Der Weg beginnt am Strohmarkt, steigt über die zahlreichen Treppen des Haardter Treppenweges bis zum Eingang der Welsch-Terrasse. Hier hält man sich links und wandert mit dem roten Punkt, vorbei an der renovierten Hüllsburg, an Weinbergen und Gärten entlang hoch zur Ruine Wolfsburg.*

4. ***Zum Weinbiet** (ca. 6 km): Wie zuvor vom Strohmarkt, wandert man zur Wolfsburg und folgt nun dem roten Punkt weiter auf den Neustadter Hausberg, dem Weinbiet; eine andere Möglichkeit besteht, wenn Sie an der Welsch-Terrasse sich rechts halten und mit dem blauen Punkt über Haardt auf den Gipfel wandern. Die Wege steigen alle gut an, da ein Höhenunterschied von ungefähr 400 Metern überwunden werden muss.*

OTTERBERG

Otterberg ist ein historisches Landstädtchen nördlich von Kaiserslautern, das neben vielen alten Fachwerkhäusern auch mehrere interessante Baulichkeiten vorzeigen kann, die eine Besichtigung lohnen.

Geschichte

1144 wandelte Graf Siegfried von Kesselberg seine Burg auf Otterberg, die Otterburg, in ein Zisterzienserkloster um. Nach Plünderungen im Bauernkrieg löste Kurfürst Friedrich III. 1561 die Abtei auf, 1634 kehrten die Mönche unter dem Schutz der Spanier zurück. Mit dem Westfälischen Frieden kam das Ende des Klosters.

Ausgang des 12. Jahrhunderts verlegten die Mönche ihre Abtei in das Tal zu Füßen des Burgberges, und sie bauten die mächtige Abteikirche. 1579 siedelten sich hier wallonische Flüchtlinge an, die die Kunst der Tuchmacherei und Lederbearbeitung mitbrachten. Bereits 1581 erhielt Otterberg von Pfalzgraf Johann Kasimir die Stadtrechte.

Auskunft:
Tourist-Information
Hauptstraße 27
67697 Otterberg
Tel. 06301/31504
Fax 06301/32761

Besichtigung

Von der Otterburg, die auf dem Schlossberg stand, sind keine Reste mehr vorhanden. Die **Abteikirche**, ein turmloser Monumentalbau aus weißgelbem Sandstein, zählt zu den größten Kirchen der Pfalz. Die Kirche wird heute von beiden Konfessionen benutzt, eine Trennwand zwischen Chor und Langhaus teilt die Kirche. Von den Klosterbauten steht noch der Kapitelsaal von 1225.

Weitere Sehenswürdigkeiten der Stadt sind der vorgeschichtliche Hinkelstein,4000 Jahre alte Hünengräber sowie in der Stadt das 1753 erbaute barocke **Rathaus,** das 1612 erbaute **Blaue Haus** und die **Historische Schmiede.**

Die aus hellem Sandstein erbaute, alles beherrschende Abteikirche (Rückfront)

PIRMASENS

Pirmasens, westlicher Ausgangspunkt des Naturparks Pfälzerwald, ist mit 52000 Einwohnern die Deutsche Schuhmetropole und internationale Messe- und Tagungsstadt im Südwesten der Pfalz. Alle drei Jahre findet die Internationale Messe für Schuhfabrikation, jährlich die Internationale Lederwoche und die Pirmasenser Schuhmusterung statt. Ferner beherbergen die Messehallen alle zwei Jahre die überregionale Ausstellung für Handwerk - Gewerbe - Handel Rheinland-Pfalz und das "Forum-Inter-Regional Rheinland-Pfalz, Kunst und Künstler im Messestand". Die Stadt besitzt Amtsgericht, Zollamt, Kreisbehörden des Landkreises Pirmasens sowie mehrere Schulen und Gymnasien. Den wirtschaftlichen Schwerpunkt bildet noch heute die Schuhindustrie, daneben gibt es noch Betriebe der chemischen und kunststoffverarbeitenden Industrie und des Maschinenbaus.

Auskunft:
Tourist-Information
der Stadt Pirmasens
Rathaus am
Exerzierplatz
66935 Pirmasens
Tel. 06331/842355
Fax 06331/842540
oder
Tourist-Information
Südwestpfalz
Postfach 2265
66930 Pirmasens
Tel. 06331/809126
Fax 06331/202

Ein Bummel durch die Fußgängerzone der Innenstadt mit ihren vielen Läden und Gaststätten lohnt immer

Geschichte

Die Stadt verdankt ihren Namen dem Bischof Pirminius, der das Kloster Hornbach gegründet hat, als "Pirminishusna" wird sie 820 erstmals urkundlich erwähnt. Seinen Aufstieg hat Pirmasens jedoch Landgraf Ludwig IX. von Hessen-Darmstadt zu verdanken, der 1741 hier eine Garnison errichtete. 16 Jahre später verlegt der Landgraf seine Residenz nach Pirmasens und verleiht dem Ort 1763 die Stadtrechte.

Nach dessen Tod im Jahr 1790 und dem damit verbundenen Ende der Residenz und der Garnison geriet die Bevölkerung in große Not, viele halfen sich mit der Herstellung von "Schlabbe" aus Uniformstoff und Lederresten, die sie im Umland verkauften. 10 Jahre später waren in der Stadt bereits 50 Schuhmacher registriert und der Grundstein zur heutigen Schuhindustrie war gelegt. Heute gibt es 31 Schuhindustriebetriebe mit über 3000 Beschäftigten, die rund 50 Prozent des deutschen Straßenschuhbedarfs abdecken. Im letzten Krieg wurde Pirmasens stark zerstört und in der Nachkriegszeit modern wieder aufgebaut.

Das Alte Rathaus beherbergt heute das Heimatmuseum und die Bürkelgalerie

Besichtigung
Aufgrund der starken Zerstörungen im Zweiten Weltkrieg besitzt Pirmasens nur wenige historische Bauwerke, was der Stadt jedoch keinen Nachteil bringt, denn allein die autofreie Innenstadt mit vielen Geschäften, Cafés und Restaurants lohnt einen Besuch.

Hervorzuheben sind hier das **Alte Rathaus**, in dem das Schuhmuseum, das Heimatmuseum, die Bürkelgalerie und ein Scherenschnittkabinett ihren Platz gefunden haben. Der Platz vor dem Alten Rathaus wurde liebevoll gestaltet. Krönung ist der in mehreren Wasserkaskaden den Hang herabstürzende Treppenbrunnen, dessen oberster Teil von einem großen Stierkopf mit mächtigen Hörnern geziert wird.

Über die Straße hinweg thront die doppeltürmige **St. Pirminiuskirche** mit einem großen Standbild des Bischofs davor. Unweit des Alten Rathauses steht die **Lutherkirche.**

Am Rand der Fußgängerzone steht das Neue Rathaus mit dem modern gestalteten Exerzierplatz, unweit erhebt sich die **Johanneskirche.**

Umgebung
4 Kilometer östlich liegt der Erholungsort **Lemberg**, überragt von der **Ruine Lemberg** (früher Löwenburg), die 1202 erstmals erwähnt, 1689 zerstört wird. Die Anlage ist z.Z. nur

Der Stierbrunnen, im Hintergrund die doppeltürmige Pirminiuskirche

Das Stadthaus mit Exerzierplatz

schwer zugänglich, da auf der Burg umfangreiche Restaurierungsarbeiten stattfinden. Die in einem Kellergewölbe eingerichtete Burgschenke am Aufgang bietet deftiges Vesper und Getränke.

Touristisches

Pirmasens bietet seinen Gästen ein umfangreiches Unterhaltungsprogramm. Hauptanziehungspunkt ist zweifelsohne das Alte Rathaus mit seinen Museen und Ausstellungen, so auch die Galerie mit Werken des Genremalers Heinrich Bürkel, einem Sohn der Stadt. Man findet Kunstvereine, Galerien, Amateurbühnen, Musiker und Bildhauer und natürlich auch Kulturkneipen. Sportbegeisterte können kegeln, golfen, Tennis spielen oder einfach abtauchen im Luft- und Badepark Plup.

Wandern

Pirmasens wird vom Internationalen Fernwanderweg Nahegau - Wasgau - Vogesen mit der Markierung weißes Kreuz tangiert. Der Weg beginnt in Niederhausen an der Nahe und zieht über Lember (PWV-Hütte) - Obermoschel - Marienthal - Donnersberg - Waldleiningen - Johanniskreuz - Münchweiler a. d. Rodalb - Pirmasens - Erlenbrunn - Drei Buchen (PWV-Hütte) - Eppenbrunn nach Bitche und Wingen sur Moder.

Der Wanderweg grünes Kreuz führt von Freinsheim über Höningen - Isenach - Schwarzsohl (PWV-Hütte) - Johanniskreuz - Ruine Gräfenstein - Münchweiler a. d. Rodalb - Pirmasens - Glashütte - Hohe List (PWV-Hütte) zum Erlenkopf.

Außer den großen Fernwegen gibt es noch eine Vielzahl von ***markierten Wanderwegen*** *in den Wasgau und den Pfälzerwald ebenso wie* ***markierte Fahrradwege*** *in diese Regionen.*

Nähere Auskünfte erteilen hierzu die Tourist-informationen.

SPEYER

Auskunft:
*Tourist-Information
Verkehrsamt Speyer
Maximilianstr. 11
67346 Speyer
Tel. 06232/142392
Fax 06232/142331*

Speyer liegt mit seinem weithin sichtbaren Wahrzeichen, dem Kaiserdom, 17 Kilometer südlich von Ludwigshafen am Rhein und hat ungefähr 50000 Einwohner. Die alte Kaiser- und ehemals Freie Reichsstadt besitzt zwei Rheinhäfen, mehrere Landesbehörden, Amts- und Sozialgericht, Landesbibliothek, Staatsarchiv und mehreren Schulen und Gymnasien. Speyer ist Sitz eines katholischen Bischofs und der Kirchenleitung der Protestantischen Kirche der Pfalz sowie Bundeswehrstandort. Bedeutende Unternehmen besitzen Niederlassungen in der Stadt, es gibt zwei Ölraffinerien, tabakverarbeitende Industrie, Metall-, Holz- und Elektroindustrie und Sektkellerei.

Geschichte

Im 4. Jahrhundert v. Chr. war hier eine keltische Siedlung bekannt, bei der die Römer das Kastell Noviomagus erbauten, aus dem sich dann eine Handelsstadt entwickelte, die jedoch während der Völkerwanderung zerstört wurde. Seit dem 7. Jahrhundert ist die Stadt Bischofsitz, im Mittelalter wird sie Mittelpunkt des salisch-staufischen Königreiches, ab 1294 untersteht Speyer als Freie Reichsstadt nur dem König. Zahlreiche Reichstage wurden hier abgehalten, darunter auch die für die Reformation so wichtigen von 1526 und 1529. Nach der Zerstörung durch französische Truppen im Jahr 1689 nahm die Bedeutung rapide ab, die große Zeit der Freien Reichststadt war vorbei. Ab 1816 war Speyer die Hauptstadt der bayerischen Pfalz.

Besichtigung

Wahrzeichen und Hauptsehenswürdigkeit ist der **Kaiserdom**. Ein erster Kirchenbau ist an dieser Stelle schon im 7. Jahrhundert auf Veranlassung Dagoberts I. (628-638) erstellt worden, die dem Hl. Stephanus und der Mutter

Speyer im Mittelalter – nach einem alten Kupferstich

Gottes Maria geweiht war. Von dieser Kirche sind keine Bauteile mehr vorhanden. Die Anfänge des Kaiserdoms reichen in das Jahr 1029 zurück. Kaiser Konrad begann das Bauwerk mit der Absicht, den mächtigsten Dom der damals christlichen Welt zu errichten. Bereits 1080, knapp zwanzig Jahre nach Vollendung der Kirche, begann man unter Heinrich IV. mit Um- und Neubauten, die bis 1106 andauerten, es entstand der prächtigste Dom der abendländischen Kultur. 1689 zerstörten französische Truppen die Stadt vollkommen, auch der Dom wurde durch Feuer und Verwüstung stark in Mitleidenschaft gezogen. Speyerer Bürger hatten in der Hoffnung, dass der Dom verschont bliebe, eine Unmenge Hausrat und Möbel in die Kirche geschleppt, bevor auch er ein Raub der Flammen wurde. Marodeure haben die kaiserlichen Gräber erbrochen, geschändet und geplündert. Der Befehl zum Rückzug hinderte die Soldaten an dem Vorhaben, den Dom zu sprengen. Erst 1698 durften

Der Kaiserdom zu Speyer

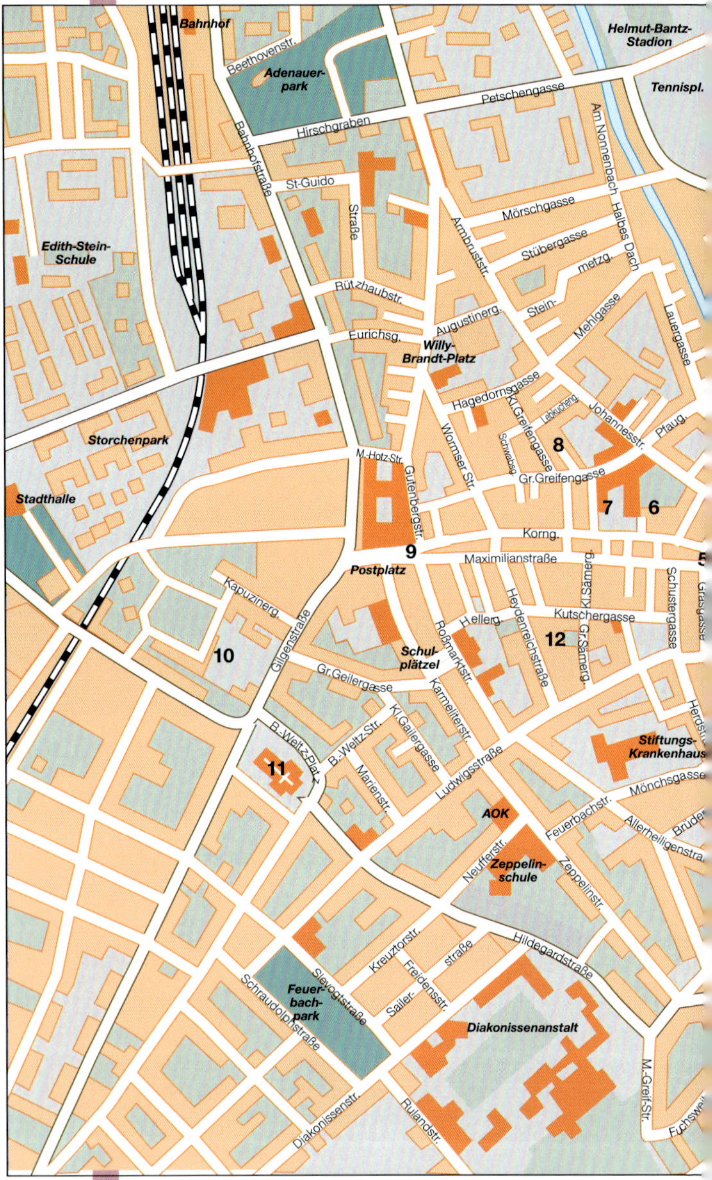

Speyer

1 Der Kaiserdom
2 Rathaus
3 Stadthaus
4 Dreifaltigkeitskirche
5 Alte Münz
6 Heiliggeistkirche
7 Pfarrkirche St. Ludwig

8 Purrmann-Haus
9 Altpörtel
10 Kirche St. Joseph
11 Gedächtniskirche
12 Skulpturengarten
13 Judenbad
14 Historisches Museum der Pfalz
15 Klosterkirche St. Magdalena

Das Heidetürmchen im Domgarten, Rest der Stadtbefestigung

die Speyerer Bürger wieder mit der Besiedlung ihrer öden und verwüsteten Stadt beginnen und man nutzte nach notdürftigen Reparaturen die Kirche wieder als Gotteshaus. Durch die Witterung, die in der teilweisen Ruine ungehindert ihr Zerstörungswerk ausdehnen konnte, war bis 1755 der Westteil so baufällig geworden, dass man ihn bis zum ersten Stockwerk abtragen musste. Die Bischöfe entschlossen sich zum Wiederaufbau im ursprünglichen Stil, was dann auch zwischen 1772 und 1778 geschah. Der Westteil wurde aus Geldmangel mit einem Notbau abgeschlossen. Mit den französischen Revolutionstruppen kamen abermalige Verwüstungen und Plünderungen über den Dom, und als Napoleon an die Macht kam, schien das Ende des Bauwerks besiegelt, denn man hatte in Paris entschieden, den Bau bis auf die Vorhalle, die zu einem Triumphbogen umgestaltet werden sollte, abzureißen. Nur durch den Mut des Bischofs Colmar zu Mainz, dem damals auch das Hochstift Speyer unterstand, gelang es, den Speyerer wie auch den Mainzer Dom vor dem sicheren Abbruch zu retten. Erst nachdem Speyer zu Bayern kam, war an einen erneuten Aufbau des schwerbeschädigten Bauwerks zu denken. Die Königshäuser in München und Wien unterstützten den Bau mit reichen finanziellen Mitteln, 1822 konnte der Dom wieder geweiht werden. Im folgenden Jahrhundert baute man fast ununterbrochen an dem Gotteshaus.

1957 begann man die ursprüngliche Gestalt wieder sichtbar zu machen, nicht stilgerechte Bauteile wurden großenteils entfernt, restliche Teile wie die Sakristei und die Krypta in altem Stil wieder hergestellt. Heute erstrahlt der Dom wieder im Glanz der spätsalischen Zeit. In der Krypta und der Kaisergruft haben vier Kaiser und Kaiserinnen, vier Könige und eine Prinzessin sowie fünf Bischöfe ihre letzte Ruhestätte gefunden.

Auf der Maximilianstraße, im Hintergrund der Dom mit Eingangsportal

An der Südseite des Domes liegt im Domgarten der **Ölberg**, eine Darstellung der Gefangennahme Christi (16. Jh.). Im östlichen Gartenteil steht das **Heidentürmchen**, Rest der von 1280 stammenden Stadtbefestigung.

Das **Rathaus** wurde zwischen 1712 und 1726 als repräsentativer Spätbarockbau erbaut. Sehenswert im Inneren sind vor allem der Ratssaal im Stil des frühen Rokoko, das Ältestenratszimmer und der Trausaal.

Die **Dreifaltigkeitskirche** wurde als lutherische Kirche zwischen 1701 und 1717 nach dem Vorbild der Frankfurter Katharinenkirche erbaut. Der Innenraum wird durch ein

Alte Münze

reich bemaltes Holzgewölbe geschmückt, besondere Beachtung verdienen die Holzschnitzereien an Kanzel, Altar und Emporen. Der Läutturm gehörte ursprünglich zur St. Georgenkirche, die schon 1312 erwähnt wurde.

Unweit in der Johannesstraße erhebt sich die **Heiliggeistkirche**, das erste Gotteshaus der reformierten Gemeinde, zwischen 1700 und 1702 als einfacher Saalbau erbaut.

Ecke Gr. Greifengasse und Johannesstraße steht das **Purrmann-Haus**, Geburts- und Elternhaus des Malers Hans Purmann mit einer ständigen Ausstellung des Künstlers.

Eines der höchsten Stadttore Deutschlands: das Altpörtel

Das Historische Museum der Pfalz

St. Ludwig in der nahen Korngasse birgt Reste des Chores der 1266 erbauten Dominikanerkirche. Das Gotteshaus besitzt mit dem Boßweiler Altar (1485) und einem Antependium (um 1500) zwei bedeutende Kunstwerke der Spätgotik.

Richtung Dom steht die **Alte Münz**, 1748 an Stelle der mittelalterlichen Münze errichtet.

Von hier sieht man das **Altpörtel**, mit 55 Metern eines der höchsten Stadttore Deutschlands. Der untere Teil stammt aus den Jahren zwischen 1230 und 1250, das obere Turmgeschoss mit spätgotischer Brüstung und Arkadenbögen wurde 1512/1514 ergänzt.

Von der kleinen Pfaffengasse hinter dem Rathaus verläuft als Querverbindung zur Großen Pfaffengasse die Judengasse mit dem **Judenbad**, das älteste in Deutschland angelegte rituelle Reinigungsbad dieser Art (vor 1129). Erhalten sind der 10 Meter tiefe Brunnenschacht sowie die Ostwände der sich anschließenden Männer- bzw. Frauensynagoge (Eintritt gegen Entgeld).

Am Ausgang der Gr. Pfaffengasse in den Domplatz steht das **Historische Museum der Pfalz**, 1907/10 erbaut. Es beherbergt eine große kulturhistorische Sammlung mit Exponaten von der Steinzeit bis zur Gegenwart, die Domschatzkammer, das Weinmuseum und laufend Sonderausstellungen.

Weitere Sehenswürdigkeiten sind eine **Kapelle** im Adenauerpark, 1516 in gotischem Stil erbaut, die **Klosterkirche St. Magdalena**, Teil eines Dominikanerinnenklosters, das 1232 gegründet wurde. Die Kirche stammt aus dem 17./18. Jahrhundert. In der denkmalgeschützten "Liller Halle", Geibstraße 2 nahe der BAB-Anschlussstelle Speyer-Zentrum, wurde 1991 das Technik Museum eröffnet, in dem Exponate der Luftfahrt, Eisenbahn, Feuerwehr und Schiffsbau präsentiert werden. Eine weitere Attraktion ist das hier untergebrachte IMAX-Filmtheater.

Das schmuckvolle Portal des Stadthauses

Touristisches

Kunst und Kultur spielen in Speyer seit je eine große Rolle, seien es klassische Konzerte des **Speyerer Orgelfrühlings** in der Gedächtniskirche oder die **Internationalen Musiktage "Dom zu Speyer"** im September sowie das bunte und vielfältige **Kulturprogramm** rund um den **Alten Stadtsaal**, das **Historische Rathaus** oder die **Halle 101** mit ihrer bunten Rockszene. Dauerausstellungen zweier bedeutender Maler und Künstler der Stadt findet man in ihrem jeweiligen Geburtshaus, Anselm Feuerbach (1829-1880) und Hans Purrmann (1880-1966).

Wandern

Freunde des **Radfahrens** oder **Gelegenheitwandere** kommen hier voll auf ihre Kosten. Man kann auf ebenen Strecken durch das Rheintal wandern und radeln, ohne sich allzu großen Anstrengungen zu unterziehen.

WOLFSTEIN

Die Stadt mit ihren beiden Burgruinen an bewaldetem Berghang liegt an der engsten Stelle des Lautertales und ist an–erkannter Erholungsort. Neben mehreren Kleinbetrieben stellt das Textilunternehmen Karl Otto Braun KG den größten Wirtschaftsfaktor Wolfsteins dar, außerdem beherbergt es den Sitz der Verbandsgemeindeverwaltung.

Auskunft:
Verbandsgemeindeverwaltung
Wolfstein
Bergstraße 2
67752 Wolfstein
Tel. 06304/9130
Fax 06304/913199

Geschichte

Wann die Burg Alt-Wolfstein erbaut wurde, lässt sich nicht mehr genau feststellen. Ursprünglich eine Reichsfeste zum Schutz des Königslandes, war sie im 15. Jahrhundert eine Ganerbenburg, die Anfang des 16. Jahrhunderts bereits zerstört war. - Neu-Wolfstein war zum Schutz der zu Füßen der Burg liegenden Siedlung erbaut und wurde 1546 erstmals genannt. Im Dreißigjährigen Krieg schwer beschädigt, wurde die Anlage 1713 im Verlauf des Spanischen Erbfolgekrieges völlig geschleift. Die Stadt Wolfstein selbst ist eine Gründung des 13. Jahrhunderts (in diese Zeit fällt vermutlich auch die Erbauung der Neu-Wolfstein).

Besichtigung

Malerisch schmiegt sich das Städtchen in das Lautertal, und mehrere alte **Fachwerkhäuser** deuten auf die lange Geschichte hin.

Das **Rathaus**, 1753 im Barockstil erbaut, beherbergt das Heimatmuseum.

Nahe beim Aufweg zur Ruine Neu-Wolfstein steht die katholische **Pfarrkirche** mit mittelalterlichen Fresken.

Von der **Ruine Neu-Wolfstein** genießt man eine herrliche Sicht auf die zu Füßen liegende Stadt. Von der Ruine Alt-Wolfstein stehen noch Teile der Umfassungsmauer, der Schildmauer und vor allem der Bergfried, den man besteigen kann.

Relikt aus der Ritterzeit: steinerne Kanonenkugeln auf der Ruine Neu-Wolfstein

Blick von der Ruine Neu-Wolfstein auf die Stadt im Tal

Ein weiteres lohnendes Besichtigungsziel ist das **Kalkbergwerk** am Königsberg (geöffnet von Ende März bis Anfang November sonn- und feiertags von 13 - 18 Uhr, für Gruppen ab 20 Personen nach tel. Voranmeldung 06304/9130).

Umgebung
Ca. 1 km südlich von Wolfstein bei **Rutsweiler a. d. Lauter** steht die gotische **Zweikirche** mit sehenswerten mittelalterlichen Wandmalereien.

Touristisches
Wolfstein bietet seinen Gästen zahlreiche Sportmöglichkeiten im Sport- und Freizeitcenter, außerdem kann man angeln, Tennis und Minigolfspielen, reiten, segelfliegen, schwimmen

Wandern

Vom Bahnhof aus beginnen fünf Rundwandertouren
Markierungen: ① bis ⑤
Wanderzeit: 1,5 Std. bis 5 Stunden

ZWEIBRÜCKEN

Zweibrücken liegt an der Strecke Karlsruhe - Saarbrücken mit über 40000 Einwohnern inmitten des "Pirminiuslandes", benannt nach dem Hl. Pirmin, dem Begründer des nahen Klosters Hornbach. Die Stadt beherbergt mehrere Gerichte, Schulen und Gymnasien, außerdem ist sie Bundeswehrstandort. An Wirtschaftsbetrieben hat sich in Zweibrücken Lederwaren-, Textilindustrie, Wohnwagenbau, Armaturenfabrik und Elektronische Industrie angesiedelt.

Geschichte

1170 wird Zweibrücken erstmals urkundlich erwähnt und bekommt 1352 von Kaiser Karl IV. Stadtrechte verliehen. Zwischen 1465 und 1799 war die Stadt Residenz des Herzogtums Pfalz-Zweibrücken und erlebte seine Blütezeit unter der Regentschaft von Herzog Christian IV. (1735-1775). Mit der Besetzung durch französische Revolutionstruppen begann auch für Zweibrücken eine bittere Notzeit, die erst 1857 nach dem Bau der Eisenbahn in einem erneuten wirtschaftlichen Aufschwung endete. Die Stadt erlitt im Laufe ihrer Geschichte mehrere Zerstörungen, vor allem während des Dreißigjährigen Krieges, des Pfälzer Erbfolgekrieges und des Zweiten Weltkrieges. Trotzdem findet man in der Stadt mehrere sehenswerte historische Bauwerke, die mit viel Sorgfalt im alten Stil wieder aufgebaut oder restauriert wurden.

Besichtigung

Sehenswert ist die evangelische **Alexanderkirche** mit ihrem Barockturm aus dem Jahr 1751, deren Kirchenschiff um 1500 erbaut wurde.

Die **Karlskirche** wurde auf Anregung König Karls XII. von Schweden, der gleichzeitig auch Herzog von Pfalz-Zweibrücken war, 1710 erbaut.

Kernstück der Stadt bildet das **Herzogliche Schloß**, das als größter Barock-Profanbau der Pfalz gilt. Die Anlage wurde

Auskunft:
Büro für Fremdenverkehr
66428 Zweibrücken
Tel. 06332/871123
Fax 06332/871100

Informationen über das Pirminiusland:
Verkehrsamt
Pirminiusland
Zweibrücken-Land
Landauer Str. 18-20
Tel. 6332/8062102
Fax 6332/8062999

Am Eingang zur Fußgängerzone: die Skulpturengruppe des Schweinehirten

Das Herzogliche Schloß und das prachtvoll gestaltete Portal

um 1725 von dem schwedischen Architekten Sundahl erbaut, im Zweiten Weltkrieg stark zerstört und nach den Original-Plänen wieder aufgebaut. Es beherbergt heute das Oberlandesgericht. Einzigartig in seiner Art ist der berühmte **Rosengarten,** der auf einer Fläche von 50000 m^2 über 60000 Rosen in über 2000 verschiedenen Sorten zeigt. Daneben gibt es im **Wildrosengarten** in der Fasanerie rund 800 Sorten von Wild-, Park- und Strauchrosen. Beide Gärten sind durch einen 2,5 Kilometer langen **Spazier- und Radweg** miteinander verbunden. Die **Fasanerie,** ursprünglich das Lustschloss Tschifflick, wurde 1714-1719 auf Veranlassung des Polenkönigs Stanislaus Leszczynski erbaut.

Zu erwähnen ist noch das klassizistische **Rathaus** (1778-1789) sowie die **Bibliotheka Bipontina** mit wertvollen Handschriften und Inkunabeln.

Aus dem Hofgestüt der Zweibrücker Herzöge ging das **Landgestüt** hervor (gegründet 1755), eines der sechs staatlichen Gestüte in Deutschland, das gemeinsam mit dem Gestüt Birkhausen die seit über 230 Jahren bestehende Tradition in der Pferdezucht verkörpert.

Einkaufen und Bummeln in der Innenstadt

Touristisches

In Zweibrücken finden regelmäßig Theaterveranstaltungen, Konzerte, Pferderennen und Reitturniere statt, ein besonderes Highlight bildet alljährlich das überregionale Rosenfest im Rosengarten. An Sportmöglichkeiten kann man paddeln, reiten, segelfliegen, Tennis spielen oder baden im Strand- oder Hallenbad.

Umgebung

In der näheren Umgebung liegen einige interessante Ausflugsziele wie die **Ruine Karlsberg** oder Richtung Homburg das ehemalige **Kloster Wörschweiler** und im benachbarten Schwarzenacker die sehenswerten **Ausgrabungen einer römischen Siedlung** ("Römerhaus", Rekonstruktion einer Landvilla auf Originalfundamenten, Museum).

An der B 424 Richtung französische Grenze liegt die Stadt Hornbach mit dem Überresten der Benediktiner-Abtei **Kloster Hornbach**, die zwischen 727 und 740 vom Hl. Pirminius gegründet wurde. Hornbach war im Mittelalter das bedeutendste geistige und kulturelle Zentrum zwischen den Bischofssitzen Speyer, Trier, Metz und Straßburg. Das Kloster wurde 1559 von Herzog Wolfgang von Zweibrücken aufgelassen und die Gebäude während des Dreißigjährigen Krieges zerstört. Heute sind noch die Fabianskirche, die Michaelskapelle, Reste der Abteikirche und des Kreuzganges sowie die Grabstätte des Hl. Pirminius zu sehen. Die Anlage selbst ist wieder hergestellt und wird als Hotel und Tagungsstätte genutzt.

In Wanderschuhen unterwegs...

Reisen ist für die Menschen von heute ein Stück Lebensqualität geworden. Wandern hingegen bedeutet schon ein ganzes Stück mehr. Ausgerüstet mit entsprechendem Schuhwerk und Proviant macht sich der Wanderer auf, die Natur in ihrer Vielfalt oder mit Zeugen aus der Vergangenheit zu erkunden.

In der Kombination mit dem Reisen ergeben sich vielfältige Möglichkeiten, um Erholung und neue Lebenskraft zu finden. Wer mit dem Auto, der Bahn oder dem Bus an einen bestimmten Ort anreist, um zu wandern, der hat sich zuvor bereits wohl vorbereitet. Er weiß sein Ziel und was ihm bevorsteht. Er trägt festes Schuhwerk, wetterfeste Kleidung und hat sich mit einer guten Wanderkarte versorgt. Wandern bedeutet nicht, die vorgenommene Wegstrecke in einer bestimmten Zeit abzumarschieren, womöglich schneller zu sein als andere und so im Rekorddenken unterwegs zu sein. Wandern will genossen sein. Sicher wird bei einem Fußmarsch einiges an Beweglichkeit und Fitness vom Körper abverlangt, jedoch trägt der Aufenthalt und die körperliche Betätigung in der freien Luft außerordentlich zur Gesundheit bei. Hier liegt es bei jedem selbst, das richtige Maß zu finden zwischen dem, was man leisten kann, und jenem, was die Wanderung erfordert. Genau das ist der eigentliche Zweck des Wanderns, nämlich Erholung und Entspannung zu finden in der Landschaft.

Im Laufe der Zeit haben sich vielerorts Wandervereine entwickelt, die konkrete Wandertouren geschaffen und diese für andere durch verschiedene Markierungen gekennzeichnet haben, damit man teilhaben kann an der Schönheit der Natur des jeweiligen Landstriches. Aus diesem Bestreben heraus ist auch der Pfälzerwald-Verein mit seinen vielen Ortsgruppen entstanden, der ein heute dichtes Wegenetz betreut. Ferner hat der Verein über den gesamten Bereich ein Parkplatzangebot für Wanderer geschaffen. Auf 94 Plätzen sind große Schautafeln aufgestellt, auf denen die jeweiligen Wanderwege eingezeichnet und die Länge der Wege angegeben sind. Außerdem unterhalten Ortsgruppen des Pfälzerwald-Vereins bewirtschaftete Hütten entlang der größeren Wanderwege, damit der Wanderer sich unterwegs mit einem Vesper stärken kann.

Wanderwegetafeln und Wegebezeichnungen des Pfälzerwald-Vereins und der Fremdenverkehrsgemeinden

Die wichtigsten Wanderwege die vom Pfälzerwald-Verein betreut werden

(W) Großer Westpfalz-Wanderweg

Streckenlänge 400 km
Kaiserslautern-Hohenecken - Johanniskreuz - Leimen - Wilgartswiesen - Hauenstein - Erfweiler - Dahn - Rumbach - Ludwigswinkel - Schönau - Eppenbrunn - Rieschweiler-Mühlbach - Kneispermühle - Wallhalben - Landstuhl - Kusel - Blaubach - Wolfstein - Reckweilerhof - Obermoschel - Rockenhausen - Kirchheimbolanden - Eisenberg - Hochspeyer - Johanniskreuz - Kaiserslautern-Hohenecken

Wanderweg Deutsche Weinstraße

Streckenlänge 110 km
Bockenheim - Neuleiningen - Weisenheim/Berg - Leistadt - Kallstadt - Ungstein - Bad Dürkheim - Wachenheim - Forst - Deidesheim - Neustadt-Gimmeldingen - Neustadt/Weinstraße - St. Martin - Rhodt unter Rietburg - Weyher - Burrweiler - Gleisweiler - Frankweiler - Albersweiler - Siebeldingen - Birkweiler - Ranschbach - Leinsweiler - Eschbach - Klingenmünster - Gleiszellen-Gleishorbach - Pleisweiler - Bad Bergzabern - Dörrenbach - Oberotterbach - Schweigen

(K) Kneipp-Wanderweg Pfalz

Der Weg folgt Markierungen von verschiedenen Wanderwegen des PWV.
Äußere Strecke 220 km: Dannenfels - Bastenhaus - Marienthal - Falkenstein - Imsbach - Winnweiler - Potzbach - Otterberg - Kaiserslautern - Trippstadt - Leimen - Hinterweidenthal - Dahn - Rumbach - Nothweiler - Niederschlettenbach - Erlebach - Burg Berwartstein - Bad Bergzabern - Klingenmünster - Leinsweiler - Weyer - Edenkoben - St. Martin - Neustadt/Weinstraße - Deidesheim - Bad Dürkheim - Weisenheim am Berg - Battenberg - Neuleiningen - Wattenheim - Carlsberg - Ramsen - Stauf - Göllheim - Dreisen - Weitersweiler - Dannenfels
Innere Strecke 170 km: ab Erlenbach bei Dahn - Vorderweidenthal - Lindelbrunn - Völkersweiler - Annweiler am Trifels - Taubensuhl - Elmstein - Weidenthal - Frankenstein - Gasthaus Forelle, dann weiter über äußere Route nach Dannenfels

Wanderweg Niederhausen - St. Germanshof

Streckenlänge 150 km
Niederhausen/Nahe - Lemberghütte (PWV-Hütte) - Montforterhof - Neudorferhof - Meisenheim/Glan - Odenbach - Cronenberg - Wolfstein - Frankelbach - Rodenbach - Kaiserslautern - Johanniskreuz - Hermersbergerhof - Wilgartswiesen - Dimbach - Lindelbrunn - Silzer Linde - Bad Bergzabern - Drei Eichen - Ruine Gutenberg - St. Germanshof

Wanderweg Homburg - Gernsheim

Streckenlänge 200 km
Homburg/Saar - Kleinbundenbach - Schmitshausen - Höheinöd - Waldfischbach - Hundsweihersägemühle - Schwarzbachtal - Johanniskreuz - Elmstein - Helmbach - Erfenstein - Lambrecht - Lambertskreuz (PWV-Hütte) - Bad Dürkheim - Altleiningen - Eisenberg - Dreisen - Kirchheimbolanden - Ilbesheim - Alzey - Oppenheim - Alsheim - Rheinfähre Gernsheim (Wörth am Main)

Wanderweg Freinsheim - Erlenkopf

Streckenlänge 95 km
Freinsheim - Höningen - Isenach - Weidenthal - Schwarzsohl (PWV-Hütte) - Johanniskreuz - Ruine Grä-

fenstein - Münchweiler a.d.R. - Pirmasens-Ruhbank - Pirmasens-Erlenbrunn - Glashütte - Hohe List (PWV-Hütte) - Erlenkopf/Bundesgrenze

Wanderweg Oberbexbach - Ludwigshafen-Rheingönheim

Streckenlänge 145 km

Oberbexbach - Waldmohr - Schönenberg-Kübelberg - Ohmbach-Stausee - Hauptstuhl - Bildschacherhof - Mittelbrunn - Kirchenarnbach - Weselberg - Schopp - Schmalenberg - Trippstadt - Johanniskreuz - Erlenbach - Iggelbach Helmbachweiher - Schuhmacherstiefel - Totenkopf (PWV-Hütte) - Kaltenbrunnertal - Neustadt/Weinstraße - Ordenswald - Haßloch - Schifferstadt - Rehhütte - Neuhofen - Ludwigshafen-Rheingönheim

Wanderweg Burg Lichtenberg - Speyer

Streckenlänge 130 km

Burg Lichtenberg - Kusel - Neunkirchen am Potzberg - Landstuhl - Gelterswoog - Karlstal - Oberhammer - Johanniskreuz - Eschkopf (Aussichtsturm) - Taubensuhl - Forsthaus Heldenstein - Edenkoben - Großfischlingen - Speyer

Wanderweg Niederhausen/Nahe - Bundesgrenze (Bitche - Wingen-sur-Moder)

Streckenlänge 145 km

Niederhausen/Nahe - Lemberg (PWV-Hütte) - Obermoschel - Stahlberg - Marienthal - Donnersberg - Sippersfeld - Schorlenberg - Hochspeyer - Waldleiningen - Johanniskreuz - Leimen - Münchweiler a.d.R. - Pirmasens - Erlenbrunn - Drei Buchen (PWV-Hütte) - Eppenbrunn - Altschloßfelsen - Bundesgrenze - (Bitche - Wingen-sur-Moder)

Wanderweg Blieskastel - Germersheim/Rhein

Streckenlänge 135 km

Mittelbach - Hornbach - Contwig - Stockbornerhof - Thaleischweiler-Fröschen - Donsieders - Clausen - Leimen - Hofstätten - Taubensuhl - Eußertal - Annweiler am Trifels - Leinsweilerhof - Ilbesheim - Kleine Kalmit - Landau-Arzheim - Landau - Zeiskam - Germersheim

Wanderweg Battenberg - Wörth am Rhein

Streckenlänge 105 km

Battenberg - Forsthaus Lindemannsruhe - Bismarckturm - Bad Dürkheim-Hardenburg - Dicke Eiche - Weißer Stein - Eck-Kopf - Kupferbrunnertal - Stabenberg - Forsthaus Benjental - Weinbiet - Neustadt/Weinstraße - Ordenswald - Haßloch - Bruchhof - Waldhaus an den Steinen - Schwegenheim - Germersheim - Leimersheim - Wörth

Wanderwege der Fremdenverkehrsgemeinden

Südwestpfalz

Dahner Felsenland:
15 Wandervorschläge zum Erwerb der Dahner Felsenland-Wandernadel (11 bis 20 km)
Dahner Rundwanderweg (20 km), 3 weitere Wandervorschläge (10,5 bis 20 km),
4 Wandertouren "Grenzenlos - von Burg zu Burg" (alle ca. 10 km)
Informationen erhältlich bei Tourist-Information Dahner Felsenland, Schulstraße 29, 66994 Dahn, Tel. 06391/5811, Fax 06391/1362

Eppenbrunn:
9 Wandervorschläge zum Erwerb des Internationalen Wanderpasses Eppenbrunn (8 bis 25 km)
Informationen bei Verkehrsamt Haus des Gastes, 66957 Eppenbrunn, Tel. 06335/5155, Fax 06335/5955

Hauenstein:
11 Wandervorschläge (8 bis 30 km) u.a. Felsenweg, Hauensteiner Zwickdritschweg, 8 Lokalwanderungen ab Hinterweidenthal (2 bis 19 km), 19 Lokalmarkierungen des PWV (3 bis 19 km)
Informationen sind erhältlich bei Urlaubsregion Hauenstein Verkehrsamt, Rathaus, 76846 Hauenstein, Tel. 06392/915110,
Fax 06392/315172

Pirmasens-Land:
10 Wandervorschläge (7 bis 25 km)
Informationen erhältlich bei Verbandsgemeindeverwaltung Pirmasens-Land, Bahnhofstraße 19, 66953 Pirmasens, Tel. 06331/872125, Fax 06331/872100

Gräfensteiner Land:
Felsenwanderweg (42 km)
Informationen bei Büro für Tourismus Gräfensteiner Land,
Am Rathaus 9, 66976 Rodalben,
Tel. 06331/2340, Fax 234105

Schwarzbachtal:
2 Rundwanderwege der Verbandsgemeinde
Informationen bei Entwicklungs- und Wirtschaftsförderungsgesellschaft Hauptstraße 52, 66987 Thaleischweiler-Fröschen,
Tel. 06334/4410,
Fax 06334/441111

Holzland Sickingerhöhe:
4 Rundwandervorschläge
Information bei Verkehrsamt Verbandsgemeindeverwaltung 67714 Waldfischbach-Burgalben,
Tel. 06333/9250,
Fax 06333/925190

Sickingerhöhe:
6 Wandervorschläge (4 bis 13,5 km), u.a. Wasserschaupfad, Mühlenweg, Höhenwanderweg
Information erhältlich bei Verkehrsamt Wallhalbtal - Sickingerhöhe, Hauptstraße 26, 66917 Wallhalben,
Tel. 06375/921150,
Fax 06375/6150

Pirminiusland:
5 Wandervorschläge (5 bis 30 km) u.a. Dreiländer Wanderweg (30 km)
Informationen erhältlich bei Verbandsgemeindeverwaltung Zweibrücken-Land,
Landauer Straße 18-20,
66482 Zweibrücken,
Tel. 06332/80620,
Fax 06332/806299

Kaiserslautern:
4 Wandervorschläge (6 bis 17 km)
Information bei Tourist-Information,
Willy-Brandt-Platz 1,
7653 Kaiserslautern,
Tel. 0631/3652317
Fax 0631/36527235

Landkreis Kaiserslautern

Enkenbach-Alsenborn:
5 Rundwandervorschläge um Enkenbach (10 bis 17 km)
Information bei Verbandsgemeindeverwaltung, Hauptstraße 18, 67677 Enkenbach-Alsenborn,
Tel. 06303/9130,
Fax 06303/4888

Otterberg:
3 Wandervorschläge (9 bis 10 km), Historischer Wanderweg, Weiherrundweg, Brunnenrundweg
Informationen bei Tourist-Information, Hauptstraße 27,
07697 Otterberg,
Tel. 06301/31504,
Fax 06301/32761

Trippstadt:
Alternativer Naturlehrpfad, Orientierung anhand einer Broschüre, erhältlich beim Verkehrsamt, Hauptstraße 32, 67705 Trippstadt,
Tel. 06306/341, Fax 06306/1529

Weilerbach:
6 Rundwandervorschläge um den Eulenkopf (ca. 15 km),
3 Themenwandervorschläge (15 bis 27,5 km), Vor- und Frühgeschichte, Versuche der Erzgewinnung am Eulenkopf, Musikantentum in der Westpfalz
Informationen bei Verbandsgemeindeverwaltung, Rummelstraße 15, 67685 Weilerbach,
Tel. 06374/922131,
Fax 06374/922149

Pfälzer Bergland - Kuseler Musikantenland
25 Rundwandervorschläge „Gute Laune Tour für Wanderer" (1,5 bis 18 km)
Information bei Pfälzer Bergland - Kuseler Musikantenland, Tourist-Information, Trierer Straße 41, 66869 Kusel, Tel. 06381/424270,
Fax 06381/424280

Bedesbach:
Wandervorschlag Potzberg - Burg Lichtenberg (32,5 km)
Information bei Verkehrs- und Pfälzerwald-Verein, 66885 Bedesbach,
Tel. 06381/2092

Glan-Münchweiler:
3 Rundwandervorschläge (4,5 bis 6km)

Informationen bei Verbandsgemeindeverwaltung, Postfach 21,
66905 Glan-Münchweiler,
Tel. 06383/92170,
Fax 06383/92172

Schönenberg-Kübelberg:
2 Rundwandervorschläge (10 bzw. 15 km)

Informationen bei Verbandsgemeindeverwaltung, Postfach 260,
66896 Schönenberg-Kübelberg,
Tel. 06373/50428, Fax 06373/9016

Wolfstein:

10 Wandervorschläge (5 bis 20 km)
Informationen bei Verbandsgemeindeverwaltung, Bergstraße 2,
67752 Wolfstein,
Tel. 06304/651, Fax 06304/1258

Donnersbergkreis:

16 Wandervorschläge zum Erwerb der Donnersberger Wandernadel "Donnersberger Wanderpaß" (5 bis 22 km),
u.a. Adolf-von-Nassau-Wanderweg, Donnersberg Rundwanderweg, Alsenztal-Wanderweg, 7 Rundwandervorschläge "Pfrimmtal-Wanderwege"
Informationen bei Donnersberg-Touristik-Verband, Uhlandstraße 2,
67292 Kirchheimbolanden,
Tel. 06352/1712, Fax 06352/710262

Landkreis Bad Dürkheim

Deidesheim:
4 Rundwandervorschläge,
Information bei Tourist-Information, Bahnhofstraße 11, 67146 Deidesheim,
Tel. 06326/5021, Fax 06326/5023

Freinsheim:
5 Rundwandervorschläge "Wandern rund um Freinsheim" (6 bis 15 km), 3 Wandervorschläge in Kallstadt (Rieslingweg, Burgunderweg, Saumagenweg), Informationen bei Verkehrsverein Stadt Freinsheim e.V., Historisches Rathaus, Postfach 105, 67247 Freinsheim, Tel. 06353/989294, Fax 06353/4577

Grünstadt-Land - Leiningerland:
9 Rundwandervorschläge "Neuleininger Rundwanderwege, 7 Rundwandervorschläge "Battenberger Rundwanderwege" Informationen bei Verbandsgemeindeverwaltung Grünstadt-Land, Industriestraße 11, 67269 Grünstadt, Tel. 06359/943313, Fax 06359/943325

Haßloch:
6 örtliche Wandervorschläge (4,5 bis 12 km), Mühlenwanderweg (ca. 24 km) Informationen bei Tourist-Information, Rathausplatz 1, 67454 Haßloch, Tel. 06324/59920, Fax 06324/5992301

Hettenleidelheim:
3 Rundwandervorschläge (Leininger Wanderweg, Drei-Burgen-Weg,Panorama-Rundwanderweg) Informationen bei Verbandsgemeindeverwaltung, Hauptstraße 45, 67310 Hettenleidelheim, Tel. 06351/4050, Fax 06351/40589

Lambrecht:
3 Rundwandervorschläge (5 bis 15 km), 6 Rundwandervorschläge des PWV Ortsgruppe Esthal 5 bis 11 km), 5 Rundwandervorschläge des PWV Ortsgruppe Neidenfels (3,5 bis 10 km),4 Rundwandervorschläge des PWV Ortsgruppe Weidenthal-Frankenstein Informationen bei Verbandsgemeindeverwaltung, Sommerbergstraße 3, 67466 Lambrecht, Tel. 06325/1810, Fax 06325/181200

Wachenheim:
3 Rundwandervorschläge (9 bis 14 km), Weinrundwanderwegenetz (ca.30 km)

Informationen bei Verkehrsamt, Weinstraße 16, 67157 Wachenheim, Tel. 06322/958032, Fax 06322/958059

Neustadt/Weinstraße:
4 Wandervorschläge (8 bis 13 km), Informationen bei Tourist-Information, Exterstraße 2, 67433 Neustadt/Weinstraße, Tel. 06321/926892, Fax 06321/926893

Südliche Weinstraße

Bad Bergzabern:
3 Wandervorschläge (2,3 bis 9 km) Informationen bei Kurverwaltung, Kurtalstraße 25, 76887 Bad Bergzabern, Tel. 06343/93400, Fax 06343/934040

Edenkoben:
5 Rundwandervorschläge (3,5 bis 20 km), Information bei Südliche Weinstraße Büro für Tourismus, Poststraße 23, 67480 Edenkoben, Tel. 06323/959222, Fax 06323/959288

Leinsweiler:
7 Wandervorschläge ab Leinsweiler (4,5 bis 15 km), Weinwanderweg Heuchelheim-Klingen 8 (ca. 5 km), 10 Rundwandervorschläge ab Siebeldingen, Ilbesheim, Eschbach, Birkweiler (1 bis 6 km) Informationen bei Südliche Weinstraße, Büro für Tourismus, Rathaus, 76829 Leinsweiler, Tel. 06345/3531, Fax 06345/14370

Maikammer:
3 Rundwandervorschläge
(4 bis 10 km),
u.a. 2 Kurzwanderwege (St. Martin und Maikammer)
Büro für Tourismus, Marktstraße 1,
67487 Maikammer,
Tel. 06321/589917,
Fax 06321/589916,
oder Büro für Tourismus,
67487 St. Martin, Tel. 06323/5300

Oberotterbach:
7 Rundwandervorschläge
(2,5 bis 8 km),
Information bei Verein für Tourismus, Wein und Kultur e.V.,
Weißenburger Straße 9,
76889 Oberotterbach,
Tel. 06342/7877, Fax 06342/7065

Landkreis Ludwigshafen

Altrip:
6 Rundwanderwege (3,5 bis 15 km), Information bei Verkehrsamt,
67112 Altrip,
Tel. 06236/399934,
Fax 06236/399949

Schifferstadt:
7 Rundwandervorschläge im Stadtwald (ca. 34 km),
Informationen bei Stadtverwaltung,
Marktplatz 2, 67105 Schifferstadt,
Tel. 06235/440, Fax 06235/44195

Frankenthal:
7 Rundwandervorschläge
(6 bis 23 km),
Informationen bei Stadtverwaltung, Rathausplatz 2-7,
67227 Frankenthal,
Tel. 06233/89493,
Fax 06233/89400

Lehrpfade

Südwestpfalz
Geologischer Lehrpfad. Rund um die Fladensteine bei Bundenthal,
Tourist-Information Dahner Felsenland, Schulstraße 29,
66994 Dahn,
Tel. 06391/5811, Fax 06391/1362

Landkreis Kaiserslautern:
Skulpturenweg Rodenbach,
Information bei Verbandsgemeindeverwaltung, Rummelstraße 15,
67685 Weilerbach,
Tel. 06374/922131,
Fax 06374/922149

Donnersbergkreis:
Keltenweg,
Archäologisch historischer Weg,
Grubenwanderweg Imsbach,
Bergbaugeschichtlicher Lehrpfad,
Weinwanderweg Zellertal,
Geografisch-historischer Lehrpfad,
Donnersberger Bauernpfad,
Landwirtschaftlicher Lehrpfad,
Information: Donnersberg Touristik Verband e.V., Uhlandstraße 2,
67292 Kirchheimbolanden,
Tel. 06352/1712,
Fax 06352/710262

Südliche Weinstraße:
Bachlehrpfad Kaiserbach,
Information: Büro für Tourismus Landau-Land, Rathaus,
76829 Leinsweiler,
Tel. 06345/3531, Fax 06345/2457

Pauschalangebote

Die folgenden Beschreibungen sind gegliedert in Anbieter, Zeitraum und Kurzbeschreibung, die Preise erhalten Sie bei den aufgeführten Anschriften.

Fahrradtouren

Bad Dürkheim, Deidesheim; Tourist-Information 67143 Deidesheim, Tel. 06326/5021, Fax 06326/5023
Fit und Fröhlich mit dem bike, von März - August, Do-Sa, oder Fr-So 2 Ü/F, Karten und Info-Material, freier Eintritt in Museum für Weinkultur, Museum für Film- und Fototechnik, Deidesheimer Freibad, Stadtführung. Auf Wunsch geführte Radwanderungen und Fahrradverleih.

Grünstadt-Asselheim, Pfalzhotel Asselheim, Holzweg 6-8, 67269 Grünstadt-Asselheim, Tel. 06359/80030, Fax 06359/800399
Rad- und Wanderurlaub, ganzjährig, 5 Ü/F-Büfett im Komfortdoppelzimmer, 5 x HP mit 3-Gang-Wahlmenü abends, 1 kostenloses Leihfahrrad für die gesamte Zeit.

Eppenbrunn, Südwestpfalz, Verkehrsamt, Luftkurort 66957 Eppenbrunn, Tel. 06335/5155, Fax 06335/5955
Radelwochenende, ganzjährig, 2 Ü/F, Leihfahrrad, Radwanderkarte mit Tourenvorschlägen, 1 Menü (Wild).
Radeln im Pfälzerwald und Nordvogesen, ganzjährig, 2 Ü/F, Radwandertouren ins Elsaß, nach Lothringen und in den Pfälzerwald - auch mit Führung, Radwandertipps, 3-Gang-Abschlußmenü, Wochenendangebote.

Hauenstein, Südwestpfalz, Verkehrsamt 76846 Hauenstein, Tel. 06392/915110, Fax 06392/915172
Radwander- und Burgentour, ganzjährig, 7 Ü/F, Radwanderkarte, gef. Wanderung, Museumsbesuch, Radwander- und Wandervorschläge.

Kreis Kaiserslautern, Kreisverwaltung, Postfach 3580, 67623 Kaiserslautern, Tel. 0631/7105328, Fax 0631/7105330
Erlebnisurlaub auf dem Drahtesel mit Gepäcktransport, April - Okt., 6 Ü/F im Komfortzimmer, Radwanderkarte, ausführliche Routenbeschreibung, Zusatzleistungen gegen Aufpreis möglich, auch für Gruppen.
Radelwochenende, April - Okt., 2 Ü/F, Begrüßungstrunk mit Abendessen freitags und Forellenessen samstags, Radwanderkarte und ausführliche Routenbeschreibung.
Radwander-Kurztour für "Fortgeschrittene" mit Gepäcktransport, April - Okt., 4 Ü/F im Komfortzimmer, Radwanderkarte, ausführliche Routenbeschreibung, Zusatzleistungen gegen Aufpreis möglich, auch für Gruppen.

Kusel, Pfälzer Bergland, Tourist-information, Trierer Straße 41, 66869 Kusel, Tel. 06381/424270, Fax 06381/424280
"Gute-Laune-Tour" Rund um den Königsberg, April - Nov., 2 Ü im Komfortzimmer, Radwandererfrühstück, Begrüßungstrunk, 1 x 3-Gang-Abendessen, 2-Tage-Radtour (80 km, mittelschwer), Radwanderführer, Gepäcktransfer.

"Gute-Laune-Tour" Vom Ohmbachsee zur Burg Lichtenberg, April - Nov., 2 Ü/F im Komfortzimmer, Begrüßungstrunk, 1 x 3-Gang-Abendessen, 2-Tage-Radtour (70 km, mittelschwer), Radwanderführer, Gepäcktransfer.
"Gute-Laune-Tour" Durch das Musikantenland, April - Nov., 4 Ü/F im Komfortzimmer, Begrüßungstrunk, 1 x 3-Gang-Abendessen, 4-Tage-Radtour (140 km, mittelschwer), Radwanderführer, Gepäcktransfer.

Landau, Südliche Weinstraße,
Zentrale für Tourismus,
An der Kreuzmühle 2,
76829 Landau/Pfalz,
Tel. 06341/940407,
Fax 06341/940502
3-Tages-Radtour, ganzjährig außer Sept. u. Okt., 3 Ü/F, Willkommensmenü, Gepäcktransfer, 3 Flaschen Wein, Ortsführung St. Martin, Sesselbahnfahrt, 3er Sektprobe mit Kellerbesuch, Routenkarte/Beschreibung, Präsent.
6-Tages-Radtour, ganzjährig außer Sept. u. Okt., 6 Ü/F, Willkommensmenü, Gepäcktransfer, 6 Flaschen Wein, Schoppenglas mit Deckel, Besichtigung Slevogthof, Stadtführung Annweiler am Trifels, Weinprobe im Geilweilerhof, Besuch Wild- und Wanderpark Silz, Besuch Hammerschmiede, Karte/Beschreibung, Präsent.

Rodalben, Gräfensteiner Land,
Südwestpfalz,
Büro für Tourismus Gräfensteiner Land, Am Rathaus 9,
66976 Rodalben,
Tel. 06331/234180,
Fax 06331/234105
Radeln und Wandern, ganzjährig, 2 Ü/F, 1 Wanderkarte, 1 Wandernadel, Routenbeschreibung, 1 Abendessen.

Speyer, Aktiv-Reisen velotours GmbH, Mainaustraße 34,
78464 Konstanz,
Tel. 07531/98280,
Fax 07531/50025
Speyer und die Nibelungen, 5-tägige Radreise, Anfang Mai - Okt. täglich, 4 Ü/F in Komforthotels, Reiseräder mit 7-Gang Naben- oder 21-Gang Kettenschaltung, Gepäcktransfer, Kartenmaterial, Routenbeschreibung, SOS-Service, Route: Speyer, Heidelberg, Bergstraße, Weinstraße.

Westpfalz, Verein z. Förderung d. Tourismus i. d. Westpfalz e. V.,
Willy-Brandt-Platz 1,
67653 Kaiserslautern,
Tel. 0631/3652316,
Fax 0631/3652723
Radwandern ohne Gepäck Große Westpfalz-Tour 323 km, ganzjährig, 7 Ü/F, Gepäcktransfer, Tourenbeschreibung und Gebietskarte, Leihfahrrad möglich.
Radwandern ohne Gepäck Pfälzer Bergland-Tour 250 km, ganzjährig, 6 Ü/F, Gepäcktransfer, Tourenbeschreibung und Gebietskarte, Leihfahrrad möglich.
Radwandern ohne Gepäck Wasgau-Westrich-Tour 200 km, ganzjährig, 5 Ü/F, Gepäcktransfer, Tourenbeschreibung und Gebietskarte, Leihfahrrad möglich.

Wandertouren

Bockenheim bis Schweigen-Rechtenbach,
Volkshochschule der Verbandsgemeinde Wachenheim,
Weinstraße 16, 67157 Wachenheim,
Tel. 06322/958051,
Fax 06322/958059
Auf Schusters Rappen auf dem nationalen Wanderweg "Deutsche Weinstraße", auf Anfrage, 4 Ü/F in Hotels, 5-Tages-Wanderung (gesamt 110 km), 1 Weinseminar, 2 Weinproben, 1 Sektprobe, Gepäcktransfer.

Dannenfels, Donnersbergkreis,
Aparthotel-Restaurant "Kastanienhof", Donnersberger Straße 7,
67814 Dannenfels,
Tel. 06357/815,
Fax 06357/1333
Fröhliches Pfälzer Wein- und Wanderwochenende, ganzjährig,
2 Ü, 1 VP, Begrüßungschoppen, Schlachtfest, Weinprobe, geführte Wanderung, Pfälzer Büfett, Hüttenabend mit Ziehharmonika/Mundart.

1. Pfälzer Wanderschule, auf Anfrage, 2 Ü, 1 VP, 1 HP, Karten-/Kompasskunde, Touren, Zeitplanung, Ausrüstungstipps, Wanderungen, Orientierungübungen, Baumkunde, Erste Hilfe, Weinprobe, Hüttenabend u.v.m., Schwimmbad-/Saunabenutzung.

Eppenbrunn, Südwestpfalz,
Verkehrsamt Luftkurort
66957 Eppenbrunn,
Tel. 06335/5155, Fax 06335/5955
Wandern grenzenlos im Pfälzer Wasgau, ganzjährig, 5 Ü/F, ausgedehntes Wandergebiet an der Grenze zum Elsaß, Lothringen, Wanderungen zum Nachbarort Roppeviller über Altschloßmassiv und Kloster Stürzelbronn in Frankreich - auch mit Führung, internationaler Wanderpass.

Lemberg, Südwestpfalz,
Verkehrsamt Lemberg,
Annastraße 13, 66969 Lemberg,
Tel. 06331/40264,
Fax 06331/40865:
Erlebniswanderung, ganzjährig,
2 Ü/F, Pfälzer Begrüßungstrunk, geführte Wanderung durch den Wasgau, zünftiger Abschluss in der Burgschänke mit Pfälzer Vesperspezialitäten, Mindestteilnehmerzahl 4 Personen.

Maikammer, Südliche Weinstraße,
Hotel-Restaurant Waldhaus Wilhelm,
Kalmitstraße, 67487 Maikammer,
Tel. 06321/58044,
Fax 06321/58564
Urlaubstage für Feinschmecker und Wanderfreunde, ganzjährig
Anreise Di., 6 Ü/F-Büfett,
6 kulinarische Abendmenüs
Wanderkarte, Weinüberraschung.

Rockenhausen, Donnersbergkreis,
Donnersberg-Touristik-Verband,
Uhlandstraße 2,
67292 Kirchheimbolanden,
Tel. 06352/1712,
Fax 06352/710262:
Vom Pfälzerwald ins Nahetal, Alsenztalwanderung, ganzjährig,
2 Ü/F, Begrüßungstrunk,
Wanderrouten-Beschreibung,
Wanderkarte, DB-Fahrkarte,Besuch eines Weinguts mit Weinprobe.

Kaiserslautern,
Seehotel Gelterswoog,
Hohenecker Mühle 1,
67661 Kaiserslautern,
Tel. 0631/30500:
Wanderwochenende, ganzjährig,
2 Ü/F-Büfett, 2 x 4-Gang-Menü,
1 x Sonntagsbrunch,
Transfer zum Ausgangsort der Wanderung am Samstag,
Wanderkarte, Sauna, Hallenbad, Ruderboot, Verlängerungstag incl. Transfer und 3-Gang-Menü.

Rodalben, Gräfensteiner Land/ Südwestpfalz, Verkehrsverein, Herr Becker, Hauptstraße 110, 66976 Rodalben, Tel. 06331/17775:

Von Fels zu Fels, ganzjährig, 3 Ü/F, Begrüßungstrunk, Wanderkarte, Wanderpass, Wandernadel (falls der Felsenweg ganz erwandert wird).

Südliche Weinstraße,
Zentrale für Tourismus,
An der Kreuzmühle 2,
76829 Landau/Pfalz,
Tel. 06341/940407,
Fax 06341/940502
Wanderurlaub, außer Sept.-Okt. ganzjährig, 7 Ü/F, Gepäcktransfer, Kartenmaterial mit Beschreibung, ein Willkommensschmaus mit 1l Wein, 5 Gutscheine rund um den Wein, Fahrt mit der Rietburg-Sesselbahn, Abschiedsgeschenk.

Waldfischbach-Burgalben,
Südwestpfalz,
Verkehrsamt der Verbandsgemeinde
67710 Waldfischbach-Burgalben,
Tel. 06333/9250,
Fax 06333/925191
Wandern, ganzjährig, 6 Ü/F, Essen nach Pfälzer Art, Ortswanderkarte, geführte Wanderung, 1 Besuch Hallen- oder Freibad.

Westpfalz, Verein zur Förderung des Tourismus in der Westpfalz e.V.,
Willy-Brandt-Platz 1,
67653 Kaiserslautern,
Tel. 0631/3652316,
Fax 0631/3652773

Wandern ohne Gepäck, Westpfalz-Wanderwege, ganzjährig, ausgesuchte Wanderrouten in 3 bis 15 Tagesabschnitten, Ü/F im DZ, Gepäcktransfer, Wanderkarte und -nadel.

Großer Westpfalz-Wanderweg, 400 km, 15 Ü/F

Nordroute 236 km, 10 Ü/F

Südroute 192 km, 9 Ü/F

Wasgau-Wanderweg, 5 Ü/F bzw. 6 Ü/F,

Pirminius-Wanderweg, 6 Ü/F,

Barbarossa-Wanderweg, 4 Ü/F,

Burgen-Wanderweg, Ü/F bzw. 6 Ü/F,

Herzog-Christian-Wanderweg, 5 Ü/F,

Musikanten-Wanderweg, 6 Ü/F (Potzberg - Burg Lichtenberg 3 Ü/F, Glan - Lautertal 3 Ü/F),

Donnersberg-Wanderweg, 3 Ü/F,

Saarpfalz-Wanderweg, 5 Ü/F bzw. 6 Ü/F,

Kelten- und Weinwanderweg, 6 Ü/F,

Pfalzgrafen-Wanderweg, 6 Ü/F.

Auskünfte

Informationen über einzelne Ort oder Städte finden Sie bei der jeweiligen Beschreibung der Gemeinden. Daneben sind über verschiedene Urlaubsregionen Auskünfte und Informationsmaterial erhältlich für die:

Südliche Weinstraße:
Zentrale für Tourismus,
An der Kreuzmühle 2,
76829 Landau in der Pfalz,
Tel. 06341/940407,
Fax 06341/940502

Für die gesamte Pfalz:

Pfalz-Touristik e.V.,
Landauer Straße 66,
67434 Neustadt/Weinstraße,
Tel. 06321/39160,
Fax 06321/391619

Urlaubsregion Hauenstein:
Fremdenverkehrsbüro
Urlaubsregion Hauenstein,
76846 Hauenstein,
Tel. 06392/915110,
Fax 06392/915160

Dahner Felsenland:
Tourist-Information
Dahner Felsenland,
Schulstraße 29,
66994 Dahn,
Tel. 06391/5811,
Fax 06391/406199

Holzland/Sickinger Höhe:
Tourist-Information,
Friedhofstraße 3,
67714 Waldfischbach/
Burgalben,
Tel. 06333/925160,
Fax 06333/925190

Wallhalbtal/Sickinger Höhe:
Tourist-Information,
Hauptstraße 26,
66917 Wallhalben,
Tel. 06375/921150,
Fax 06375/6150

Gräfensteiner Land:
Tourist-Information,
Am Rathaus 9,
66976 Rodalben,
Tel. 06331/234180,
Fax 06331/234105

Tor zum Wasgau:
Fremdenverkehrsbüro,
Bahnhofstraße 19,
66954 Pirmasens,
Tel. 06331/872125,
Fax 06331/872100

Pirminiusland:
Verkehrsamt Verbands-
gemeindeverwaltung
Zweibrücken-Land,
Landauer Straße 18-20,
66482 Zweibrücken,
Tel. o6332/8062102,
Fax 06332/8062999

Schwarzbachtal:
Tourist-Information,
Hauptstraße 52,
66987 Thaleischweiler/
Fröschen,
Tel. 06334/44110,
Fax 06334/441111

Pfälzer Bergland:
Tourist-Information Kuseler
Musikantenland,
Trierer Straße 41,
66869 Kusel,
Tel. 06381/424270,
Fax 06381/424280

Donnersbergkreis:
Donnersberg-Touristik-Verband,
Uhlandstraße 2,
67292 Kirchheimbolanden,
Tel. 06352/1712,
Fax 06352/710262

Leininger Land:
Tourist-Information,
Weinstraßencenter,
Turnstraße 7,
67269 Grünstadt,
Tel. 06359/937320,
Fax 06359/937325

Pfälzerwald-Verein e.V.,
Geschäftsstelle des Vorstandes,
Fröbelstraße 26,
67433 Neustadt/Weinstraße,
Tel. 06321/2200,
Fax 06321/33879

Wanderheime des Pfälzerwald Vereins

Nachfolgend eine Auswahl der Wanderheime, die Unterkunft und Verpflegung bieten.

Südwestpfalz:

Dahner PWV-Hütte (Ogr. Dahn), B. u. K. Guttenbacher, Schillerstr. 12b, 66994 Dahn, Tel. 06391/1437, Hütte Tel. 06391/1793, 20 Betten u. 7 Lager, Sitzplätze innen 110, außen 350, geöffnet 1. 4. bis 31. 10. tgl. außer Mo und 1. 11. bis 31. 3. So u. Fr ab 10 Uhr.

Wanderheim Dicke Eiche (Ogr. Hauenstein), Franz Rohner, Am Weimersberg 17a, 76846 Hauenstein, Tel. 06392/3957, Hütte Tel. 06392/3596, 40 Betten, 150 Sitzplätze, geöffnet Sa, sonn- und feiertags von 9-18, Mai-Okt. auch Mi 10-18 Uhr

Ferien- und Wanderheim Hohe List (Ogr. Ludwigswinkel), Herbert Klar, Petersbächler Str.20, 66996 Ludwigswinkel, Tel. 06393/342, Hütte Tel. 06393/5896, 20 Betten u. 4 Lager, 80 Plätze, geöffnet Sa ab 12, Sonn- und Feiertage ab 9 Uhr

Walthari-Klause (Ogr. Petersbächel-Gebüg), Heinrich Müller, Vogesenstr. 81, 66996 Fischbach, Tel. 06393/413, Hütte Tel. 06393/1307, geöffnet Mo-Fr ab 16, Sa ab 14, sonn- und feiertags ab 9 Uhr .

Waldhaus Drei Buchen (Ogr. Pirmasens 05), Horst Kröher, Richard-Wagner-Str. 81, 66955 Pirmasens, Hütte Tel. 06335/5228, 22 Betten, 150 Plätze, geöffnet Sa 12-20, sonn- u. feiertags 9-18 Uhr.

Waldhaus Starkenbrunnen (Ogr. Pl.-Starkenbrunnen), Sabine Ohlinger, Rodalber Str. 5, 66930 Pirmasens, Tel. 06331/66937, Hütte Tel. 06331/46597, 25 Betten, 200 Plätze, geöffnet Di und Sa 14-19, So 9-19 Uhr.

Hilschberghaus (Ogr. Rodalben), Sieglinde Frank, Hauptstr. 196, 66976 Rodalben, Tel. 06331/10669, Hütte Tel. 06331/18020, 40 Betten u. 20 Lager, 200 Plätze, Mi ab 14, Sa ab 13, sonn- u. feiertags ab 10 Uhr.

Stadt Zweibrücken

Hahnberghütte (Ogr. Zweibrücken), Ludger Mangels, Breicherstr. 12, 66482 Zweibrücken, Tel. 06332/72512, Hütte Tel. 06332/50135, 17 Betten, 96 Plätze, geöffnet Mi 11-18, So. u. Feiertage ab 10 Uhr.

Landkreis Kaiserslautern

Wanderheim Faselstall (Ogr. Trippstadt), Karl Heinz Neudecker, Oberhammer 4, 67705 Trippstadt, Tel. 06306/1496, 25 Betten u. 7 Lager, 60 Sitzplätze, geöffnet nur nach Anmeldung.

Pfälzer Bergland - Kuseler Musikantenland

Wanderheim Hohe Fels (Ogr. Krottelbach), Otto Fuchs, Ringstr. 24, 66909 Krottelbach, Tel. 06386/5545, Hütte Tel. 06386/5470, 23 Betten, 130 Plätze, geöffnet Mo-Sa ab 14, So u. Feiertage ab 10 Uhr.

Landkreis Bad Dürkheim

Lichtenstein-Hütte
(Ogr. Neidenfels), Anton Dennerle,
Vordertalstr. 26,
67468 Neidenfels,
Tel. 06325/7691,
Hütte Tel. 06325/7605,
10 Betten, 110 Plätze,
geöffnet Mi u. Sa 14-19 Uhr,
So. u. Feiertage 9-20 Uhr.

Südliche Weinstraße

Cramerhaus Lindelbrunn,
Manfred Kuntz, Lindelbrunn 4,
76889 Vorderweidenthal,
Tel. 06398/237, 26 Betten,
100 Plätze,
geöffnet täglich, Mi Ruhetag.

Wander- und Jugendheim Taubensuhl
Geschäftsstelle des PWV,
Fröbelstr. 26,
67433 Neustadt,
Tel. 06321/2200,
10 Betten u. 25 Lager,
30 Plätze, Belegung nur für Mitglieder ab 15 Personen.

Edenkobener Hütte am Hüttenbrunnen (Ogr. Edenkoben),
Schänzelstr. 2,
67480 Edenkoben,
Tel. 06323/2827,
28 Betten u. 22 Lager, 160 Plätze,
geöffnet Mo ab 11 Uhr und Mi bis So 9-19 Uhr.

Jugendherbergen

Südwestpfalz:

66994 Dahn, Wachtfelsen 1,
Telefon 06391/1769,
Fax 06391/5122, 108 Betten

66978 Merzalben, Tannenstr. 20 Telefon 06395/6271,
Fax 06395/7089, 110 Betten

Landkreis Kaiserslautern:

67691 Hochspeyer,
Trippstadter Straße 150, Tel. 06305/336,
Fax 06305/5152, 148 Betten

Pfälzer Bergland:

66871 Thallichtenberg,
Burg Lichtenberg, Burgstr. 12,
Telefon 06381/2632,
Fax 06381/80933, 110 Betten

67752 Wolfstein, Rötherweg 24, Telefon 06304/1408,
Fax 06304/683, 160 Betten

Donnersbergkreis:

67808 Steinbach/Donnersberg,
Südwestausgang, Tel. 06357/360, Fax 06357/1583,
104 Betten

Landkreis Bad Dürkheim:

67317 Altleiningen, Burgberg,
Telefon 06356/1580,
Fax 06356/6364, 153 Betten

Stadt Neustadt an der Weinstraße:

67434 Neustadt/Weinstraße, Hans-Geiger-Str. 27,
Telefon 06131/3744612,
78 Betten

Stadt Speyer:

67346 Speyer, Geibstraße 5,
Tel. 06232/75380, 162 Betten

Südliche Weinstraße:

76885 Annweiler,
(Turnerheim) Turnerweg 60,
Telefon 06346/929100,
Fax 06346/929101, 115 Betten

76887 Bad Bergzabern,
Altenbergweg, Tel. 06343/8383, Fax 06343/5184,
140 Betten

Weitere Auskünfte:

DJH Landesverband Rheinland-Pfalz/Saarland e.V.,
In der Meielache 1,
55122 Mainz,
Tel. 06131/3744612,
Fax 06131/3744622

Rast und Einkehr in der Pfalz

In der Pfalz, da ist gut leben!

Diesen Spruch könnten viele bekannte Persönlichkeiten kreiert haben, denn der Pfälzer liebt herzhafte, deftige Speisen, selbstverständlich hausgemacht. Viele ausgezeichnete Speiserestaurants lassen es sich nicht nehmen, neben der internationalen Küche **Pfälzer Spezialitäten** wie gesottenen Ochsenrücken oder Pfälzer Saumagen (hausgemacht mit Weinkraut) oder Nierle in Rotwein anzubieten.

Beliebt sind in der kalten Jahreszeit **Schlachtfeste** mit der traditionellen Metzelsupp: warme Leber- und Blutwurst mit Weinkraut, Kesselfleisch, Schlachtplatte oder Pfälzer Bratwürste mit Kraut.

Andere **typische Gerichte** sind Sauerbraten mit hausgemachten Grumbeere-Knödel (Kartoffel-Knödel), Pfälzer Leberknödel, oder echte Deidesheimer Würstchen.

Fast schon Stolz ist der Pfälzer auf "seine" **Wurstwaren,** hausgemachte Leber- und Griebenwurst oder Schwartenmagen, Pfälzer Rippchen und nicht zu vergessen Pfälzer Knochenschinken. Dazu isst man selbst gebackenes Pfälzer Bauernbrot.

Wer in der Pfalz keinen **Wein** trinkt, mag ihn entweder nicht (was an und für sich unmöglich ist), oder er trinkt aus Gewohnheit (!) sein Bier (oder was auch immer), womit er sich zweifelsohne einen der reinsten Genüsse entgehen lässt. Pfalz und Wein sind zwei Begriffe, die zusammen gehören, wobei man sich unter der "Weinpfalz" das Rebenland entlang der Deutschen Weinstraße vorstellt.

Man kann den **Qualitätswein** trinken, meist ein leichter spritziger Schoppenwein, der Kenner wird natürlich besondere **Lagenweine** bevorzugen, wie z.B. den Haardter Mandelring, den Schloßacker, Kalkgrube, Schloßberg oder Aspen aus der gleichen Gemeinde, den Gimmeldinger Bienegarten oder Hofstück, den Ungsteiner Herrenberg oder Spielberg.

Man könnte diese Aufzählung beliebig fortsetzen, denn bei der Fülle von ausgezeichneten Lagen wäre der Rahmen dieses Buches rasch gesprengt. In vielen Wirtschaften und Winzerstuben, die meist einer Winzergenossenschaft angeschlossen sind, kann man auch Flaschenweine zum Mitnehmen kaufen, was meistens sehr zu empfehlen ist.

Leberknödel, Saumagen und Weinkraut – deftige Speisen gehören zum Weinfest

Die Pfalz feiert - Feste und Veranstaltungen

Die eigentliche Fest- und Veranstaltungssaison beginnt im März und endet mit dem Oktober.

Feste im Februar:

Fastnachtsmärkte und Fastnachtsumzüge mit regionalem Charakter in den größeren Gemeinden und Städten der gesamten Pfalz.

Feste im März:

NW-Mußbach mit der Weinmesse "Mußbacher Spitzen".

Bad Dürkheim Pfälzer Wein- und Sektmesse.

Herxheim/Berg Mitte des Monats Mandelblütenwanderung

Bissersheim Frühlingsfest,

Bad Dürkh.-Ungstein Zum Frühlingsbeginn Ungsteiner Frühling

Niederkirchen Weinfrühling.
Weisenheim/Sand Ausgang März Weinmesse Portugieser Wettstreit

NW-Gimmeldingen Mandelblütenfest.

Feste im April:

Bad Dürkheim: Ostermarkt

Frankenthal: Frühjahrsmarkt

Speyer: Frühjahrsmesse

Rhodt u. Rietburg: Weinfestival

Bad Dürkheim: Pfälzer Barrique-Forum

Freinsheim: Blütenfest

Kallstadt: Fest der 100 Weine

NW-Speyerdorf: Wein- und Froschkerwe

Landau: Maimarkt mit Weindorf
Kallstadt: Fest der 100 Weine

NW-Hambach: Andergasser Fest

Weisenheim/Sand: Blütenfest

Pirmasens: Maimarkt

Zweibrücken: Eröffnung Kultursommer

Feste im Mai

Börrstadt: Kirschblütenfest

LD-Wollmesheim: Weinfest Landjugend

NW-Diedesfeld: Maifest

Bockenheim: Mundarttage

Wallhalben: Bruder-Konrad-Ritt

NW-Haardt: Weinfest auf der Straße

Clausen: Clauser Hawefest

Ellerstadt: Weinfest

Weisenheim/Berg: Wein- und Heimatfest

Erfweiler: Köhlerfest

Bad Dürkheim: Stadt- u. Kaskönigfest

Erfenstein: Burgfest

Maikammer: Maifest

Bad Dürkheim: Pfälzer Weinkost

Erpolzheim: Spargelfest

Münchweiler: Kienholzfest

Rhodt u. Rietburg: Heimat- und Blütenfest

NW-Gimmeldingen: Loblocher Weinzehnt

Obrigh.-Heidesheim: Häwwelcheskerwe

Annweiler: Rehbergfest

Bad Dürkheim: Pfingstmarkt

Erpolzheim: Spargelfest

Friedelsheim: Weinfest

Oberotterbach: Weinfest

Imsbach: Bergmannsfest

Schmalenberg: Dorffest mit Quackreiten

Deidesheim: Geißbockversteigerung

Hauenstein: Kräuterwochen

Meckenheim: Gässelweinkerwe

Kaiserslautern: Maimarkt

Annweiler: Histor. Straßenmarkt

Kirchheimbolanden-Bolanderhof: Donnersberger Bauernmarkt

Feste im Juni

Steinweiler: Histor. Dorffest
Edenkoben: Owwergässer Winzerkerwe
Bad Bergzabern: Altstadtfest
Frankweiler: Kastanienblütenfest
Freinsheim: Altstadtfest
Landau: Weintage der SÜW
Pirmasens: Schlabbeflickerfest
Scheibenhardt: Dt.-Franz. Brückenfest
Kusel: Hutmacherfest
LD-Queichheim: Weinfest
Rohrbach: Weinfest
Wachenheim: Burg- und Weinfest
NW-Mußbach: Sektfest
Zweibrücken: Rosentage
NW-Hambach: Brunnen- u. Gässelfest
Wachenheim: Burg- u. Weinfest
Göcklingen: Weinfest
Kirchheim: Rebblütenfest
Knöringen: Weinfest
Weisenheim/Sand: Weinfest
Weyher: Kirchweih
NW-Königsbach: Weinkerwe
Annw.-Gräfenhausen: Burgunderweinfest
Merzalben: Brunnengässelfest
Winnweiler: Johannismarkt
Bundenthal: Johannismarkt
Erpolzheim: Giwickefest
Essingen: Weinfest
Freinsheim: Festival d. Gaumenfreuden
NW-Hambach: Hambacher Musikfest
Pleisweiler-Oberhofen: Weinfest
Bad Dürkh.-Ungstein: Römerkelter
NW-Duttweiler: Weinkerwe
Klingenmünster: Landeckfest
Rockenhausen: Altstadtfest

Feste im Juli

Kaiserslautern: Altstadtfest
Landau: Landauer Sommer
Gönnheim: Weintage
Kirrweiler: Weinfest
Pirmasens: "Seitze Gaade"
Kirchheim: Markt-Weinkerwe
Neustadt/W: Winziger Kerwe
Alsenz: Brunnen- u. Weinfest
Gerolsheim: Gockelfest
Großkarlbach: Wingertsfest
Schweigen-Rechtenbach: Rebenblütenfest
NW-Mußbach: Eselshautfest
St. Martin: Weinfest i.d. Pergola
Battenberg: Kirchweih
Frankweiler: Rieslingkerwe
Freimersheim: Weinfest
Heuchelberg-Klingen: Weinfest
Ranschbach: Seligmacherfest
Speyer: Brezelfest
Großbundenbach: Sommerfest
Queidersbach: Hahnenfest
Schindhard: Kuckucksfest
Schmitshausen: Nussbaumfest
Ludwigswinkel: Landgrafenfest
Ramberg: Bürstenbinderkerwe
Bad Bergzabern: Böhämmerfest
Albersweiler: Weinfest
Dierbach: Weinfest
Freinsheim: Stadtmauerfest
Leinsweiler: Brunnenfest
Maikammer: Weinkerwe
Venningen: Weinfest
Walsheim: Weinfest
Elmstein: Kuckucks-Kerwe m. trad. Umzug
Hinterweidenthal: Dorffest
Stelzenberg: Sommerfest
Falkenstein: Burgfest
Großkarlbach: Kändelgassenfest
Lambsheim: Weintage am Türmchen

Falkenstein: Burgfest
Zweibrücken: Stadtfest
Birkweiler: Weinfest
Edesheim: Schlossgartenweinfest
Grünstadt: Weinwettstreit
Ilbesheim: Kalmitweinfest
Kleinbundenbach: Reiterfest
NW-Hambach: Jakobuskerwe
Roschbach: Weinfest
LD-Mörzheim: Histor. Dorffest
Dackenheim: Liebesbrunnenfest
Oberhausen: Weinfest
Weingarten: Woi- u. Gässelfescht
Gleisweiler: Weinerkerwe "Wein u. Kunst"
Kapellen-Drusweiler: Weinfest
Klingenmünster: Weinfest
Silz: Schnecketreiberkerwe
Herxheim/Berg: Weinkerwe
LD-Nußdorf: Weinkerwe
NW-Mußbach: Weinkerwe
Obrigheim: Weinkerwe
St. Martin: Weinfest
Höhrinöd: Kerscheschnitzlerfest

Feste im August

Bad Dürkheim: Kurparkgala
Speyer: Kaisertafel
Wachenheim: Sommerfest
Böchingen: Weinfest
Eschbach: Weinfest
Hochstadt: Wein- u. Knoppfest
Bissersheim: Weinkerwe
Deidesheim: Weinkerwe
LD-Godramstein: Weinkerwe
NW-Duttweiler: Weinfest d. Freundschaft
Niederhorbach: Weinfest
Dahn: Burgfest
Neustadt/W: Wolfsburgfest
Donsieders: Heimatfest
Kirchheimbolanden: Residenzfest
Deidesheim: Weinraritätenversteigerung
Dörrenbach: Weinfest
Leinsweiler: Weinfest
Eußerthal: Schälebrichelkerwe
Impflingen: Weinfest
LD-Dammheim: Weinkerwe
Deidesheim: Weinkerwe
Friedelsheim: Weinkerwe
Grünst.-Asselheim: Weinwerbetage
Hainfeld: Weinkerwe
LD-Arzheim: Weinkerwe
NW-Lachen: Bauern- u. Winzerkerwe
Dahn: Stadtfest mit Krämermarkt
Rodalben: Grünesputschefest
Ulmet: Hammelfest
Hauenstein: Hauensteiner Schuhmachermarkt
Zweibrücken: Herbstmarkt u. Pferdetage
LD-Wollmesheim: Weinkerwe
NW-Diedesfeld: Weinkerwe
Bad Bergzabern: Kurparkfest
Dahn: Wieslauterspringen
Wachenheim: Burgfest Wachtenburg
Bockenheim: Weinkerwe
Burrweiler: Weinfest
Insheim: Weinfest
Laumersheim: Weinkerwe
Freinsheim: Freinsheimer Markt
Gönnheim: Martinskerwe
NW-Geinsheim: Wein- u. Ludwigskerwe
Dannenfels: Histor. Dorfmarkt
Merzalben: mittelalt. Burgfest
Schweigen-Rechtenbach: Weinfest
Stelzenberg: Backofenfest
Klingenmünster: Weinkerwe

Feste im September

Kaiserslautern: Barbarossatage
NW-Hambach: Leistungsweinprobe
Waldfischbach-Burgalben: Straßenfest
Edesheim: Jahrmarkt
Kallstadt: Saumagenkerwe
NW-Haardt: Woi- u. Quetschekuche-Kerwe
Obersülzen: Weinkerwe
Ellerstadt: Weinkerwe
Ilbesheim: Weinkerwe
Kleinkarlbach: Weinkerwe
Kusel: Herbstmesse
Pirmasens: Grenadiermarkt
Trippstadt: Kohlenbrennerfest
Heuchelheim-Klingen: Rotweinkerwe
Walsheim: Weinkerwe
Elmst.-Mückenwiese: Sägmehlfest
Gleiszeilen-Gleishorbach: Weinfest
Weyher: Weinfest

Bad Dürkheim: Wurstmarkt
Dirmstein: Weinkerwe
Iggelbach: Kerwe m. trad. Umzug
Annweiler: Mühlenfest
Landstuhl: Stadtfest
Schopp: Grumbeerbrodefest
Annw.-Gräfenhausen: Wildsaukerwe
Rockenhausen: Herbstfest
Landau: Herbstmarkt
Burrweiler: Fest des Federweißen
Rhodt u. Rietburg: Weinfest d. neuen Weines
Bad Dürkheim: Wurstmarkt
Billigheim-Ingenh.: Purzelmarkt
Großkarlbach: Markt-Weinkerwe
Kapellen-Drusweiler: Fest des Federweißen
Altdorf: Weinkerwe
Gossersweiler-Stein: Hawwerflichelkerwe
Grünst.-Sausenheim: Weinfest
Heuchelheim b. Ft.: Weinkerwe
Pirmasens: Exerzierplatzfest
Speyer: Bauernmarkt
Siebeldingen: Kulinar. Weinbergswanderung
Haßloch: Andechser Bierfest
Oberotterbach: Fest des Federweißen
Zeiskam: Wein- u. Kelterfest
Edenkoben: Großes Weinfest der SÜW
Gerolsheim: Weinkerwe
Essingen: Fest des Federweißen
Freinsheim: Kulinarische Wanderung
Weisenheim/Sand: Federweißenfest
Neuleiningen: Weinkerwe
Offenbach/Queich: Jahrmarkt
Bad Dürkheim: Eröffnung Traubenkur
Battenberg: Bauernmarkt
Bruchw.-Bärenbach: Blesskerwe
Dierbach: Fest des Federweißen

Feste im Oktober

Böchingen: Fest des Federweißen
Hainfeld: Fest des neuen Weines
Leinsweiler: Fest des Federweißen
Neustadt/W.: Dt. Weinlesefest
Grünst.-Asselheim: Bitzlerfest
Oberhausen: Fest des Federweißen
Wallhalben: Sickinger Grumbeere-Markt
Weisenheim/Sand: Federweißenfest
Frankenthal: Oktobermarkt
Winnweiler: Oktobermarkt
Neustadt/W.: Große Pfalzweinprobe
Pleisw.-Oberhofen: Fest d. Federweißen
Freinsheim: Federweißenfest
Kirchheimbolanden: Oktobermarkt
Bellheim: Spätjahrsmarkt
Neustadt/W.: Winzerfestumzug
Landau: Fest des Federweißen
Bockenheim: Weinkerwe
Gleisz.-Gleishorbach: Fest d. Federweißen
Kaiserslautern: Oktobermarkt
NW-Diedesfeld: Fest des Federweißen
NW-Gimmeldingen: Gimmeldinger Herbst
Hauenstein: Keschde-Woche
Frankweiler: Fest des Federweißen
Kindenheim: Bitzlerfest
NW-Diedesfeld: Fest des Federweißen
Völkersweiler: Holzappelkerwe
Kandel: Oktobermarkt
Bad Bergzabern: Herbstmarkt
Weyher: Weinpräsentation Kunst u. Wein
Speyer: Herbstmesse
Weisenheim/Berg: Zehntscheuerfest

Feste im November

St. Martin: St. Martinus Weinfest
Wallhalben: Martinimarkt
Niederkirchen: Martinuskerwe
Weisenheim/Berg: Stutzenfest
Dahn: Martinimarkt
Quirnbach: Pferdemarkt

Weihnachtsmärkte

In der Pfalz gibt es eine sehr große Anzahl von Weihnachtsmärkten, alle einzeln zu nennen, wäre zu weit hergeholt. Es gibt jedoch einige Märkte mit überregionalem Charakter, die Mitte bis Ende November beginnen und drei bzw. vier Wochen geöffnet sind.

Neustadt/W.,

Kaiserslautern,

Speyer,

Frankenthal,

Pirmasens,

Bad Dürkheim

Zweibrücken.

Landau veranstaltet einen mehrwöchigen Nilkolausmarkt,

Annweiler einen Weihn. Straßenmarkt,

Bobenheim/Berg einen Belzenickelmarkt,

Edenkoben einen Nikolausmarkt,

Landstuhl den St.-Andreas-Markt,

Waldfischbach-Burgalben einen Christkindlmarkt Höheinöd.

Hauenstein Dt.-Franz. Kunsthandwerker- u. Weihnachtsmarkt,

Donsieders einen Nikolausmarkt.

In Laumersheim feiert man am letzten Adventswochenende den Laumersheimer Advent.

Literatur

Pfälzer Wald und Deutsche Weinstraße, Wanderführer Bergverlag Rother
Wandern und Einkehren, Drei Brunnen Verlag
Schnäppchenführer Hessen, Rheinland-Pfalz und das Saarland, Fink Verlagsgruppe
Freizeit mit Kindern in der Pfalz, Verlag Stöppel
Der Weg ist das Ziel – Pfälzerwald-Vogesen-Weg, Stein Verlag
Wandern ohne Gepäck -Pfälzerwald und Weinstrasse, Walz Verlag
Das grosse Pfalzbuch, pva-Verlag
Burgen in der Pfalz (Bildband), Umschau Verlag
Die Pfalz (Bildband), Umschau Verlag
Die Pfalz (Bildband), Umschau Verlag
Farbbild-Reise Pfalz (Bildband), Ziethen Verlag
Die Pfalz - Impressionen einer Landschaft (Bildband), pva.- Verlag
Mit dem Wohnmobil in die Pfalz, Womo Verlag
Der Pfalzwanderführer -Pfälzerwald und Donnersbergkreis, pva-Verlag
Der Pfälzerwald, Tiere, Felsen, G.Braun Verlag

Landkarten:
Pfälzerwald 1:75000 mit Register und Nahverkehrsplan, GeoMap Verlag
Wanderkarten Pfälzerwald amtl. Karten (21 Blätter), Landesvermessungsamt Rheinland-Pfalz
Wandern und Radwandern zwischen Rhein und Pfälzerwald, 1:50000 amtl. Karten, Landesvermessungsamt Rheinland-Pfalz
Wander- und Erlebniskarte Naturpark Pfälzerwald, 1:50 000 Pietruska Verlag
Ferienkarte Naturpark Pfälzerwald und Nordvogesen, 1:100 000, Pietruska Verlag

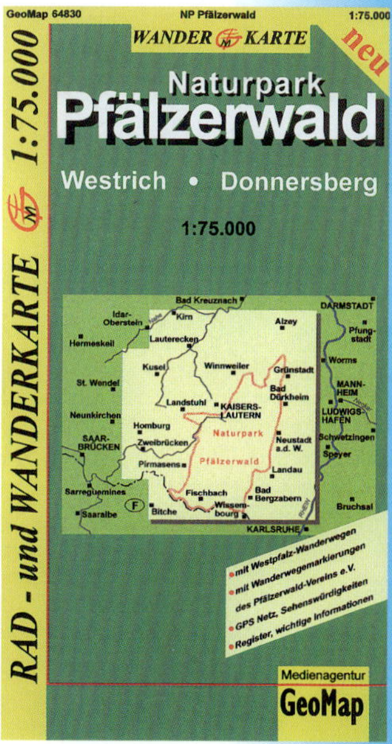

Goldstadt *Reiseführer*

DEUTSCHLAND

Bayerischer Wald, Böhmerwald und Donauebene (309)
Brandenburg, Berlin und Umgebung (323)
Mittlere Elbe, Untere Saale (325)
Odenwald (313)
Pfälzer Wald (314)
Sachsen (328)
Schleswig-Holstein (306)
Schwarzwald Süd (301)
Thüringen (326)
Usedom (327)
Durch Thüringen u.Sachsen (329)

EUROPA

FINNLAND (44)

FRANKREICH

Bretagne (77)
Korsika (455) Wanderführer
Languedoc-Roussillon (71)
Normandie (79)

GRIECHENLAND

Ithaka (Wanderführer (464)
Karpathos (463) Wanderführer
Lefkas (465) Wanderführer
Rhodos (459) Wanderführer
Samos (456) Wanderführer
Santorin (95)

GROSSBRITANNIEN

Schottland (59)

ITALIEN

Apulien - Kalabrien (31)
Elba (44)
Elba (453) Wanderführer
Garda- und Iseosee (12)
Ischia (454) Wanderführer
Italienische Riviera (5)
Lago Maggiore Comer See (69)
Rom (26)
Sizilien (24)
Umbrien (67)

NORWEGEN (39)

PORTUGAL

Algarve (460) Wanderführer
Azoren (461) Wanderführer
Madeira (457) Wanderführer
Madeira (45)

RUMÄNIEN (34)

SCHWEDEN (33)

SCHWEIZ

Tessin mit Lago Maggiore (51)

SPANIEN

La Gomera (452) Wanderführer
La Gomera (450) Wanderkarte
Madrid (99)
Mallorca (3)
Nordwestspanien - Der Jakobsweg (018)
Teneriffa (451) Wanderführer

AFRIKA

Äthiopien (203)
Algerien (212)
Marokko (30)
Mauritius (234)
Namibia (265)
Santo Antão (466) Wanderführer
Santo Antão (467) Wanderkarte
Seychellen (229)
Südafrika (215)
Tunesien (21)
Zimbabwe (264)

AMERIKA

Argentinien (240)
Chile (241)
Ecuador und Galapagos-Inseln (243)
Karibik - Kleine Antillen Barbados/St. Lucia Grenada (249)
Tropisches Lateinamerika Pflanzenführer (270)
USA - Der Nordwesten (257)
USA - Der Osten (258)
USA - New York (38)
Venezuela (244)
Westkanada (253)

ASIEN

Birma (235)
Hong Kong (222)
Malaysia - Borneo (226)
Malediven (228)

AUSTRALIEN NEUSEELAND

Australien (231)
Neuseeland (230)

3/2000

Goldstadt
Wanderführer und Karten

Spaziergänge und Wanderungen,
alpine Bergtouren. Fahrpläne, Sprachführer.
Übersichts- u. Routenskizzen. Farbfotos.

Wanderführer

Algarve (460)
Azoren (461)
Elba (453)
La Gomera (452)
Ischia (454)
Ithaka (464)
Karpathos (463)
Korsika (455)
Lefkas (465)
Madeira (457)
Rhodos (459)
Samos (456)
Santo Antão (466)
Teneriffa (451)

Wanderkarten

Kapverdische Inseln: Santo Antão (467)

Kanarische Inseln: La Gomera (450)

Ob Wandern oder Biken in Thüringen, Paddeln auf der Saale, Skitouren im Erzgebirge oder Trekking in der Sächsischen Schweiz: Dieser Führer bewegt sich abseits ausgetretener Pfade durch die Natur- und Kulturlandschaften im Süden Thüringens und Sachsens. Erlebnisstationen und -möglichkeiten gibt es reichlich, im Thüringer Wald, im Schiefergebirge, im Erzgebirge und in der Sächsischen Schweiz.
Wir wollen aktive Menschen, Schulklassen und Jugendgruppen oder Familien auf Entdeckungsreise schicken und haben dafür Tipps und Touren, günstige Übernachtungsmöglichkeiten, kulturelle Spots und Abstecher im Baukastensystem zusammengestellt.
Ein Führer der Naturfreunde-Jugend Deutschlands.

Goldstadt
Pflanzenführer

Tropisches Lateinamerika (270)

Ein Führer durch die faszinierende Pflanzenwelt des tropischen Südamerikas. Verständlich werden die Bedeutung des Regenwaldes im Öko-System, die Folgen seiner Zerstörung erklärt und Fachbegriffe erläutert. Auffällige und bemerkenswerte Pflanzen werden beschrieben, heimisches Obst und Gemüse vorgestellt und mit über 200 Farbfotos illustriert.

16 doppelseitige Farbtafeln,16 Grafiken,
2 Stammbäume von Pflanzen und Organismen,
11 historische Fotos, 285 farbige Pflanzenfotos,
191 Seiten.

Fotografieren, damit Ihre schönsten Urlaubserinnerungen nicht verblassen!

3/2000

Die Mehrheit der fotografierenden Weltenbummler bevorzugt für die Aufzeichnung ihrer Urlaubserinnerungen das farbige Papierbild, während für andere das Farbdia in der großflächigen Projektion das Nonplusultra bedeutet. Wofür Sie sich auch entscheiden, möglicherweise für beides und zwei Kameras: die Qualität Ihrer Bilder wird durch die Qualität des verwendeten Filmmaterials entscheidend bestimmt. Deshalb verwenden wir Filme, die auch von Profis gekauft werden.

Kodak beispielsweise, auf dem Filmsektor weltweit führend, bietet Filme für jede Kamera und jede Aufnahmesituation an. Die gebräuchlichsten Filme auf Reisen und auch sonst: Kodak Farbwelt Filme für Papierbilder in satten, natürlich wirkenden Farben und Ektachrome Elite oder Kodachrome Filme für brillante Farbdias. Es gibt diese Filme in verschiedenen Lichtempfindlichkeiten: Mit dem Kodak Farbwelt 200 Film werden Sie die meisten Tageslichtverhältnisse meistern, ebenso – falls Sie Dias bevorzugen – mit dem Ektachrome Elite 200 oder dem Kodachrome 200 Film. Ein überaus interessantes Material ist auch der Ektachrome Elite 100 Extra Color Film. Für Aufnahmen bei wenig Licht und für Aufnahmen mit lang brennweitigen Teleobjektiven stehen auch Filme mit ISO 400 und 800 zur Verfügung. So z.B. der Kodak Farbwelt 800 Film, das in dieser Empfindlichkeitsklasse schärfste Material für Papierbilder mit exzellenter Farbwiedergabe.

Eine grundsätzliche Anmerkung noch zum Filmkauf: decken Sie den Filmbedarf für Ihre Reise bei Ihrem Fotohändler. Er wird Ihnen einwandfreies Material zu vernünftigen Preisen anbieten. Im Ausland müssen Sie fast überall mehr dafür bezahlen und oft auch für Material, dessen Qualität z.B. durch Hitzeeinwirkung gelitten hat. Wichtig ist auch, daß Ihre belichteten Filme möglichst bald in ein Fotolabor gegeben werden, damit Sie die Farben auf Ihren Bildern so wiederfinden, wie Sie sie gesehen haben.

Wie beim Filmmaterial sollten Sie auch bei der Kamera-Ausrüstung Wert auf Qualität legen. Weit verbreitet sind die vollautomatischen Kompaktkameras. Sie sind ideal zum Festhalten von Urlaubserinnerungen und bieten größtenteils eine automatische Belichtungsmessung, automatische Scharfeinstellung, bei Bedarf selbsttätige Zuschaltung des eingebauten Blitzes sowie automatischen Filmtransport und -rückspulung. Beispielsweise ist die Leica mini II eine Kamera, die einerseits nicht viel größer als eine Zigarettenschachtel ist, die aber andererseits mit dem Elmar 1:3,5/35 mm ein für diese Kameraklasse hervorragendes Objektiv hat. Wer mehr will, für den ist die Leica mini zoom mit Vario-Objektiv von 35 bis 70 mm die richtige Wahl.

Letztlich hängt die Qualität der Aufnahmen vor allem von der Güte der Objektive ab. Dies gilt gerade auch für „große" Ausrüstungen. Hier haben die Objektive zu den Leica Kameras Weltruf. Vielseitig verwendbar sind die Vario-Objektive von 28-70 mm bzw. 35-70 mm sowie 70-210 mm. Die Spiegelreflexkamera Leica R7 bietet sowohl eine Programmautomatik für den unbeschwerten Schnappschuß als auch Automatik-Funktionen sowie schließlich die manuelle Einstellung zum Gestalten der Aufnahmen ganz nach den eigenen Vorstellungen.

Und nun viel Erfolg für ein farbiges Reiseerlebnis!

Weingüter im Anbaugebiet Pfalz

die mit Erfolg an der Wein- und Sektprämierung der Landwirtschaftskammer Rheinland-Pfalz teilgenommen haben und deren Produkte mit einer Kammerpreismünze in Gold, Silber oder Bronze ausgezeichnet wurden.

Weingüter in der Pfalz haben oft eine lange Tradition. 200 und mehr Jahre sind nicht selten und es kommt oft vor, daß das Gut sich von der ersten Anlage an im Familienbesitz befindet. Weinproben werden in alten Kellergewölben oder in traditionell eingerichteten Räumen durchgeführt, Veranstaltungen besonderer Art über den Wein abgehalten oder Führungen durch das Anbaugebiet, auch hauseigene Weinfeste werden geboten.

Erkundungen vor Ort sind ratsam, da die Betriebe individuelle Termine und Präsentationen bieten.

Nachstehende Anschriften sind nach Orten von A bis Z gegliedert. Somit finden Sie immer ein Weingut in der Nähe Ihrer Reiseroute. Alle Prädikate die nach der Anschrift stehen sind Informationen der verschiedenen Weingüter, die selbst für die Richtigkeit der Angaben verantwortlich zeichnen.

Weingut Hahn-Hof,
Heide Hahn-Joerg
Löwensteinerstr. 8
76859 Albersweiler

Weingut Gebr. Nägle
Hauptstr. 11
76857 Albersweiler

Weingut Eugen Schneider
Hauptstr. 107
76857 Albersweiler

Weingut Günther Helmut
Hauptstr.5
67482 Altdorf

Weingut Spelzenhof,
Hermann Hitschler
Hauptstr. 77
67482 Altdorf

Weingut Horst Litty
Hauptstr.31
67482 Altdorf

Weingut Heinrich
Schimpf & Sohn
Hauptstr. 73
67482 Altdorf

Winzergemeinschaft St.Paul
Kurfürstenstr. 11
76887 Bad Bergzabern

Weingut Hermann Augsburger
Königstr. 9
76887 Bad Bergzabern

Weingut Fritz u. Stefan Hitziger
Liebfrauenberg 3
76887 Bad Bergzabern

Weingut Knöll und Vogel
Klingweg 3
76887 Bad Bergzabern

Weingut Heinrich Lorch
Kurfürstenstr. 11
76887 Bad Bergzabern

Leistadter Winzerverein e.G.
Hauptstr. 38
67098 Bad Dürkheim-Leistadt

Vier Jahreszeiten Winzer e.G.
Limburgstr. 8
67098 Bad Dürkheim

Winzer e.G., Herrenberg-Honigsäckel
Weinstraße
67098 Bad-Dürkheim-Ungstein

Weingut Bärenhof,
Helmut Bähr & Sohn
Weinstr. 4
67098 Bad Dürkheim-

Weingut Gebr. Bart
Kaiserslauterer Str. 42
67098 Bad Dürkheim

Weingut Ferd. Jos. Bauer
Sägmühle 8
67098 Bad Dürkheim

Weinbau der Lebenshilfe e.V.
Sägmühle 8
67098 Bad Dürkheim

Weingut Kurt Darting
Am Falltor 2
67098 Bad Dürkheim

Weingut August Dehn und Sohn
Hauptstr. 84
67098 Bad Dürkheim

Weingut Fitz-Ritter
Weinstraße Nord 51
67098 Bad Dürkheim

Weingut Pfeffingen,
Fuhrmann-Eymael
Pfeffingen
67098 Bad Dürkheim

Weingut Schönfelderhof,
Bernd Karst
In den Almen 23
67098 Bad Dürkheim

Weingut Heinrich Gies
Süd 22
67098 Bad Dürkheim

Weingut Roland Grauer
Weinstr. Nord 13
67098 Bad Dürkheim

Weingut Hanewald-Schwerdt
Pochelstr. 37
67098 Bad Dürkheim

Weingut Volker Hauer
In den Kornwiesen 1
67098 Bad Dürkheim

Weingut Walter Hensel
In den Almen 13
67098 Bad Dürkheim

Weingut Walter Jüllich und Sohn
Pfeffingen 11
67098 Bad Dürkheim-Ungstein

Weingut Ernst Karst & Soh
In den Almen 15
67098 Bad Dürkheim

Weingut Michael Kiefer
Annabergstr. 2
67098 Bad Dürkheim

Weingut Kurt Lang
Weinstr. Nord 61
67098 Bad Dürkheim

Weingut Ludwig Mesel & Söhne
Am Neuberg 8
67098 Bad Dürkheim

Weingut Friedhelm Neu
Hauptstr. 4
67098 Bad Dürkheim-Leistac

Weingut Karl Neu
Pochelstr. 12
67098 Bad Dürkheim

Weingut Nickels-Dambach
Hinterbergstr. 40
67098 Bad Dürkheim

Weingut Wilfried und Heik Peter
Am Neuberg
67098 Bad Dürkheim

Weingut Hans Pflüger und Sohn
Gutleutstr.48
67098 Bad Dürkheim

Weingut Raßkopf-Hofmann
In den Almen 21
67098 Bad Dürkheim

Weingut Karl Schaefer
Weinstr. Süd 30
67098 Bad Dürkheim

Weingut Egon Schmitt
Am Neuberg 6
67098 Bad Dürkheim

Weingut Karl Wegner und Sohn
Am Neuberg 4
67098 Bad Dürkheim

Weingut Helmut Wolf
Kirchgasse 28
67098 Bad Dürkheim

Weingut Helmut Denig
Hauptstr.4
67271 Battenberg

Weingut Wolfgang Pahlke
Kirchgasse 1
67271 Battenberg

Weingut Helga und Alois Frieß
Kindenheimer Str. 7
67308 Biedesheim

Weingut Fritz Bangerth und Martina Rinck GdbR
Am Rosenberg 15
76831 Billigheim-Ingenheim

Weingut Brigitte und Kurt Rapp GdbR
Mühlhofener Str. 6
76831 Billigheim-Ingenheim

Weingut Hermann Schaurer
Kirchstr. 15
76831 Billigheim-Ingenheim

Weingut Kurt Fischer & Sohn
St. Georgenhof
76831 Billigheim-Ingenheim

Weingut Purzlerhof,
Knauber-Gröhl
Marktstr. 22
76831 Billigheim-Ingenheim

Weingut Stefanshof,
Stefan Kummler
Herrengartenstr. 2
76831 Billigheim-Ingenheim

Weingut Eugen Leonhardt
Mühlstr. 9
76831 Billigheim-Ingenheim

Weingut Helmut Rothhass
Oestl. Gleisbergstr. 2
76831 Billigheim-Ingenheim

Weingut Wilfried Schwäger
Waldstr. 27
76831 Billigheim-Ingenheim

Weingut MichaelStaab
Ölmühle 2
76831 Billigheim-Ingenheim

Weingut Eduard Beyersdörfer
Hauptstr. 23
76831 Birkweiler

Weingut Birkenhof,
Klaus Dicker
Weinstr. 25
76831 Birkweiler

Weingut Achim Doll
Hauptstr.25
76831 Birkweiler

Weingut Siener,
Dr. Wettstein
Kirchstr. 7
76831 Birkweiler

Weingut Hans-Markus Eppler
Im Rosenberg 6
76831 Birkweiler

Weingut Gies-Düppel
Am Rosenberg
76831 Birkweiler

Weingut Markus Graßmück
Eichplatz 4
76831 Birkweiler

Weingut Liane Jelschen
Hauptstr.30
76831 Birkweiler

Weingut Johann Kleinmann
Hauptstr. 17
76831 Birkweiler

Weingut Rudolf Rothhaas
Hauptstr. 40
76831 Birkweiler

Weingut Helmut Scholler
Alte Kirchstr. 7
76831 Birkweiler

Weingut Helmut Siener
Weinstr.31
76831 Birkweiler

Weingut Dr.Heinz und Karlheinz Wehrheim
Weinstr.125
76831 Birkweiler

Weingut Klaus Wolf
Hauptstr. 36
76831 Birkweiler

Weingut Erich Bender
Freinsheimer Weg 9
67281 Bissersheim

Weingut Gebrüder Gaschott
Luitpoldstr. 10
67281 Bissersheim

Weingut Arnold Mußler
Am Goldberg 6
67281 Bissersheim

Weingut Siegel-Heilmann
Hauptstr. 28
67281 Bissersheim

Weingut Wageck-Pfaff-mann
Luitpoldstr.1
67281 Bissersheim

Weingut Hedi Wendel
Bachgasse 1
67281 Bissersheim

Weingut Spielmann-Schindler
Weisenheimer Str. 2
67273 Bobenheim am Berg

Weingut Armin Gschwindt
Hauptstr. 105
67482 Böbingen

Weingut Günter Pfaffmann
Hauptstr. 43
67482 Böbingen

Weingut Günter Kern
In den Hainbuchen
76833 Böchingen

Weingut Theo Nicklis
Hauptstr. 37
76833 Böchingen

Weingut Heiner Sauer
Hauptstr. 44
76833 Böchingen

Weingut Martin Schwab
Eckgasse 9
76833 Böchingen

Weingut Peter Bechtel
Leininger Ring 27
67278 Bockenheim

Weingut Böll-Spieß
Weinstr. 18
67278 Bockenheim

Weingut Kurt Janson
Schloßweg 8
67278 Bockenheim

Weingut Klingel & Baum
Leininger Ring 41
67278 Bockenheim

Weingut Werner Kohl
Am Sonnenberg 3
67278 Bockenheim

Weingut Gerhard Liebrich
Riedstr. 9
67278 Bockenheim

Weingut Karl Schäfer
Weinstr.79
67278 Bockenheim

Weingut Böll-Spieß
Volker Spieß
Weinstr. 18
67278 Bockenheim

Weingut Horst Acuntius u. Sohn
Bachweg 10
76879 Bornheim

Weingut Bernd Eberle
Am Schlossberg 4
76835 Burrweiler

Weingut Helmut Eberle
Böchinger Str. 1a
76835 Burrweiler

Weingut Alois Hayna & Sohn
Gaisbergstr. 126
76835 Burrweiler

Weingut Herbert Meßmer
Gaisbergstr. 132
76835 Burrweiler

Weingut Wind-Rabold,
Josef und Rita Rabold
Gaisbergstr. 130
76835 Burrweiler

Weingut Klemens Weber
Hirtenstr. 188
76835 Burrweiler

Weingut Gerhard Wiss
Burrweiler Mühle 202
76835 Burrweiler

Weingut Jakob Hanewald
Kirchenstr. 13
67273 Dackenheim

Weingut Gerhard Mäurer
Friedhofstr. 15
67273 Dackenheim

Weingut Winkels-Herding
Freinsheimer Str. 12
67273 Dackenheim

Winzerverein Deidesheim e.G.
Prinz-Rupprecht-Straße
67146 Deidesheim

Weingut Gebr. Andres
Weinstr. 6
67146 Deidesheim

Weingut Michael Andres
Schloßstr. 6
67146 Deidesheim

Weingut Josef Andres
Niederkircher Str. 13
67146 Deidesheim

Weingut Dr. Deinhard
Weinstr. 10
67146 Deidesheim

Weingut Dick-Kaub
Weinstr. 36
67146 Deidesheim

Weingut Jul. Ferd. Kimich
Weinstr. 54
67146 Deidesheim

Weingut Mehling,
Bernd Otte
Weinstr. 55
67146 Deidesheim

Weingut Hanno Ramstetter
Stadtmauergasse 15
67146 Deidesheim

Weingut Reichsrat von Buhl
Weinstr. 16 - 24
67146 Deidesheim

Weingut Florian Thiel
Fasanenweg 6
67146 Deidesheim

Weingut Heinz Stadler
Hauptstr. 59
76889 Dierbach

Weingut Klaus Hilz
Marktstr. 13
67246 Dirmstein

Weingut Johanneshof,
Johann Friedrich Sauer
Heppenheimer Str. 11
67246 Dirmstein

Weingut Erwin Schmitt
Affenstein 12
67246 Dirmstein

Weingut Klaus Schneider
Obertor 6
67246 Dirmstein

Weingut Emil Steigner
Affenstein 3
67246 Dirmstein

Weingut Thomas Hüther
Wiesenstr. 4
76889 Dörrenbach

Weingut Willhard Rapp
Hauptstr. 83
76889 Dörrenbach

Weingut Hubert Diemer
Lautersheimer Str. 12
67280 Ebertsheim

Winzergenossenschaft Edenkoben e.G.
Weinstr. 130
67480 Edenkoben

Weingut Brigitte Damm
St. Martiner Str. 20
67480 Edenkoben

Weingut Heinrichshof,
Fitz-Schneider
Klosterstr. 68 u. 158
67480 Edenkoben

Weingut Hermann Glesius
Blücherstr. 8
67480 Edenkoben

Weingut Peter Graeber
Schanzstr. 21
67480 Edenkoben

Weingut Kloster Heilsbruck
Klosterstr. 170
67480 Edenkoben

Weingut Herbert Schäfer
Rhodter Str. 24
67480 Edenkoben

Weingut Hans-Josef Schreieck
Klosterstr. 176
67480 Edenkoben

Weingut Otmar Diehl
Eisenbahnstr. 3a
67483 Edesheim

Weingut Thomas Klimm
Ludwigstr. 39
67483 Edesheim

Weingut Dieter Mathieu
Staatsstr. 16
67483 Edesheim

Weingut Ernst Minges u. Sohn
Staatsstr. 51
67483 Edesheim

Weingut Heribert Rehm
Ludwigstr. 36
67483 Edesheim

Weingut Albert Wiedemann
Staatsstr. 23
67483 Edesheim

Weingut Mechthild Hammel
Fließstr. 16
67158 Ellerstadt

Weingut Klaus Schneider
Bahnstr. 88
67158 Ellerstadt

Weingut Reinhard Studier
Fließstr.34
67158 Ellerstadt

Weingut Heinrich Vollmer
Gönnheimer Str. 52
67158 Ellerstadt

Weingut Karl Weilbrenner
Bahnstr. 20
67158 Ellerstadt

Weingut Rolf Weilbrenner
Bahnhofstr. 52
67158 Ellerstadt

Weingut Wolfgang und Christa Hubach
Bahnhofstr. 61a
67167 Erpolzheim

Weingut Herbert Koob u. Sohn
Lambsheimer Weg 1
67167 Erpolzheim

Weingut Eugen Bender
Weinstr. 68
76831 Eschbach

Weingut Michael Bender
Madenburgweg 8
76831 Eschbach

Weingut Harry Brunken
Weinstr. 87
76831 Eschbach

Weingut Stefan und Annette Heger
Weinstr. 51
76831 Eschbach

Weingut Herbert Müller,
Maria Müller
Weinstr. 42
76831 Eschbach

Weingut Peter Dausch,
Gerhard Naab
Weinstr. 71
76831 Eschbach

Weingut Herrenhof,
Elmar Schmitzer
Herrenhof
76831 Eschbach

Weingut Kurt Schmitzer
Landauer Str. 10
76831 Eschbach

Weingut Ludwig Schmitzer
Landauer Str. 17
76831 Eschbach

Weingut AloisSchwartz u. Sohn
Landauer Straße
76831 Eschbach

Weingut Gebhard Wind
Weinstr.5
76831 Eschbach

Weingut Winfried Frey u. Söhne
Spanierstr. 1-2
76879 Essingen

Weingut Doppler-Hertel,
Bernd Hertel
Kirchstr. 33
76879 Essingen

Weingut Alwin Kattler
Hainbachstr. 9
76879 Essingen

Weingut Eugen Volz u. Sohn
Dalbergstr. 19
76879 Essingen

Weingut Theo Wambsganß
Gerämmestr.14
76879 Essingen

Weingut Wilhelm Anselmann
Maxstr. 7-9
76835 Flemlingen

Weingut Gebrüder Dollt
Maxstr. 3 + 5
76835 Flemlingen

Weingut Hans Herbst
Bachstr. 4
76835 Flemlingen

Weingut Schwerdtfeger,
Minges & Kaminski
Marienhof
76835 Flemlingen

Weingut Marienhof,
Georg Minges
Marienhof
76835 Flemlingen

Weingut Theo Minges
Bachstr. 77
76835 Flemlingen

Weingut Johannes Motz
Maxstr. 41
76835 Flemlingen

Weingut Edelbert Weber
Hainfelder Str. 6
76835 Flemlingen

Weingut Franz Weber und Sohn
Bachstr. 10
76835 Flemlingen

Forster Winzerverein e.G.
Weinstraße 57
67147 Forst

Weingut Acham-Magin
Weinstr. 67
67147 Forst

Weingut Mosbacherhof,
Werner Klein
Weinstr. 23
67147 Forst

Weingut Margarethenhof,
Franz Lucas
Wiesenweg 4
67147 Forst

Weingut Lucashof,
Klaus Lucas
Wiesenweg 1a
67147 Forst

Weingut Georg Mosbacher
Weinstr. 27
67147 Forst

Weingut Eugen Müller
Weinstr.34
67147 Forst

Weingut Christian Prinz
Weinstr.50a
67147 Forst

Weingut Dieter Schott
Weinstr.43
67147 Forst

Weingut Lindenhof,
Eugen Spindler
Weinstr. 55
67147 Forst

Weingut Heinrich Spindler
Weinstr. 44
67147 Forst

Weingut Feindel & Anselmann
Dorfbornstr. 34
76833 Frankweiler

Weingut Gustav und Bertram Lidy
Frankenburgstr. 6
76833 Frankweiler

Weingut Fritz Müller
Bergbornstr. 17
76833 Frankweiler

Weingut Rolf Pfaffmann
Am Stahlbühl
76833 Frankweiler

Weingut Pfaffmann u. Sohn
Raiffeisenstr. 23
76833 Frankweiler

Weingut Robert Sohn
Dagobertstr.19
76833 Frankweiler

Weingut Klaus Disque
Hauptstr. 124
76872 Freckenfeld

Weingut Gerhard Heick
Hauptstr. 59
766872 Freckenfeld

Weingut Reinhold Müller
Hauptstr. 135
76872 Freckenfeld

Winzerverein Freinsheim e.G.
Südl. Winzerstr. 2
67251 Freinsheim

Weingut Kaßner-Simon
Wallstr.15
67251 Freinsheim

Weingut Günter Kirchner
Korngasse 14
67251 Freinsheim

Weingut Günther Kissel
Bahnhofstr.71
67251 Freinsheim

Weingut Altes Landhaus,
Werner Niederauer
Hauptstr. 37
67251 Freinsheim

Weingut Bernd Pirmann
Wallstr. 17
67251 Freinsheim

Weingut Willi Rings
Dürkheimer Hohl 27
67251 Freinsheim

Weinkellerei Wagner & Vetter
Bahnhofstr. 49
67251 Freinsheim

Winzergenossenschaft Friedelsheim e.G.
Hauptstr. 97 - 99
67159 Friedelsheim

Weingut Oek.-Rat Georg-Friedrich Beck
Hauptstr. 44
67159 Friedelsheim

Weingut Walter Krebs
Hauptstr. 74
67159 Friedelsheim

Weingut Wilhelm Klag & Sohn
Manrheimer Str. 2
67294 Gauersheim

Weingut Klaus Nicklis & Sohn
Weinstr. 11
76835 Gleisweiler

Weingut Peter Argus
Hauptstr. 23
76835 Gleisweiler

Weingut Fritz Wadle
Weinstr. 20
76835 Gleisweiler

Weingut Hans-Jürgen Doll
Hauptstr. 34
76889 Gleiszellen-Gleishorbach

Weingut Eugen und Heinrich Schönlaub
Bergstr. 14
76889 Gleiszellen-Gleishorbach

Weingut Heinz Becker
Schulstr. 17
76831 Göcklingen

Weingut Erich Hafner
Steinstr.13
76831 Göcklingen

Weingut Claudia und Gerhard Hoffmann
Steinstr. 25
76831 Göcklingen

Weingut Klaus Hohlreiter
Hauptstr. 33
76831 Göcklingen

Weingut Walter Keller & Sohn
Hauptstr. 52
76831 Göcklingen

Weingut Helmut Blaul Sohn
Ludwigstr. 40
67161 Gönnheim

Weingut Wilhelm Blaul
Ludwigstr. 42
67161 Gönnheim

Weingut Heinz Peter Kolleth
Bahnhofstr. 125
67161 Gönnheim

Weingut Erich Künzel & Sohn
Bismarckstr. 22
67161 Gönnheim

Weingut Willi Spiegel & Sohn
Hauptstr. 28
67483 Großfischlingen

Weingut Frank Dietrich
Simonsgasse 7
67229 Großkarlbach

Weingut Kurt Wolf
Hauptstr. 29
67229 Großkarlbach

Winzerkeller Leiningerland
Asselheimer Str. 74
67269 Grünstadt

Weingut Helmut Busch
Im Klostergarten 1
67269 Grünstadt

Weingut Eugen Eibel
Langgasse 66
67269 Grünstadt

Weingut Fluch-Gaul
Leininger Str. 22
67269 Grünstadt

Weingut Karlheinz Gaul
Bärenbrunnenstr. 15
67269 Grünstadt-Sausenheim

Weingut St. Stephanshof
Weinstr.10
67269 Grünstadt-Asselheim

Weingut Richard und Rüdiger Kneisel
Langgasse 15
67269 Grünstadt-Asselheim

Weingut Fritz Kohl
Leininger Str. 59
67269 Grünstadt-Sausenheim

Weingut Pirmin Magez
Rathausstr.4
67269 Grünstadt-Sausenheim

Weingut Mayerhof, Volkhard Mayer
Weinstr. 22
67269 Grünstadt-Asselheim

Weingut Volker Metzger & Sohn
Langgasse 34a
67269 Grünstadt-Asselheim

Weingut Albrecht Nehb
Langgasse 39
67269 Grünstadt-Asselheim

Weingut Hans Nehb
Auweg 44
67269 Grünstadt-Asselheim

Weingut Schenk-Siebert
Leininger Str. 16
67269 Grünstadt-Sausenheim

Weingut Karl-Ludwig Schlipp
Ziegelhütte 1
67269 Grünstadt-Asselheim

Weingut Dr. Simon,
Jürgen Schraut
Untertorstr. 1
67269 Grünstadt-Sausenheim

Weingut Adalbert Schroth
Ostergasse 15
67269 Grünstadt-Asselheim

Weingut Sibert
Jakobstr. 11
67269 Grünstadt

Weingut Gaul-Triebel,
Bernd Triebel
Weinstr. 6
67269 Grünstadt-Asselheim

Weingut Georg Übel
Obersülzer Str. 50
67269 Grünstadt

Weingut Werner Zorn
Leininger Str. 27
67269 Grünstadt-Sausenheim

Weingut Erich Bumb
Voelkerstr. 1
76835 Hainfeld

Weingut Manfred Glaser
Weinstr. 60
76835 Hainfeld

Weinmgut Gerhard Klein GdbR
Weinstr. 36
76835 Hainfeld

Weingut Bernhard Koch
Weinstr. 1
76835 Hainfeld

Weingut Kastanienberg,
Familie Werner Koch
76835 Hainfeld

Weingut Anton Weisbrod
Weinstr.45
76835 Hainfeld

Winzergenossenschaft Herxheim am Berg e.G.
Weinstr. 1
67273 Herxheim am Berg

Weingut Wilhelm Gabel
Weinstr. 45
67273 Herxheim am Berg

Weingut Herscher & Peter
Hauptstr. 19
67273 Herxheim am Berg

Weingut Emil Hofmann
Weinstr. 19
67273 Herxheim am Berg

Weingut Messer-Kalsch
Weinstr. 50
67273 Herxheim am Berg

Weingut Petri
Weinstr.43
67273 Herxheim am Berg

Weingut Jakob Pfleger
Weinstr.38
67273 Herxheim am Berg

Weingut Michael Hopp
Großniedesheimer Str. 44
67258 Heßheim

Weingut Günther Vogler
Ölmühle
76831 Heuchelheim

Weingut Karlheinz Becker
Hauptstr. 34
76831 Heuchelheim-Klingen

Weingut Gabi Bollinger
Raiffeisenstr. 6
76831 Heuchelheim-Klingen

Weingut Alfred Franger & Sohn
Hauptstr. 54
76831 Heuchelheim-Klingen

Weingut Eugen Jung
Hauptstr. 21
76831 Heuchelheim-Klingen

Weingut Kerth - Eck
Hauptstr. 63
76831 Heuchelheim-Klingen

Weingut Lothar Kreutz
Kaiserbachstr. 5
76831 Heuchelheim-Klingen

Weingut Heinz Kuhn
Hauptstr. 21
76831 Heuchelheim-Klingen

Weingut Bacchushof,
Rainer Kuntz
Münsterweg 17
76831 Heuchelheim-Klingen

Weingut Edmund Meyer & Sohn
Bahnhofstr. 10
76831 Heuchelheim-Klingen

Weingut Richard Rinck
Klingbachtalstr. 11
766831 Heuchelheim-Klingen

Weingut Heinz Butz
Hauptstr. 194
76879 Hochstadt (Pfalz)

Weingut Karl Guth
Großgasse 44
76879 Hochstadt (Pfalz)

Weingut Gerhard Hörner
Im Entenhöbel 7
76879 Hochstadt (Pfalz)

Weingut Hainbachhof,
Reinhold Hörner
Hainbachhof
76879 Hochstadt (Pfalz)

Weingut Heinz Rummel
Hauptstr. 72
76879 Hochstadt (Pfalz)

Weingut Wolfgang Stern
Hauptstr. 199
76879 Hochstadt (Pfalz)

Gebietswinzergenossenschaft Deutsches Weintor e.G.
76831 Ilbesheim

Weingut Karl-Heinz Ackermann
Oberdorfstr. 40
76831 Ilbesheim

Weingut Eugen Frey
Hauptstr. 40
76831 Ilbesheim

Weingut Robert Kranz GdbR
Mörzheimer Str. 2
76831 Ilbesheim

Weingut Jürgen Leiner
Arzheimer Str. 14
76831 Ilbesheim

Weingut Reinhard und Ester Schmitt
Atzheimer Str. 24
76831 Ilbesheim bei Landau

Weingut Markus Seebach
Hauptstr. 30a
76831 Ilbesheim bei Landau

Weingut Silbernagel
Zittergasse 4
76831 Ilbesheim

Weingut Marc Silbernagel
Zittergasse 4
76831 Ilbesheim

Weingut Bernd Damian
Herrlichstr. 2
768321 Impflingen

Weingut Karl Friedrich Junker
Sonnenberghof
76831 Inpflingen

Weingut WalterLeonhardt
Hauptstr. 30
76831 Impflingen

Weingut Geschwister Petzold
Hauptstr. 26
76831 Impflingen

Weingut Winfried & Markus Burg GdbR
Wethgasse 7
76865 Insheim

Weingut Heinz Bus & Sohn
Bacchushof
76865 Insheim

Weingut Walter Schaurer und Sohn GdbR
Hauptstr. 6
76865 Insheim

Weingut Prof.Willy Leonhardt
Habichtsweg 3
67655 Kaiserslautern

Winzergenossenschaft Kallstadt e.G.
Weinstr. 126
67169 Kallstadt

Weingut Benderhof,
Bender-Haaß
Neugasse 45
67169 Kallstadt

Weingut Herbert Bender
Wiesengasse 6
67169 Kallstadt

Weingut H. Joachim Bender
Hebengasse 25
67169 Kallstadt

Weingut Roland Christ
Weinstr.125
67169 Kallstadt

Weingut Hans-Georg Fleischmann
Freinsheimer Str. 92
67169 Kallstadt

Weingut Walter Hanewald,
Inh. Gunter Hanewald
Weinstr. 17
67169 Kallstadt

Weingut Walter Henninger IV
Weinstr. 2
67169 Kallstadt

Weingut Bernd Karst
Hebengasse 8
67169 Kallstadt

Weingut Adolf Kuch
Neugasse 15
67169 Kallstadt

Weingut Gerhard Schröder
Hebengasse 1 + 27
67169 Kallstadt

Weingut Hans-Jürgen Schuster
Weinstr. 18
67169 Kallstadt

Weingut Schuster-Weisenborn
Weinstr.22
67169 Kallstadt

Weingut Alfred und Hartmut Stauch
Weinstr. 130
67169 Kallstadt

Weingut Heiner und Bernd Weisenborn
Freinsheimer Str. 41
67169 Kallstadt

Weingut Uwe und Karin Jung
Saarstr. 115
76870 Kandel

Weingut Hans Koch
Rheinstr. 2
76870 Kandel

Weingut Fritz Bolz
Eichenhof 2
76889 Kapellen

Weingut Gensheimer-Baum
Hauptstr. 93
67271 Kindenheim

Weingut Ludi Neiss
Hauptstr. 91
67271 Kindenheim

Weingut Rasp-Lambert
Hauptstr. 44-46
67271 Kindenheim

Weingut Herbert Schur,
Inh. Manfred Schur
Hauptstr. 81 A
67271 Kindenheim

Erzeugergemeinschaft Kirchheim/Wstr.W.V.
Weinstr.Nord 45-47
67281 Kirchheim a.d.Weinstraße

Weingut Leinigerhof,
Volker Benzinger
Weinstr.Nord 24
67281 Kirchheim a.d.Weinstraße

Weingut Böckel-Haar
Weinstr.Nord 20
67281 Kirchheim a.d.Weinstraße

Weingut Hammel GmbH
Weinstr.Süd 4
67281 Kirchheim a.d.Weinstraße

Weingut Matthias Heil
Quirngasse 12
67281 Kirchheim a.d.Weinstraße

Weingut Marga Kolb
Weinstr.Nord 19
67281 Kirchheim a.d.Weinstraße

Weingut Georg u. Jörg Mühlmichel
Weinstr.Nord 39
67281 Kirchheim a.d.Weinstraße

Weingut Erich Rogenwieser
Weinstr.Nord 23
67281 Kirchheim a.d.Weinstraße

Weingut Karl Anton
Heuweg 3
67489 Kirrweiler

Weingut Albert Götz KG.
Bordmüjhlweg 32
67489 Kirrweiler

Weingut Günter Herdel
Marktstr. 18
67489 Kirrweiler

Weingut Hans-Peter Jung
Marktstr. 108
67489 Kirrweiler

Weingut Dr. Jürgen und Beate Oberhofer
Edenkobener Weg 15a
67489 Kirrweiler

Weingut Michael Oberhofer
Hauptstr. 110
67489 Kirrweiler

Weingut Karl Ramsel
Am Neugarten 13
67489 Kirrweiler

Weingut Pirmin Roth
Marktstr. 49
67489 Kirrweiler

Weingut Josef Schwaab
Schloßstr. 16
67489 Kirrweiler

Weingut Markus Schwaab
Schloßstr. 16
67489 Kirrweiler

Weingut Martin Schwaab
Am Schloßgarten 37
67489 Kirrweiler

Weingut Hermann Zöller
Marktstr. 16
67489 Kirrweiler

Weingut Winfried Becker
Hauptstr. 42
67483 Kleinfischlingen

Weingut Christian Weber Nachf., Sigrun Feierabend
Furystr. 1
67271 Kleinkarlbach

Weingut Karl-Otto Gabel-Müller
Hauptstr. 38
67271 Kleinkarlbach

Weingut Heinz Maurer
Hübel 3
67271 Kleinkarlbach

Weingut Fridolin Speckert
Hauptstr. 22
67271 Kleinkarlbach

Weingut Kom.Rat G.F. Spiess
Hauptstr. 23
67271 Kleinkarlbach

Weingut Andreas Merkel
Großniedesheimer Str. 6
67259 Kleinniedesheim

Weingut Gisela Meyer & Sohn
Schlösselstr. 17
76889 Klingenmünster

Weingut Hermann Meyer & Sohn
Aussiedlerhof 22
76889 Klingenmünster

Weingut Gerhard Porzelt
Steinstr. 91
76889 Klingenmünster

Weingut Thekla Seibel
Weinstraße 84
76889 Klingenmünster

Weingut Hermann Altschuh
Wollmesheimer Hauptstr. 37+39
76829 Landau-Wollmesheim

Weingut Willi Altschuh
Wollmesheimer Hauptstr. 60
76829 Landau-Wollmesheim

Weingut Emil Bauer & Söhne
Walsheimer Str. 18
76829 Landau-Nußdorf

Weingut Günter Becker
Haufenstr. 22
76829 Landau-Mörzheim

Weingut Bernd Dicker
Hauptstr. 49
76829 Landau-Wollmesheim

Weingut Eduard Duthweiler
Kirchstr. 11
76829 Landau-Nußdorf

Weingut Eugen Wambsganß,
Iris Estelmann
Kirchhohl 12
76829 Landau-Nußdorf

Weingut Harald Fath
Speyerer Str. 19
76829 Landau-Dammheim

Weingut Andreashof,
Andreas Frey
Hauptstr. 116
76829 Landau-Queichheim

Weingut Günter Geißert
Brühlstr. 24
76829 Landau-Mörzheim

Weingut Erich Heupel
Kirchhohl 20
76829 Landau-Nußdorf

Weingut Karl Hoffmann
Wollmesheimer Hauptstr. 44/6
76829 Landau-Wollmesheim

Weingut Walter Klundt
Haufenstr. 25
76829 Landau-Mörzheim

Weingut Bernd Kuntz
Haufenstr. 4
76829 Landau-Mörzheim

Weingut Bruno Leiner
Zum Mütterle 20
76829 Landau-Wollmesheim

Weingut Stefan Lochbaum
Mörzheimer Hauptstr. 41
76829 Landau-Mörzheim

Weingut Markus Lorentz
Lindenbergstr. 76
76829 Landau-Nußdorf

Weingut Bernd Martin
Godramsteiner Hauptstr. 85
76829 Landau-Godramstein

Weingut Karl-Heinz Meyer
Queichheimer Hauptstr. 70
76829 Landau-Queichheim

Weingut Horst Müller
Bahnhofstr. 5-7
76829 Landau-Godramstein

Weingut Pfaffmann & Jülich
Gartenstr. 1
76829 Landau-Nußdorf

Weingut Theobald Pfaffmann
Lindenbergstr. 32
76829 Landau-Nußdorf

Weingut Otto Pfirrmann
Wollmesheimer Hauptstr. 84
76829 Landau-Wollmesheim

Weingut Pfilipp Rothmeier
Offenbacher Weg 8
76829 Landau-Mörlheim

Weingut Peter Schmitt
Arzheimer Tor Str. 22
76829 Landau-Arzheim

Weingut Familie Schneider
Godramsteiner Hauptstr. 132
76829 Landau-Godramstein

Weingut Otto Schönbeck
Speyerer Str. 32
76829 Landau-Dammheim

Weingut Martin Schweickart
Godramsteiner Hauptstr. 121
76829 Landau-Godramstein

Weingut Klaus Siener
Kalmitstr. 34
76829 Landau-Arzheim

Weingut Friedel Sommer
Haufenstr. 17
76829 Landau-Mörzheim

Weingut Günter Stentz u. Sohn
Godramsteiner Hauptstr. 63
76829 Landau-Godramstein

Weingut Karl Theobald
Steingasse 15
76829 Landau-Godramstein

Weingut Volker Übel
Godramsteiner Hauptstr. 66
76829 Landau-Godramstein

Weingut Walter Vögeli
Wollmesheimer Hauptstr. 90
76829 Landau

Weingut Helmut Wambsganß & Sohn
Speyerer Str. 23
76829 Landau-Dammheim

Weingut Kaiserberg,
Tilde Wambsganß
Lindenbergstr. 69
76829 Landau-Nußdorf

Weingut Winfried Wambsganß
Brühlstr. 20
76829 Landau-Mörzheim

Weingut Dieter Wambsganß
Kirchstr. 50
76839 Landau-Nußdorf

Weingut Erwin Wambsganß
Kaiserberg 15 B
76829 Landau-Nußdorf

Weingut Klaus Wind
Nauweg 6
76829 Landau-Arzheim

Gebietswinzergenossenschaft Palmberg e.G.
Am Palmberg
67229 Laumersheim

Weingut Helmut Eberle
Dirmsteiner Str. 15
67229 Laumersheim

Weingut Philipp Kuhn
Großkarlbacher Str. 20
67229 Laumersheim

Weingut Lichti
Großkarlbacher Str. 22
67229 Laumersheim

Weingut Manfred Messer
Hauptstr. 21
67229 Laumersheim

Weingut Ernst Zelt
Binsenstr.2
67229 Laumersheim

Weingut Geiler & Pfirmann GdbR
Gartenweg 1
76829 Leinsweiler

Weingut Kuno Schäfer
Triefelsstr. 29
76829 Leinsweiler

Weingut Hartmut Wendel
Hauptstr. 25
76829 Leinsweiler

Weingut Dengler-Seyler,
Inh. Erwin Seyler
Weinstr. Süd 6
67487 Maikammer

Weingut Herbert Bendel
Hartmannstr. 3
67487 Maikammer

Weingut Franz Ernst
Hohlweg 3
67487 Maikammer

Weingut Ullrichshof,
Familie Faubel
Marktstr. 86
67487 Maikammer

Weingut Walter Groß
Bahnhofstr. 24
67487 Maikammer

Weingut Gerhard Hauck
Hauptstr. 28
67487 Maikammer

Weingut Paul Herty
Marktstr. 39
67487 Maikammer

Weingut Immengartenhof
Hans Höhn
Marktstr. 62
67487 Maikammer

Weingut Hubert Müller
Bahnhofstr. 3
67487 Maikammer

Weingut Otto und Hubert Müller
Weinstr. Süd 46
67487 Maikammer

Weingut Emil Schädler
Hartmannstr. 62
67487 Maikammer

Weingut Manfred Schädler
Weinstr. Süd 43
67487 Maikammer

Weingut Heinz Schreieck
Hartmannstr.38
67487 Maikammer

Weingut Adolf Schwaab
Weinstr. Süd 5
67487 Maikammer

Weingut Alfred Schwaab,
Inh. Volker Schwaab
Friedhofstr. 92
67487 Maikammer

Weingut Erich Stachel
Bnahnhofstr. 40
67487 Maikammer

Weingut Otto Stachel
Bahnhofstr. 18
67487 Maikammer

Weingut
Ludwig Wagner & Sohn
Weinstr. Süd 12
67487 Maikammer

Weingut Günter Wilhelm
Weinstr. Süd 46
67487 Maikammer

Weingut
Hubert Pirmin Wilhelm
Friedhofstr. 90
67487 Maikammer

Weingut Franz Wingerter
Hartmannstr. 41
67487 Maikammer

Weingut August Ziegler
Bahnhofstr. 5-7
67487 Maikammer

Weingut Jürgen Ziegler
Eulbuschstr. 8a
67487 Maikammer

Weingut Oek.-Rat Dieter Ziegler
Weinstr. Nord 41
67487 Maikammer

Weingut Ziegler-Ullrich
Weinstr. Nord 46
67487 Maikammer

Weingut Fritz Braun
Hauptstr. 51
67149 Meckenheim

Weingut Karl Härtel
Hauptstr. 23
67149 Meckenheim

Weingut Gunter Hoos
Grundhof
67149 Meckenheim

Weingut Karl-Heinz Metz
In den Hergottsäckern
67149 Meckenheim

Weingut Rebenhof,
Arno Heintz u. Sohn
Rebenhof
76872 Minfeld

Weingut Hans-Uwe Hock
Hauptstr. 62
76872 Minfeld

Weingut Mühlenhof,
Norbert Spindler
Hauptstr. 6
67591 Mölsheim

Hambacher
Schlosskellerei e.G.
Weinstr. 110
67434 Neustadt-Hambach

Winzergenossenschaft
Königsbach e.G.
Deidesheimer Str.12
67435 Neustadt-Königsbach

Winzergenossenschaft
Haardt e.G.
Mandelring7
67433 Neustadt-Haardt

Winzergenossenschaft
Weinbiet e.G.
An der Eselshaut 57
67435 Neustadt-Mußbach

Winzerverein
Meckenheim e.G.
An der Eselshaut 57
67435 Neustadt-Mußbach

Weingut Hans Abel
Weinstr.103
67434 Neustadt-Hambach

Weingut Hermann Baßler
Theodor-Heuss-Str. 6
67435 Neustadt-Lachen

Weingut Bergdolt
Klostergut St.Lamprecht
Dudostr. 17
67435 Neustadt-Duttweiler

Weingut Bergdolt-Reif und Nett
Dudostr. 24
67435 Neustadt-Duttweiler

Weingut
Breitling & Walter,
Johannes Breitling
Dudostr. 73
67435 Neustadt-Duttweiler

Weingut
Arnold Christmann
Peter-Koch-Str. 43
67435 Neustadt-Gimmeldingen

Weingut Heinz Clade
von Dalheim Str. 9
67434 Neustadt-Diedesfeld

Christliche Jugenddorf
Mandelring 23
67433 Neustadt a.d.Weinstraße

Weingut Lucas Corbet
Kreuzstr. 7
67434 Neustadt-Diedesfeld

Weingut Karl Dennhardt
Breitenweg 23a
67435 Neustadt-Mußbach

Weingut Gerhard Frech
Demantstr.8
67435 Neustadt a.d.Weinstraße

Weingut Eugen Friedrich
Winzerstr. 27
67434 Neustadt-Hambach

Weingut Schönhof,
Hornberger-Orth-Hörner
Weinstr. 600
67434 Neustadt-Diedesfeld

Weingut Härle-Kerth
Breitenweg 10
67435 Neustadt-Mußbach

Weingut Hermann Hauck
Dudostr. 62
67435 Neustadt-Duttweiler

Weingut Hellmer
Meckenheimer Str. 1
67435 Neustadt-Mußbach

Weingut Hick-Estelmann
Kurpfalzstr. 76
67435 Neustadt-Gimmeldingen

Weingut
Oek.-Rat Kurt Isler
Kreuzstr.42
67434 Neustadt-Diedesfeld

Weingut Franz Julier
Diedesfelder Weg 95
67434 Neustadt-Hambach

Weingut Stefan Julier
Weinstr. 132
67434 Neustadt-Hambach

Weingut Karl-Heinz Kaub
Mandelring 55a
67433 Neustadt-Haardt

Weingut Karl-Heinz Kerth
Kurpfalzstr. 26
67435 Neustadt-Mußbach

Weingut am Herzog
Kessel u. Schmeer GdbR
Mandelring 195
67433 Neustadt-Haardt

Weingut Heinrich Klohr
Peter-Koch-Str. 52-54
67435 Neustadt-Gimmeldingen

Weingut
Karl Kriegshäuser
Kreuzstr. 4
67434 Neustadt-Diedesfeld

Weingut Kühbordt & Sinn
Dudostr. 51
67435 Neustadt-Duttweiler

Weingut Zöller-Lagas,
Jakob Lagas
Dudostr.101
67435 Neustadt-Duttweiler

Weingut Hermann Mager-Kreiselmaier
Goethestr. 77
67435 Neustadt-Lachen

Weingut Oswald Mantel
Kreuzstr. 5
67434 Neustadt-Diedesfeld

Weingut Mohr-Gutting
Dudostr. 44
67435 Neustadt-Duttweiler

Weingut Kurt Mugler
Peter Koch-Str. 50
67435 Neustadt-Gimmeldingen

Weingut Eduard Müller,
Inh. Bruno Müller
Andergasse 93
67434 Neustadt-Hambach

Weingut Herbert Müller Erben
Mandelring 169
67433 Neustadt-Haardt

Weingut Franz-Josef Müller
Eichstr. 7
67434 Neustadt-Hambach

Weingut Müller-Catoir
Mandelring 25
67433 Neustadt-Haardt

Weingut Georg Nägele
Schloßstr. 27-29
67434 Neustadt-Hambach

Weingut Hans Nickel
Weinstr. 45
67434 Neustadt-Hambach

Weingut Joh.F. Ohler,
Sabine Ohler
Meerspinnstr. 33-44
67435 Neustadt-Gimmeldingen

Weingut Karl Rieger
Kalkbergstr. 6
67435 Neustadt-Duttweiler

Weingut Gerd Rudolph
Andergasse 68
67434 Neustadt-Hambach

Weingut Adolf Rumsauer GdbR
von Dalheim Str. 11
67434 Neustadt-Diedesfeld

Weingut Horst Sahler
Haberackerstr. 23
67435 Neustadt-Gimmeldingen

Weingut Klaus Schackert
Weinstr. 552
67434 Neustadt-Diedesfeld

Weingut Edgar Schäfer,
Inh. Axel Schäfer
Schießmauer 56
67435 Neustadt-Mußbach

Weingut Marina Schäfer
Weinstr. 117
67434 Neustadt-Hambach

Weingut Andreas Schäffer
Schloßstr. 100
677434 Neustadt-Hambach

Weingut Claudia Schwaab
von Dalheim Str. 18
67434 Neustadt-Diedesfeld

Weingut Gerhard Schwarztrauber
Lauterbachstr. 20
67435 Neustadt-Mußbach

Weingut Hans Seiberth
Weinstr. 128
67434 Neustadt-Hambach

Weingut Karl u. Güntert Sommer
Winzerstr. 25
67434 Neustadt-Hambach

Weingut Robert Sommer
Franz-Kugler-Str. 21
67435 Neustadt-Königsbach

Staatsweingut Johannitergut
Breitenweg 71
67435 Neustadt-Mußbach

Weingut Rudolf Steigelmann
Kurpfalzstr. 193
67435 Neustadt-Gimmeldingen

Weingut Karl-Theodor-Hof,
Peter Stolleis
Karl-Theodor-Hof
67435 Neustadt-Gimmeldingen

Weingut Theresia Völcker
An der Eselshaut 16
67435 Neustadt-Mußbach

Weingut Eduard Weegmüller
Mandelring 23
67433 Neustadt-Haardt

Weingut Weik
Lutwitzistr. 10
67435 Neustadt-Mußbach

Weingut Werner Winkelmann & Sohn
Dudostr. 118
67435 Neustadt-Duttweiler

Weingut Walter Wolz
An der Althart 59
67433 Neustadt-Haardt

Weingut Leonhard Zeter
Im Döppelter 5
67434 Neustadt-Diedesfeld

Weingut Probsthof,
Kurt Zimmermann
Probstgasse 7
67433 Neustadt-Haardt

Weingut Erwin Zöller
von Dalheim Str. 25
67434 Neustadt-Diedesfeld

Weingut Walter Hoffmann
Zinkhohlweg 1c
76889 Niederhorbach

Weingut Heinz Nauerth
Hauptstr. 39
76889 Niederhorbach

Weingut Fritz Walter
Landauer Str. 82
76889 Niederhorbach

Winzerverein Niederkirchen e.G.
Deidesheimer Str. 1
67150 Niederkirchen

Weingut Klemens Andres
Im kleinen Feld 3
67150 Niederkirchen

Weingut Karl-Josef Anton
Kirchgarten 25
67150 Niederkirchen

Weingut Bach & Frobin
Klostergasse 1
67150 Niederkirchen

Weingut Stefan Reinhardt
Hintergasse 58
67150 Niederkirchen

Weingut
Thomas Reinhardt
Hauptstr. 28
67150 Niederkirchen

Weingut Ernst Weisbrodt
Saarstr. 3
67150 Niederkirchen

Weingut Günter Brendel
Unterdorfstr. 30
76889 Oberotterbach

Weingut Peter Brunck
Heidebrunnenhof
76889 Oberotterbach

Weingut Ursula Hey
Oberdorfstr. 24
76889 Oberotterbach

Weingut Dieter Oerther
Unterdorfstr. 9
76889 Oberotterbach

Weingut
Geschwister Thalmann
Unterdorfstr. 16
76889 Oberotterbach

Weingut Baum-Storzum
Langenweg
67283 Obrigheim-Mühlheim

Weingut
Theo Gensheimer-Baum
Schloßstr. 20
67283 Obrigheim-Colgen-stein

Weingut Karl Herkelrath
Hauptstr. 30a
67283 Obrigheim-Mühlheim

Weingut
Lauermann & Sohn
Kuhgasse 4
67283 Obrigheim-Albsheim

Weingut Wilhelm Lauer-mann & Sohn
Bahnhofstr. 12
67283 Obrigheim-Albsheim

Weingut J
oachim Stefan Müsel
Schloßstr. 13
67283 Obrigheim/Pfalz

Weingut Adolf Stocké
Schloßmühle 1
67283 Obrigheim-Albsheim

Weingut Dieter Weber
Kirchstr. 50
67283 Obrigheim-Colgen-stein

Weingut Willi Weinbach
Wormser Str. 30
67591 Offstein

Weingut Herbert Becker
Hauptstr. 185
76889 Pleisweiler-Oberh-ofen

Weingut Walter Brendel
Hauptstr. 13
76889 Pleisweiler-Oberh-ofen

Weingut Richard Ullrich und Tochter
Schäfergasse 25
76889 Pleisweiler-Oberh-ofen

Weingut
Heinz u. Jürgen Wilker
Hauptstr. 30a
76889 Pleisweiler-Oberh-ofen

Weingut Klaus Müller
Weinstr. 68
76829 Ranschbach

Gebietswinzergenossen-schaft Rietburg e.G.
Edesheimer Str. 50
76835 Rhodt

Weingut Fader
Kastanienhof
Theresienstr. 62
76835 Rhodt

Weingut Gerhard und Waltraud Gries
Weinstr. 29
76835 Rhodt

Weingut
Thomas u. Roland Gries
Weinstr. 29
76835 Rhodt

Weingut Fritz Grünewalt
Weinstr. 39
76835 Rhodt u. R.

Weingut Harteneck GdbR
Weinstr.42
76835 Rhodt

Weingut Christian Heußler
Mühlgasse 5
76835 Rhodt

Weingut Jürgen Heußler
Weyherer Str.35
76835 Rhodt

Weingut Harald Krieger
Theresienstr. 71
76835 Rhodt

Weingut Ludwig Krieger
Theresienstr. 71
76835 Rhodt

Weingut
Karl-Hermann Meyer
Edesheimer Str. 17
76835 Rhodt

Weingut
Hans-Walter Neumeyer
Theresienstr. 41
76835 Rhodt

Weingut Rolf Nichterlein
Mühlgasse 15
76835 Rhodt u. R.

Weingut Harald Pioth
Hauptstr. 12
76835 Roschbach

Winzerverein Hoheburg e.G.
Hauptstr. 74
67152 Ruppertsberg

Weingut
Dieter Zimmermann
Raiffeisenstr. 5
67152 Ruppertsberg

Weingut Walter Schaefer
Hauptstr. 21
67308 Rüssingen

Winzerverein Zum Ritter von Dalberg e.G.
Maikammerer Str. 34
67487 St. Martin

Täglich Weinprobe u. Verkauf, auch Samstag und Sonntag durchgehend geöffnet

Weingut Thomas Gernert
Maikammerer Str. 39
67487 St. Martin

Weingut Markus Glaser
Friedhofstr. 1
67487 St. Martin

Weingut Alfons Hormuth,
Inh. Andreas Hormuth
Edenkobener Str. 11
67487 St. Martin

Wein- und Sekthaus Aloisiushof,
Alois Kiefer GmbH & Söhne
Mühlstr. 2
67487 St. Martin

Weingut Reinhold Kiefer
Jahnstr. 42
67487 St. Martin

Weingut Manfred Platz
Wooggasse 1
67487 St. Martin

Consulat des Weins,
Albert Valentin Schneider
Maikammerer Str. 6 + 44
67487 St. Martin

**Weingut
Gebrüder Schneider**
Maikammerer Str. 18
67487 St. Martin

**Weinkellerei Gebrüder
Schneider GmbH**
Maikammerer Str. 18
67487 St. Martin

**Weingut
Altes Schlößchen,**
Ludwig Schneider GmbH
Maikammerer Str. 7
67487 St. Martin

Weingut F.J. Rößler,
Inh.Robert Schneider
Maikammerer Str. 12
67487 St. Martin

**Weingut
Helmut Schreieck**
Friedhofstr. 8
67487 St. Martin

Weingut Egidiushof, Elmar Schwab
Maikammerer Str. 36 67487 St. Martin

Weingut Alfons Seeber
Totenkopfstr. 44
67487 St. Martin

Weingut Alfons Ziegler
Jahnstr. 11
67487 St. Martin

**Weingut
Gebrüder Ziegler**
Mühlstr. 26
67487 St. Martin

**Weingut Gerhard und
Rudolf Becker**
Pauliner Str. 5
76889 Schweigen-Rechtenbach

**Weingut
Otto u. Andreas Becker**
Talstr. 2
76889 Schweigen-Rechtenbach

Weingut Willi Bernhard
Hauptstr. 81 A
76889 Schweigen-Rechtenbach

Weingut Werner Cuntz
Wasgaustr. 7
76889 Schweigen-Rechtenbach

Weingut Uwe Geisser
Längelstr. 1
76889 Schweigen-Rechtenbach

Weingut Familie Gnägy
Müllerstr. 5
76889 Schweigen-Rechtenbach

Weingut Bernd Grimm
Bergstr. 4
76889 Schweigen-Rechtenbach

Weingut Bruno Grimm
Pauliner Str. 3
76889 Schweigen-Rechtenbach

Weingut Alfred Oerther
Rosenstr. 6
76889 Schweigen-Rechtenbach

Weingut Harald Schäffer
Bergstr. 8
76889 Schweigen-Rechtenbach

Weingut GünterScheu
Hauptstr. 33
76889 Schweigen-Rechtenbach

Weingut Heiko Walter
Hauptstr. 49
76889 Schweigen-Rechtenbach

**Weingut Alfred und
Stefan Fischer GdbR**
Kirchstr. 2
76889 Schweigen-Rechtenbach

**Weingut
Ökonomierat Rebholz**
Weinstr.54
76833 Siebeldingen

Weingut Wilhelmshof,
Herbert Roth
Queichstr. 1
76833 Siebeldingen

Weingut Marienfelderhof,
Reinhard Weiter
Marienfelderhof
76833 Siebeldingen

**Weingut
Karl Klaus Bevier**
Kreuzgasse 38
76872 Steinweiler

**Weingut Erhard und Frank
Bohlender**
Obergasse 1
76872 Steinweiler

**Wein- und Sektgut
Rosenhof,**
Familie Bohlender
Rosenhof 6
76872 Steinweiler

Das Familienweingut wurde als DLG empfohlenes Weingut ausgezeichnet. Weinproben werden nach Voranmeldung in der Probierstube des Gutes abgehalten. Ein breites Sortenspektrum sowie die gesamten Geschmacksstufen werden mit den angebotenen Weinen abgedeckt. Viele verschiedene Rotweine. ffnungszeiten: Mo-Sa 8 bis 18 Uhr u. nach Vereinbarung.

Weingut Werner Dürr
Haselschussgasse 17
76872 Steinweiler

Weingut Bruno Winkler
Hauptstr. 62
76872 Steinweiler

Weingut Alfred Hund
Hauptstr. 3
67482 Venningen

Weingut
Hermann Josef Muffang
Edenkobener Str. 10
67489 Venningen

Weingut Rainer Giessen
Wormser Str.7
67591 Wachenheim

Wachtenburg Winzer e.G
Weinstr. 2
67157 Wachenheim

Weingut Reinhold Hensel
Bahnhofstr. 31
67157 Wachenheim

Weingut Winzerhof,
Karl-Heinz Manz
Weinstr.34
67157 Wachenheim

Weingut Mathias Peter
Burgstr. 10
67157 Wachenheim

Weingut
Emil Zimmermann
Grabenstr. 5
67157 Wachenheim

Weingut Helmut Metzger
Schulstr. 7
76833 Walsheim

Weingut Heinz Pfaffmann
Hauptstr. 21 - 23
76833 Walsheim

Weingut Karl Pfaffmann
Allmendstr. 1
76833 Walsheim

Weingut Karl Reich
Schulstr. 1
76833 Walsheim

Weingut
Alois Scharnböck
Große Gasse 4
76833 Walsheim

Weingut Wilfried Spieß
Neugasse 5
67366 Weingarten

Weingut Pfleger-Karr
Kirchheimer Str. 10
67273 Weisenheim am Berg

Weingut Klaus Dietrich
Herxheimer Str. 1
67273 Weisenheim am Berg

Weingut
Karl Holz-Weisbrodt
Leistadter Str. 2
67273 Weisenheim am Berg

Weingut
Jochen Kuhmann
Kirchheimer Str. 6
67273 Weisenheim am Berg

Weingut Theodor Sippel
Bobenheimer Weg 2
67273 Weisenheim am Berg

Winzergenossenschaft e.G.
Dr. Kurt Schumacher Str. 4
67256 Weisenheim am Sand

Weingut
Frank & Rainer Gehrig
Ostring 4
67256 Weisenheim am Sand

Weingut, Langenwalter
Bahnhofstr. 45
67256 Weisenheim am Sand

Weingut
Heinz Langenwalter
Bahnhofstr. 3
67256 Weisenheim am Sand

Weingut
Klaus Neckerauer
Ritter von Geißler Str. 9
67256 Weisenheim am Sand

Weingut
Otto-Heinrich Schwindt
Im Diehl 3
67256 Weisenheim am Sand

Weingut Werner Storr
Wormser Str. 30
67256 Weisenheim am Sand

Weingut Otto & Helmut Uhrig
Großkarlbacher Str. 15
67256 Weisenheim am Sand

Weingut
Johannes Bachtler
Modenbachstr. 18
76835 Weyher

Weingut Norbert Brecht
Josef Meyer Str. 3
76835 Weyher

Weingut Otmar Graf
Borngasse 7
76835 Weyher

Weingut Rudi Möwes
Hübühl 10
76835 Weyher

Weingut Matthias Siener
Frölichstr. 6
76835 Weyher

Weingut Hitziger-Bitzel,
Peter Bitzel
Hauptstr. 66
76872 Winden

Weingut
Manfred Bechtel & Sohn
Wormser Landstr. 48-50
67551 Worms-Heppenheim

Weingut
Janson Bernhard Ecovin
Christine Bernhard
Hauptstr. 5
67308 Zellertal

Weingut Lothar Herr
Brückenstr. 2
67308 Zellertal-Niefernheim

Weingut Schwan,
Fam. Bernd Himmel,
Rottmanngasse 2
67308 Zellertal-Niefernheim

Weingut Elmar Schüttler
Brückenhof
67308 Zellertal

Weingut Klosterhof,
Bernhard Schwedhelm
Klosterhof
67308 Zellertal-Zell

Weingut Gerhard Vogt
Bahnhofstr. 9
67308 Zellertal-Harxheim